EUROPA-FACHBUCHREIHE
für wirtschaftliche Bildung

Versicherungen und Finanzen 3
Lösungen

7. Auflage

von

Peter Köster, Dr. Viktor Lüpertz, Rolf Schmalohr, Uwe Thews, Katja Wasmund

VERLAG EUROPA-LEHRMITTEL
Nourney, Vollmer GmbH & Co. KG
Düsselberger Straße 23
42781 Haan-Gruiten

Europa-Nr.: 23575

Autoren:

Dipl.-Volksw. Peter Köster — Freiburg

Dipl.-Volksw. Dr. Viktor Lüpertz — Freiburg

Dipl.-Kfm., Dipl.-Hdl. Rolf Schmalohr — Düsseldorf

Dipl.-Hdl. Uwe Thews — Berlin

M. Ed. Katja Wasmund — Berlin

Lektorat:

Rolf Schmalohr

Uwe Thews

7. Auflage 2019

Druck 5 4 3 2

Alle Drucke derselben Auflage sind parallel einsetzbar, da bis auf die Behebung von Druckfehlern untereinander unverändert.

ISBN 978-3-8085-2357-5

http://www.europa-lehrmittel.de

Umschlag, Satz und Grafiken: Typework Layoutsatz & Grafik GmbH, 86167 Augsburg
Umschlagkonzept: tiff.any GmbH, 10999 Berlin
Umschlagfoto: © wacomka – Shutterstock.com
Druck: Medienhaus Plump, 53619 Rheinbreitbach

A Haftpflichtversicherung

Lernkontrollen zu A 2.1	**Seiten 31 – 32**

Reine Verschuldenshaftung

1 a) Vorausgesetzt wird: Verschulden (Vorsatz/Fahrlässigkeit), Verletzung eines geschützten Rechtsguts (Leben, Gesundheit, Eigentum usw.), adäquate Kausalität, Widerrechtlichkeit.

b) – Vorsätzlich handelt, wer bewusst und gewollt schädigt. Bedingt vorsätzlich handelt, wer den Schaden voraussieht und ihn in Kauf nimmt, ohne gleichzeitig auch schädigen zu wollen.
– Wer das Verhalten eines gewissenhaften Durchschnittsmenschen vermissen lässt, handelt fahrlässig (leichte Fahrlässigkeit). Wer dagegen einfachste, in der gegebenen Situation jedermann einleuchtende Überlegungen und Sicherheitsvorkehrungen missachtet, handelt grob fahrlässig, weil er die im Verkehr erforderliche Sorgfalt in ungewöhnlich hohem Maße verletzt.

c) Das Besitz-, das Namens-, das allgemeine Persönlichkeitsrecht, das Recht am eingerichteten und ausgeübten Gewerbebetrieb, die gewerblichen Schutzrechte (z. B. Patente).

d) Notwehr, Verteidigungs- bzw. Angriffsnotstand, Selbsthilfe, Einwilligung des Verletzten, soweit diese nicht gegen ein gesetzliches Verbot verstößt, Handeln im Interesse eines Dritten (Geschäftsführung ohne Auftrag).

e) Wenn das erforderliche Maß der Abwehr überschritten wird, liegt »Notwehrexzess« vor. Die Notwehrüberschreitung selbst ist ein rechtswidriges Handeln i. S. des § 823 BGB und führt zu Schadenersatzansprüchen, wenn die übrigen vier Voraussetzungen des § 823 BGB gegeben sind.

f) Zwischen dem Haftungsgrund (Tun oder Unterlassen des Schädigers) und dem entsprechenden Schaden muss ein ursächlicher (kausaler) Zusammenhang bestehen. Dieser kausale Zusammenhang ist aber nur dann gegeben, wenn die vom Schädiger vollzogene Handlung nach der allgemeinen Lebenserfahrung generell geeignet war, den infrage stehenden Schaden herbei zu führen (adäquate Kausalität).

2 – Fahrlässiges Verhalten, wenn die Montage ohne ausreichende Kenntnisse vorgenommen wird.
– Verletzung eines Rechtsgutes (hier: Sachschaden).
– Kausalität und Adäquanz sind gegeben.
– Die Schädigung ist widerrechtlich.

Alle Voraussetzungen der Verschuldenshaftung sind erfüllt und Frau Burgener muss den Schaden ersetzen.

3 – Das Streuen bei Glatteis gehört zu den »Verkehrssicherungspflichten« eines Hausbesitzers (§ 823 Abs. 1 BGB).
– Diese Streupflicht wird dem Hausbesitzer in der Regel aber auch durch »Schutzgesetze« auferlegt (Gemeindesatzung und PolizeiVO). Bei einer Schadenersatzklage aufgrund eines Schutzgesetzverstoßes (§ 823 Abs. 2 BGB) hat der Geschädigte den

Vorteil, dass er keinen Verschuldensnachweis zu führen hat (Beweislastumkehr), denn es spricht eine Vermutung dafür, dass der Schädiger fahrlässig gehandelt hat, wenn ein »objektiver Verstoß« gegen ein Schutzgesetz feststeht.

Deliktsfähigkeit

4 Die Deliktsfähigkeit befasst sich nur mit den zivilrechtlichen Folgen einer Schädigung (Schadenersatzpflicht). Die Bestrafung für die widerrechtliche Handlung ist dagegen eine Sache der Straffähigkeit.

5 a) Das Kind muss für den Schaden an der Stehlampe nicht einstehen. Die 5-jährige Tochter von Herrn Müller ist deliktsunfähig (§ 828 BGB); mangels Verschulden ist sie nicht haftpflichtig.

b) Der Schädiger ist älter als 7 Jahre. Im Rahmen der bedingten Deliktsfähigkeit (§ 828 BGB) ist zu prüfen, ob er als 14-Jähriger das »erforderliche Einsichtsvermögen« in sein fehlerhaftes Verhalten besaß. Da dies hier zutrifft, haftet er (§ 823 BGB).

c) Der 6-jährige Sohn ist deliktsunfähig. Er haftet nicht.

6 a) Heiner trifft kein Verschulden, da dies Deliktsfähigkeit voraussetzt. Da er noch deliktsunfähig ist, haftet er nicht.

b) Die Billigkeitshaftung kommt infrage, wenn kein Ersatzanspruch gegen einen aufsichtspflichtigen Dritten entsteht und dem Schadenstifter nicht die Mittel entzogen werden, die er zu einem angemessenen Unterhalt benötigt. Zur Haftung der Eltern siehe Lösung zu Aufgabe 6 in Lernkontrollen zu B 2.3.

7 Nur wenn A ohne Verschulden in den Zustand der Trunkenheit geraten war, gilt er als deliktsunfähig (§ 827 BGB). Da dies nicht anzunehmen ist, haftet er für den gesamten Schaden gem. § 823 BGB.

8 Kinder sind erst ab dem vollendeten 10. Lebensjahr für Schäden verantwortlich, die sie bei der Teilnahme am motorisierten Straßen- und Bahnverkehr verursachen. Für die Sieben- bis Zehnjährigen gilt auch ein grundsätzlicher Ausschluss der Eigenhaftung und des Mitverschuldens, soweit sie nicht vorsätzlich gehandelt haben.

Anmerkung: Herr Krause wird den Schaden an dem anderen Pkw ersetzen (Gefährdungshaftung nach StVG) und seinen Schaden selber tragen müssen, sofern nicht ein Dritter wegen Verletzung der Aufsichtspflicht über Hans haftbar gemacht werden kann (vgl. B 2.3.4.1 im Lehrbuch).

Lernkontrollen zu A 2.2 — Seite 38

Gefährdungshaftung

1 Merkmale:

- Die jeweilige Gefährdungshaftung ist gesetzlich geregelt.
- Die Haftung ist unabhängig von einem Verschulden des Verantwortlichen.
- Zurechnungsgrund ist allein die »Verwirklichung des typischen Risikos« eines unter die Gefährdungshaftung fallenden Tatbestands (z. B. Schaden aufgrund eines typischen Tierverhaltens).

- Es liegt ein nachgewiesener Personen- oder Sachschaden vor, die Verantwortung trifft denjenigen, in dessen Interesse die Gefährdung zugelassen wurde.
- Die Haftung ist in der Regel begrenzt (z. T. Höchsthaftungssummen).

Beweislastregelung:

- Verschuldenshaftung: Der Geschädigte muss alle Haftungsvoraussetzungen nachweisen, auch das Verschulden des Schädigers (§ 823 Abs. 1 BGB).
- Gefährdungshaftung: Der Verantwortliche haftet unabhängig von einem Verschulden, nur in wenigen besonderen Fällen besteht für ihne eine Entlastungsmöglichkeit. Der Geschädigte hat allerdings nachzuweisen, dass ein unter die Gefährdungshaftung fallender Tatbestand vorliegt.

2 Ansprüche bestehen gegen den Hersteller C, da aufgrund des Sachverständigengutachtens ein Konstruktionsfehler nachgewiesen wurde. Es ist auch nicht erkennbar, dass sich C in diesem Punkt entlasten könnte, deshalb haftet er verschuldensunabhängig für Sicherheitsmängel gem. Produkthaftungsgesetz (ProdHaftG) für die Arzt- und Krankenhauskosten (Personenschaden), ferner für ein Schmerzensgeld.

3 a) Herr Fritz haftet als Tierhalter eines sog. Luxustieres auch ohne Verschulden für alle vom Hund aufgrund eines typischen Tierverhaltens verursachten Schäden (Gefährdungshaftung, § 833 Satz 1 BGB). Er kann hier auch auf Schmerzensgeld in Anspruch genommen werden.

b) Gezähmte, wilde Tiere, auch wenn sie dem Unterhalt des Tierhalters dienen, sind keine Haustiere und damit auch keine Nutztiere. Der Tierhalter (Zirkus) haftet hier im Rahmen der Luxustierhaftung unabhängig von einem Verschulden (Gefährdungshaftung).

4 Der im BGB erforderliche Kausalitätsbeweis wird im UmweltHaftG durch eine »Verursachungsvermutung« ersetzt. Ist demnach eine Anlage geeignet, auf die Umwelt schädigend einzuwirken, so wird vermutet, dass der Betreiber dieser Anlage der Schadenverursacher ist.

5 a) Die Lederjacke zählt zu den »eingebrachten Sachen des Gastes«. Ohne Verschulden haftet der Gastwirt bis zum Hundertfachen des Berherbergungspreises, mindestens aber bis 600,00 € und höchstens bis 3 500,00 € (Gefährdungshaftung). Die Haftung des Gastwirts ist jedoch unbeschränkt, wenn der Verlust von ihm oder seinen Angestellten verschuldet worden ist. Aus der offen gelassenen Zimmertür kann ein Verschulden hergeleitet werden, sodass der Gastwirt hier wohl vollen Ersatz leisten muss.

b) Der Gastwirt haftet nicht, denn die Gefährdungshaftung erstreckt sich nicht auf das eingebrachte Fahrzeug und die darin befindlichen Sachen (§ 701 Abs. 4 BGB).

6 Herr Krause hat nicht Recht. Als Inhaber eines Öltanks haftet er auch ohne Verschulden und der Höhe nach unbegrenzt (Gefährdungshaftung gem. § 22 WHG, wenn »Öl aus einer Anlage in ein Gewässer gelangt«). Es kommt also nicht darauf an, ob der Inhaber zum Auslaufen seines Tanks beigetragen hat oder nicht, ob die Ursache hierfür von einem anderen gesetzt wurde, z. B. vom Tankhersteller oder vom Heizöllieferanten. Herr Krause haftet in jedem Fall, d. h. mit dem Verursacher (Lieferfirma) als Gesamtschuldner. Eine Entlastung ist nur bei »höherer Gewalt« möglich.

Lernkontrollen zu A 2.3 Seiten 44–45

Gesetzliche Haftung aus vermutetem Verschulden

1 Der Geschädigte muss nicht den Beweis dafür erbringen, dass der Anspruchsgegner schuldhaft gehandelt hat; dies wird vielmehr vermutet (Beweislastumkehr).

Gesetzliche Bestimmungen:

- Haftung des Aufsichtspflichtigen (§ 832 BGB)
- Haftung des Gebäudebesitzers (§ 836 BGB)
- Haftung des Nutztierhalters (§ 833 BGB)
- Haftung des Geschäftsherrn für seinen Verrichtungsgehilfen (§ 831 BGB)

2 Neben X als Bauunternehmer (Verletzung der Verkehrssicherungspflicht, § 823 BGB) haftet M als Grundstücksbesitzer (§ 836 BGB), soweit der Einsturz des Baugerüsts die Folge fehlerhafter Errichtung oder mangelhafter Unterhaltung des mit dem Grundstück verbundenen Werkes (Baugerüst) ist. Von dieser Haftung als Gebäudebesitzer könnte sich M nur befreien, wenn der Nachweis gelingen würde, dass die im Verkehr erforderliche Sorgfalt zur Abwendung der Gefahr beobachtet wurde (Haftung aus vermutetem Verschulden). Wird M von O auf Schadenersatz in Anspruch genommen, weil sich M nicht vom vermuteten Verschulden zu entlasten vermag, so kann M den Bauunternehmer X in Höhe des gesamten Schadens in Regress nehmen (§ 840 Abs. 3 BGB i. V. mit § 426 BGB).

3 Die Dachlawine ist kein Gebäudeteil i. S. von § 836 BGB. Eine Haftung aus vermutetem Verschulden gemäß § 836 BGB entfällt. Es bleibt hier bei der allgemeinen Verschuldenshaftung wegen Verletzung von Verkehrssicherungspflichten gemäß § 823 BGB.

In schneearmen Zonen entfällt ggf. die Haftung aus Verletzung einer Verkehrssicherungspflicht, da die Anbringung von Schneefanggittern auf dem Dach hier nicht verlangt werden kann.

4 a) Blumenkästen sind keine Gebäudebestandteile, sodass eine Haftung des Gebäudebesitzers aus vermutetem Verschulden entfällt. Frau Burgener trägt die Verantwortung, dass die Blumenkästen richtig angebracht werden. Der Vermieter bringt mit seinem Einverständnis zur Anbringung nicht zum Ausdruck, dass er auch für Schäden durch die Blumenkästen haften will.

b) Keine Haftung des Vermieters, da Blumenkästen keine Gebäudebestandteile sind (vgl. a).

c) Es haftet der Gebäudeeigentümer, wenn sich Gebäudeteile lösen können. Das Geländer musste die Blumenkästen aushalten, da sie keine außergewöhnliche Last darstellen. Man denke beispielsweise an die Last, die gehalten werden muss, wenn sich eine Person über das Geländer beugt.

5 a) Da die Kühe dem Lebensunterhalt des Bauern dienen, handelt es sich um sog. Nutztiere i. S. von § 833 Satz 2 BGB. Damit hat er die Möglichkeit des Entlastungsbeweises. Er hat zu beweisen, dass er die im Verkehr erforderliche Sorgfalt beobachtet hat bzw. dass der Schaden auch bei Anwendung dieser Sorgfalt entstanden wäre, um leistungsfrei zu werden.

b) Haftung des Nutztierhalters aus vermutetem Verschulden. Der Bauer wird sich aber entlasten können, da der Hund angekettet war und der Staubsaugervertreter nicht genügend Abstand zur Hundehütte gehalten hat.

c) Haftung des Luxustierhalters für ein typisch tierisches Verhalten (Gefährdungshaftung). Der Postbote kann seinen Schaden ersetzt und auch ein Schmerzensgeld verlangen.

6 *Lösung zu Aufgabe 5 a) in Abschnitt A 2.1:*
Der Eltern müssen die Stehlampe nicht ersetzen, da sie die Aufsichtspflicht nicht verletzt haben. Zum Zeitpunkt des Schadeneintritts oblag dem Geschädigten selbst die Aufsichtspflicht.

Lösung zu Aufgabe 5 b) in Abschnitt A 2.1:
Der Schädiger ist älter als 7 Jahre. Im Rahmen der bedingten Deliktsfähigkeit (§ 828 BGB) ist zu prüfen, ob er als 14-Jähriger das »erforderliche Einsichtsvermögen« in sein fehlerhaftes Verhalten besaß. Da dies hier zutrifft, haftet er (§ 823 BGB). Gleichzeitig kommen nach § 832 BGB auch die Eltern als Schadenersatzpflichtige infrage. Da sie ihre Aufsichtspflicht verletzt haben dürften, haften hier Sohn und Eltern als »Gesamtschuldner« (§ 840 BGB).

Lösung zu 5 c) in Abschnitt A 2.1:
Der 6-Jährige ist deliktsunfähig. Die Eltern haften aus den vorgenannten Gründen wegen Aufsichtspflichtverletzung.

Lösung zu Aufgabe 6 in Abschnitt A 2.1:
Die Aufsichtspflichtverletzung wurde schon begangen, als der Junge von seinen Eltern unbeobachtet auf die Hotelrezeption klettern und die Streichhölzer an sich bringen konnte. Die Tatsache, dass die Eltern sich in der Hotelbar aufhielten, als ihr Kind noch nicht schlief, spricht ebenfalls für mangelnde Aufsicht. Da bei der Aufsichtspflichtverletzung das Verschulden der Eltern vermutet wird, müssen sie haften, zumal sie bei der Sachlage sich wohl kaum entlasten können.

7 a) Der 6-jährige Gerrit ist deliktsunfähig und muss daher nicht haften.

b) Die Eltern müssen auch nicht haften, zumal die Mutter das Kind ständig beobachtete und es auf einem Kinderspielplatz spielte, wo diese Gefahr nicht erwartet werden musste. Wenn die Mutter allerdings beobachten konnte, dass sich ihr Kind für das Messer interessierte, hätte sie einschreiten müssen und wäre somit haftpflichtig.

c) Der 10-jährige Junge hatte die Einsicht, dass Messerwerfen gefährlich ist, zumal dies in der Nähe eines Spielplatzes geschah. Spätestens als der 6-Jährige sich für das Messerwerfen interessierte, musste er mit einer unbedachten Reaktion des Jungen rechnen und das Messerwerfen einstellen oder ihn auffordern, wegzugehen. Er ist haftbar.

d) Auch die Eltern des 10-Jährigen sind haftbar, denn sie müssen einen groben Überblick haben, was ihr Sohn mit sich führt. Offensichtlich war er auch nicht unter Aufsicht, denn am Spielplatz hätten sie das Messerwerfen verbieten müssen. Sie haften daher mit ihrem Sohn gesamtschuldnerisch.

8 Exkulpation bedeutet Entlastung von einem Schuldvorwurf. Der Geschäftsherr kann sich von seinem vermuteten Verschulden bei Schädigungen durch seinen Verrichtungsgehilfen befreien, wenn er nachweist,

- dass er den Verrichtungsgehilfen sorgfältig ausgewählt, ihn unterwiesen und überwacht hat

  oder

- dass der Schaden auch bei Anwendung der im Verkehr erforderlichen Sorgfaltspflichten entstanden sein würde.

9 a) Span haftet aus unerlaubter Handlung (§ 823 I BGB).
- Das ungeordnete Stapeln der Dachlatten am Eingangsbereich war grob fahrlässig.
- Die Zerstörung des Waschbeckens (infolge Stolperns über die dem Installateur entgegenkommende Dachlatte) ist eine Rechtsgutverletzung (hier: Eigentum).
- Die Schädigung ist auch widerrechtlich.
- Dass beim Stolpern ein schweres Becken herunterfallen kann, welches man gerade trägt, ist kausal-adäquat.
- Span ist deliktsfähig.

Die Voraussetzungen für eine Haftung aus unerlaubter Handlung sind demzufolge erfüllt.

b) - Haftung für den Verrichtungsgehilfen
- Das Verschulden des Geschädigten wird vermutet. Aufgrund der Bemerkung im Lehrabschlusszeugnis musste sich der Geschäftsherr davon überzeugen, dass sein neuer Geselle jetzt mehr Ordnung hält. Da er dies offensichtlich nicht getan hat, wird er sich nicht exkulpieren können, sondern er muss haften.

Lernkontrollen zu A 2.4 — Seiten 46–47

Amtshaftung

1 Hoheitliche Tätigkeit liegt vor, wenn der Beamte im öffentlichen Interesse für seinen Dienstherrn tätig wird.

Beispiele:
- Tätigkeit eines Staatsanwaltes (öffentlicher Ankläger)
- Tätigkeit eines Lehrers

Fiskalische Tätigkeit liegt vor, wenn der Beamte privatrechtlich für seinen Dienstherrn tätig wird.

Beispiele:
- Der Beamte kauft einen Computer für die Dienststelle.
- Ein Lehrer mietet einen Bus für die Klassenfahrt.

2 Das Verhalten des Lehrers war fahrlässig. Die Hilfestellung durch die Schüler war offensichtlich nicht ausreichend oder er hat die Leistungsfähigkeit der Schüler unterschätzt. Grob fahrlässig wäre es gewesen, wenn überhaupt keine Hilfestellung vorgesehen gewesen wäre.
Da der Sportunterricht eine hoheitliche Tätigkeit darstellt, haftet hier der Staat nach Art. 34 GG. Der Rückgriff auf den Lehrer ist wegen dessen einfacher Fahrlässigkeit ausgeschlossen.

Lernkontrollen zu A 2.5 — Seite 48

Gemeinsame Haftung

1 Mittäter ist man, wenn die unerlaubte Handlung **gemeinschaftlich** begangen wird (Beispiel: Zwei Jugendliche brechen einen Zigarettenautomaten auf).

Beteiligter ist man, wenn mehrere Personen **unabhängig voneinander** rechtswidrig und schuldhaft bei gefährlichen Handlungen mitwirken (Beispiel: Fußballspielen von Jugendlichen auf der Straße). Geht dabei eine Scheibe zu Bruch und kann der eigentliche Schadenverursacher nicht festgestellt werden, haftet jeder der Beteiligten für den entstandenen Schaden.

2 a) Hier sind mehrere Personen innerhalb eines örtlichen und zeitlichen Zusammenhangs an einer gefährlichen, zu Schaden führenden Handlung beteiligt. Deswegen haftet jeder der Beteiligten (gesamtschuldnerische Haftung), falls sich nicht ermitteln lässt, wer von ihnen den Schaden durch seine Handlung verursacht hat (Beweiserleichterung gem. § 830 BGB zugunsten des Geschädigten).

b) – Ja; schulden mehrere eine Leistung, so ist jeder verpflichtet, die ganze Leistung zu bewirken. Natürlich kann der Gläubiger die Leistung nur einmal fordern (gesamtschuldnerische Haftung, § 421 BGB).

– Im Innenverhältnis sind die Gesamtschuldner zu gleichen Teilen verpflichtet, d. h., B kann von A und C jeweils 800,00 € fordern (Ausgleichspflicht der Gesamtschuldner, § 426 BGB).

Lernkontrollen zu A 3 — Seiten 55–56

Vertragshaftung

1 Bei der »rein vertraglichen Haftpflicht« wird durch Vertrag eine Haftung übernommen, die über die »vertragliche Haftpflicht kraft Gesetzes« hinausgeht. So könnte sich z. B. der Mieter einer Festhalle vertraglich dazu verpflichtet haben, auch für solche Gebäudeschäden aufzukommen, die durch höhere Gewalt bzw. durch Dritte verursacht werden. Nach Gesetz hätte der Mieter nur für eigenes Verschulden bzw. für das Verschulden seines Erfüllungsgehilfen einzustehen (§§ 276, 278 BGB).

2 a) Keine Ansprüche aus Vertrags- oder Deliktshaftung gegen Sportgeschäftinhaber.

b) 1. Anspruch aus Culpa in contrahendo – § 311 (2) BGB i. V. m. § 241 (2) BGB.

2. Anspruch aus Verletzung der Verkehrssicherungspflicht. Der zu Eis gefrorene Schneematsch zeigt, dass der Eingangsbereich nicht regelmäßig »gesichert« wurde.

c) Keine Ansprüche.

d) Evtl. Anspruch aus Verkehrssicherungspflicht, wenn der Zustand schon länger bestanden hat und die Gefahrenquelle nicht beseitigt wurde.

3 Anspruch aus positiver Vertragsverletzung (§ 241 (2) BGB i. V. mit § 280 (1) BGB).

4 Es liegt die Schlechterfüllung eines Dienstvertrages vor und der Steuerberater hat diese Schlechterfüllung zu vertreten. Der Steuerberater haftet für den Schaden aus positiver Vertragsverletzung – § 241 (2) BGB i. V. m. § 280 (1) BGB.

5 Deliktshaftung:
Verstoß gegen die Verkehrssicherungspflicht (Verletzung eines Schutzgesetzes).
Vertragliche Haftung kraft Gesetzes; hier:
Verletzung einer Nebenpflicht aus dem Vertragsverhältnis mit dem Gast (positive Vertragsverletzung).
Der Gast kann den Hotelier aus diesen konkurrierenden Anspruchsgrundlagen haftbar machen. Für beide Anspruchsgrundlagen gilt die Beweislastumkehr, d. h. der Schädiger müsste sowohl bei der Schutzgesetzverletzung – § 823 (2) BGB – als auch bei der Haftung aus dem Vertragsverhältnis beweisen, dass ihn kein Verschulden trifft – § 280 (1) S. 2 BGB. Das dürfte ihm nicht gelingen, so dass er ersatzpflichtig wird. Der Geschädigte kann bei beiden Anspruchsgrundlagen ein Schmerzensgeld verlangen.

Haftung für den Erfüllungsgehilfen

6 a) Anspruch der Witwe gegen Span:
- aus unerlaubter Handlung nach § 823 BGB

Anspruch des Besuchers gegen Span:
- aus unerlaubter Handlung nach § 823 BGB

b) Ansprüche der Witwe gegen Meister Holz:
- aus der Haftung für den Verrichtungsgehilfen
  Holz wird sich jedoch entlasten können, wenn der Geselle sonst immer nüchtern zur Arbeit erschienen ist und der Zustand des Gesellen an diesem Tag nicht bemerkt werden konnte. Im Übrigen kann Holz sich auf das Lehrabschlusszeugnis berufen, wonach Span tadellose Gewerke abliefere (siehe Aufgabe 9 in den Lernkontrollen zu B 2.3). Mit der Nichtbefestigung der Treppenstufen musste er daher nicht rechnen.
- aus der Haftung für den Erfüllungsgehilfen (Vertragshaftung)
  Holz wird den Personenschaden ersetzen müssen, einschl. Schmerzensgeld.

Ansprüche des Besuchers gegen Meister Holz:
- aus der Haftung für den Verrichtungsgehilfen. Hier gilt das bereits bei den Ansprüchen der Witwe Schmitz Gesagte. Holz wird sich entlasten können.

7 a) Malermeister Bunt haftet gegenüber Herrn Brause
- aus »positiver Vertragsverletzung« nach § 241 (2) BGB i. V. m. § 280 (1) BGB. Es besteht ein Werkvertrag (§ 631 BGB), den Blau als Erfüllungsgehilfe erfüllt (§ 278 BGB Haftung für den Erfüllungsgehilfen).
- aus »unerlaubter Handlung« über § 831 BGB (Blau handelt auch als Verrichtungsgehilfe), soweit sich Bunt nicht entlasten kann.

b) Geselle Grün handelt gegenüber Herrn Brause zwar als Erfüllungsgehilfe des Malermeisters Bunt; die Uhr stiehlt er aber nur »bei Gelegenheit« der Ausführung aufgetragener Arbeiten (§ 278 BGB). Bunt hat also den entstandenen Schaden nicht zu verantworten.

c) Geselle Rot ist gem. § 831 BGB Verrichtungsgehilfe des Malermeisters Bunt. Bunt haftet nur, wenn Rot nicht ordnungsgemäß ausgewählt und überwacht wurde (Entlastungsbeweis des Bunt); d. h., Frau Klug hat im Gegensatz zu Herrn Brause nur deliktsrechtliche (keine vertraglichen) Schadenersatzansprüche.

d) Geselle Rot handelt nicht in Ausführung der Verrichtung, also kann Schwarze nicht über § 831 BGB vom Malermeister Bunt Schadenersatz fordern.

Lernkontrollen zu A 4 — Seite 66

Umfang des zu ersetzenden Schadens

1
- Wegen der Reparatur des wertvollen Mantels ist kein »Vorteilsausgleich« zu berücksichtigen. Für den 4-wöchigen »Nutzungsausfall« während der Reparaturdauer wird deshalb keine Entschädigung geleistet, weil der wertvolle Mantel ein Luxusgut und kein Wirtschaftsgut ist (immaterieller Schaden).
- Hier wird bei der Entschädigungsberechnung ein »Vorteilsausgleich« zu berücksichtigen sein; denn der Geschädigte wird sich einen neuen Mantel kaufen können. Dann ist aber ein Abzug »neu für alt« vorzunehmen und eine Nutzungsausfallentschädigung entfällt.

2 Ausgleichs- und Genugtuungsfunktion

3 Ist z. B. der Verletzte an den Unfallfolgen gestorben, so gehen die Schmerzensgeldansprüche auf die Erben über und zwar seit 1990 (Gesetzesänderung) unabhängig davon, ob vor dem Tode der Anspruch schon rechtshängig oder von dem Schädiger anerkannt worden war.

Lernkontrollen zu A 5.1 — Seite 71

Risikoanalyse und Risikobewältigung

1 Die Verpflichtung zum Schadenersatz ist unkalkulierbar und kann existenzbedrohend sein (unbegrenzte Haftung bei deliktischen Schadenersatzansprüchen). Gegen Zahlung einer festen Prämie kann dieses Risiko auf den Haftpflicht-VR übertragen werden.

2 *Heinz Brings:*
Haftpflichtrisiken eines Gewerbetreibenden (hier: Handwerksbetrieb)
Inge Brings:
Haftpflichtrisiko aus Beruf (Pflegerin)
Haftpflichtrisiko aus ehrenamtlicher Tätigkeit (hier: Kassenwartin des Fördervereins der Schule)

Sohn Olaf:
KH-Risiko (hier: Motorrad)
Tochter Ilona:
Haftpflichtrisiken aus dem Bogenschießen, insbesondere wenn es nicht wettkampfmäßig betrieben wird und deshalb nicht über eine Vereins-HV abgesichert ist.

Tochter Nina:
Haftpflichtrisiken aus der Unberechenbarkeit eines Tieres (hier: Hund)

Alle Familienmitglieder sind neben den Haftpflichtrisiken aus ihrer Tätigkeit bzw. ihren Hobbys den typischen Haftpflichtrisiken einer Privatperson ausgesetzt, z. B. fahrlässige Schädigung eines Dritten.

Lernkontrollen zu A 5.2.1 — Seiten 79–80

Versichertes Risiko

Gefahren des täglichen Lebens

1 a) Die gesetzliche Haftpflicht des VN als Radfahrer ist versichert (A 1 Ziff. 6.7.3). Die grob fahrlässige Herbeiführung des Versicherungsfalls (Trunkenheit) führt in der HV nicht zur Leistungsfreiheit des VR (kein Risikoausschluss, keine Obliegenheitsverletzung). Die Privat-HV ist leistungspflichtig.

b) Die Privat-HV ist leistungspflichtig, da der Schaden durch Fahrlässigkeit (Verschulden) entstanden ist. Die geschädigte Hausbewohnerin könnte den Schaden ihrem Hausrat-VR melden (Folgeschaden eines Brandes). Der Hausrat-VR müsste entschädigen, würde dann aber Regress beim Schadenverursacher aus Deliktshaftung nehmen. Dieser könnte im Rahmen seines Freihaltungsanspruches die Regressforderung an seinen Haftpflicht-VR weiterleiten.

2 a) Der Auszubildende ist betrieblich tätig. Nicht die Privat-HV, sondern die Betriebs-HV ist leistungspflichtig (A 1 Ziff. 1; vgl. auch A 1 Ziff. 9.3.5).

b) Es liegt eine private Tätigkeit vor. Der Haftpflichtschaden ist durch die Privat-HV gedeckt.

3 Abweichend von A 1 Ziff. 1 AHB PR 2016 versichert Proximus 4 jetzt subsidiär auch die Haftpflichtrisiken aus selbstständigen, nebenberuflichen Tätigkeiten bis zu einem Jahresumsatz von max. 10 000 €, sofern hier keine andere Haftpflichtversicherung. (z. B. eine separate Betriebs-HV) eintrittspflichtig ist.

Weitere Begrenzungen des Versicherungsschutzes sieht A 1 Ziff. 6.2.1 AHB PR 2016 vor. Demnach fällt der Eisverkauf nicht unter die versicherten Tätigkeiten – schon wegen der erheblichen Haftpflichtrisiken im Lebensmittelrecht (der Eisverkäufer haftet z.B. dem Kunden gegenüber wegen erlittener Salmonellenvergiftung, wenn bei der Eisherstellung versehentlich alte Eier verarbeitet wurden).

Meinungsforschung und Zeitungszustellung fallen dagegen unter die versicherten Tätigkeiten.

4 a) Amts-HV (berufliches Haftpflichtrisiko wegen Personen- und Sachschäden)

b) Vermögensschaden-HV (berufliches Haftpflichtrisiko wegen Vermögensschäden)

c) Privat-HV (werden durch den Beruf erworbene Fähigkeiten spontan und ungeplant zu privaten Zwecken oder aus privaten Motiven eingesetzt, besteht Versicherungsschutz in der Privat-HV)

d) Betriebs-HV (sämtliche Tätigkeiten während der Arbeitszeit – sowohl innerhalb als auch außerhalb des Betriebes – zählen zu den Gefahren eines Betriebes, wenn ein ursächlicher Zusammenhang zwischen dem Betrieb und dem Umstand, durch den der VN haftpflichtig wird, besteht.

e) Amts- bzw. Vermögensschaden-HV mit Einschluss der gesetzlichen Haftpflicht aus dem »Abhandenkommen von Dienstschlüsseln«. Dieses Risiko ist aber häufig auch schon in der Privat-HV mitversichert, so auch in A 1 Ziff. 6.6.1.

Mitversicherte Personen

5 a) Als Soldat auf Zeit ist er nicht mitversichert, da er eigenes Einkommen hat. Handelt es sich dagegen um einen freiwilligen »Wehrdienst« (weil der Sohn z. B. auf einen Studienplatz wartet), wäre dieses Risiko in der Privat-HV der Eltern mitversichert (Proximus-Bedingungen).

b) Die an den Schulabschluss »unmittelbar« anschließende Berufsausbildung ist dann noch gegeben, wenn zwischen Schulabschluss (Verlassen der Unterrichtsanstalt) und Studienbeginn bis zu einem Jahr vergehen. Mitversicherung liegt hier also noch vor.

c) Eine sich innerhalb von 12 Monaten anschließende zweite Ausbildung (Lehre oder Studium) ist ebenfalls mitversichert (A 1 Ziff. 2.1.2).

d) Die meisten VR gewährten auch während der Ableistung des freiwilligen Wehrdienstes (vor, während oder im Anschluss an die Berufsausbildung) Deckung über die Privat-HV der Eltern (bei »Proximus« der Fall).

e) Mitversicherung ist gegeben; solange ein Studium nicht beendet worden ist, gilt der Wechsel der Berufsausbildung als Fortsetzung der Erstausbildung.

f) Die Mitversicherung endet immer bei Heirat, wobei der Zeitpunkt der standesamtlichen Trauung maßgeblich ist. Bei Gründung einer eigenen Familie ist auch der Abschluss einer eigenen Privat-HV zumutbar und sinnvoll.

g) Das Masterstudium, das unmittelbar an das Bachelorstudium anschließt, ist mitversichert, weil für diesen Ausbildungszeitraum auch noch Unterhaltspflicht der Eltern besteht. Das gilt aber nicht für den anschließenden Promotionszeitraum (A 1 Ziff. 2.1.2).

6 Auch hier wird die Mitversicherung durch Heirat beendet, gleichgültig ob der Jugendliche erst 17 Jahre alt ist oder volljährig. Die Tätigkeit als Küchenhilfe ist vor Heirat und vor Volljährigkeit ohne Einfluss auf die Mitversicherung des Kindes.

7 a) Da Herr Laux offensichtlich eine Privat-HV nach Alternative B mit 150,00 € Selbstbehalt für Einzelpersonen abgeschlossen hat (Jahresprämie 50,00 € lt. Tarif), muss er jetzt bei der Proximus eine Umstellung auf das Kompakt-Modell beantragen. Das sollte sofort geschehen, da auch kein vorläufiger Versicherungsschutz im Rahmen der Vorsorgeversicherung für Frau Beck besteht. Erst nach dieser Umstellung kann sie als unverheiratete Lebenspartnerin mit in der Privat-HV von Herrn Laux mitversichert werden, sofern sie unter seiner Anschrift amtlich gemeldet ist und die Mitversicherung als Lebenspartnerin besonders vereinbart wird (A 1 Ziff. 2.1.4).

Mit der Scheidung ist die Mitversicherung von Frau Beck in der Privat-HV ihres jetzt von ihr geschiedenen Ehemannes fortgefallen.

Tochter Susanne, die jetzt mit ihrer Mutter zusammen bei Herrn Laux wohnt, kann auch durch besondere Vereinbarung (siehe Fettdruck vor Ziffer 2.1.4 zu A 1) in der Privat-HV von Herrn Laux mitversichert werden. Das ist aber nicht in jedem Falle erforderlich ist, da die Tochter Susanne – unabhängig vom Wohnort und unabhängig davon, ob die Mutter oder der Vater des Sorgerecht hat – auch weiterhin in der Privat-HV ihres leiblichen Vaters mitversichert ist, sofern dieser den Vertrag nicht auf den Single-Tarif umstellt. Damit keine Deckungslücke entsteht müssen Frau Beck/Herr Laux und Herr Beck auf diese Problematik hingewiesen werden.

b) Bei der Aufhebung einer Mehrfachversicherung gilt das »Prinzip der älteren Rechte« (§ 79 VVG), d. h. dass nur für den später abgeschlossenen Vertrag eine Aufhebung mit sofortiger Wirkung verlangt werden kann.

c) Verzichtet Frau Beck auf die Mitversicherung in der Privat-HV des Herrn Laux nach dem Kompaktmodell und unterhält stattdessen eine eigene Privat-HV, sind gegenseitige Schadenersatzansprüche vom Versicherungsschutz nicht ausgeschlossen. Die »häusliche Gemeinschaft« ändert daran nichts, denn Partner einer nichtehelichen Lebensgemeinschaft gelten nicht als »Angehörige«, so dass hier gegenseitige Ansprüche nicht vom Versicherungsschutz ausgeschlossen sind (A 1 Ziff. 7.4.1).

8 a) Die Putzhilfe gehört zu den mitversicherten Personen – (A 1 Ziff. 2.1.5). Versichert ist ihre persönliche Haftpflicht, wenn sie – im Rahmen der ihr durch den VN aufgetragenen Verrichtungen – von Dritten auf Schadenersatz in Anspruch genommen wird. Hier ist nur die Privat-HV des VN leistungspflichtig, weil die Privat-HV der Putzfrau auf den Ausschluss der »Gefahren eines Berufes« verweisen kann.

b) Die im Haushalt des VN beschäftigten Personen (hier die Putzhilfe) gehören auch im Single-Tarif zu den mitversicherten Personen (siehe A 1 Ziff. 2, erster Satz nach der Überschrift).

9 a) Das minderjährige Gastkind ist während der Dauer des Gastaufenthaltes (max. für ein Jahr) subsidiär mitversichert. Erlangt aber der Versicherte Versicherungsschutz aus einem anderen Haftpflichtversicherungsvertrag, so entfällt der Versicherungsschutz (A 1 Ziff. 2.1.7).

b) Der Schaden am Notebook ist nicht mitversichert (A 1 Ziff. 7.4.1), da Ansprüche der im Vertrag mitversicherten Person gegen den VN vom Versicherungsschutz ausgeschlossen sind. Das gilt aber nicht für etwaige übergangsfähige Regressansprüche der GKV oder PKV wegen Personenschäden, die bei mitversicherten Personen durch den VN verursacht wurden (siehe A 1, letzter Satz zu Ziff. 7.4: »*Insgesamt gilt zu Teil A, Abschnitt 1 Ziff. 7.3 und Ziff. 7.4: Mitversichert sind … übergangsfähige Regressansprüche …*«).

c) nicht versichert, da der schadenersatzpflichte Drittschaden von der mitversicherten Ehefrau des VN vorsätzlich herbeigeführt wurde (A 1 Ziff. 7.1).

d) Die alleinstehende – nach dem Tod des Vaters – unverheiratete Mutter ist Angehörige i. S. v. Ziff. 7.4.1. Solange die Mutter jetzt im gemeinsamen Haushalt mit dem VN lebt, wegen ihrer Gehbehinderung pflegebedürftig ist und mindestens Pflegegrad II festgestellt wurde, besteht für den Schaden Versicherungsschutz in der Privat-HV des VN (A 1 Ziff. 2.1.6).

Lernkontrollen zu A 5.2.2 — Seiten 88–89

Gegenstand der Haftpflichtversicherung

Zeitliche Festlegung des Versicherungsfalles

1 Es besteht Versicherungsschutz, da das »Schadenereignis« (Personenschaden durch eine herabstürzende Jalousie am 15. Juli 2015) in die Wirksamkeit des Vertrages (1. April 2014 bis 30. Nov. 2015) fällt. Unwesentlich ist dagegen, ob auch der »Verstoß« (fehlerhafte Montage am 10. Febr. 2014) oder der »Zeitpunkt der erstmaligen Anspruchserhebung durch den geschädigten Dritten«, hier am 15. Dez. 2015, innerhalb des versicherten Zeitraums eingetreten ist.

2 a) Der Versicherungsfall trat mit dem Fristversäumnis ein (»Verstoßtheorie«), da es sich hier um eine Vermögensschaden-HV handelt.

b) Es besteht Versicherungsschutz, da die Verstoßtheorie (Vermögensschadenversicherung) gilt und der Verstoß in die Vertragszeit gefallen ist (Nachhaftung des VR).

c) In diesen Risikobereichen lässt sich der »Zeitpunkt des Verstoßes« in der Regel eindeutiger bzw. zweifelsfreier nachweisen als der »Zeitpunkt des Schadenereignisses«.

d) – Zu einem »Nachhaftungsproblem« (Deckungslücke) kann die Schadenereignistheorie (AHB) führen. So entfällt in der Betriebs-HV das versicherte Risiko, wenn der Betrieb (Betriebs-HV) aufgegeben wurde (Vertragsauflösung). Tritt danach ein Schadenereignis aufgrund eines früheren Verstoßes ein, hat der VN ohne Nachhaftungsversicherung keinen Deckungsschutz.

– Ein »Vorhaftungsproblem« ergibt sich dagegen aus der »Verstoßtheorie« (u. a. Architekten-HV). Würde sich ein Architekt erst einige Zeit nach Aufnahme seiner beruflichen Tätigkeit berufshaftpflichtversichern, hätte er keinen Versicherungsschutz auch für künftige Schadenereignisse, die auf einem Planungsfehler (Verstoß) vor Vertragsabschluss beruhen. Deshalb sollte der technische und materielle Beginn der Architekten-HV grundsätzlich auf den Zeitpunkt der Berufsaufnahme zurückverlegt werden.

3 Die nachprüfbar erste Feststellung eines versicherten Schadens während der Vertragsdauer gilt als Versicherungsfall. Anwendungsbereich: Umwelt-HV

Versicherte Schadenarten

4 a) Ansprüche aus Personen- bzw. Sachschäden und Vermögensfolgeschäden.

b) »Echte Vermögensschäden« lassen sich weder auf Personen- noch auf Sachschäden zurückführen. »Unechte Vermögensschädenû« sind dagegen gerade solche Schäden, die sich als Folge von Personen- und Sachschäden ergeben (z. B. Verdienstausfall als Folge eines Personenschadens).

5 a) – Personenschäden (Krankenhauskosten)
– Vermögensfolgeschäden (Einnahmenausfall)

b) Echter Vermögensschaden

c) – Sachschaden (Beschädigung des Fahrzeugs)
– Vermögensfolgeschaden (Leihwagen)
– Echter Vermögensschaden (verlorener Versicherungsabschluss); er ist zwar kausal, aber nicht adäquat und daher kein Vermögensfolgeschaden.

Versicherte Anspruchsgrundlagen

6 Der VN könnte sonst auf Kosten seines Haftpflicht-VR, ohne dass dieser eine Einflussmöglichkeit darauf hätte, mit seinem Vertragspartner sehr weit gehende, über die gesetzliche Haftpflicht hinausgehende Schadenersatzansprüche vereinbaren (z. B. Zusicherung jeglicher Haftung – auch für höhere Gewalt).

7 a) Auch Schadenersatzansprüche wegen Schuldnerverzug (§§ 280, 325 BGB) fallen unter die Erfüllungsausschlussklauseln.

b) 150,00 € (zerbrochenes Geschirr) sind gedeckt, da es sich um einen Sachfolgeschaden handelt, der über die eigentliche Vertragsleistung hinausgeht (PVV). Der Aufwand für die Nachbesserungsarbeiten in Höhe von 100,00 € ist nicht gedeckt (Erfüllungsausschlussklausel).

Lernkontrollen zu A 5.2.3 — Seite 94

Leistungspflichten des Versicherers

1 a) Die geschädigte Frau Hermes muss nachweisen, dass der Schaden durch ein Verschulden der Kinder eingetreten ist.

Sofern der Sprung in der Scheibe durch das Fußballspiel der Kinder entstanden ist, ist jeder für den entstandenen Schaden verantwortlich nach § 830 BGB. Demnach haften sie gesamtschuldnerisch. Die Kinder haben mit 8 Jahren die nötige Einsicht, dass Fußballspielen zu Glasschäden führen kann, und sind deshalb haftpflichtig (bedingte Deliktsfähigkeit). Ggf. kommt auch noch eine Haftung der Eltern wegen Aufsichtspflichtverletzung infrage. Der in Anspruch genommene Michael bzw. dessen Vater muss dann aufgrund der gesamtschuldnerischen Haftung (Außenverhältnis) den Schaden voll ersetzen. Im Innenverhältnis haften die Kinder (bzw. deren Eltern) nach gleichen Teilen.

b) Ist der Versicherungsfall gedeckt, befasst sich der VR mit dem Haftpflichtanspruch. Haftet der VN bzw. eine mitversicherte Person (hier der Sohn Michael), befriedigt der VR die Ansprüche des Geschädigten (Befreiungsanspruch des VN). Im Beispielsfall würde er aufgrund der gesamtschuldnerischen Haftung Regress im Rahmen des Innenverhältnisses bei den anderen Beteiligten nehmen.

Haftet der VN bzw. eine mitversicherte Person nicht, so wehrt der VR die unbegründeten Ansprüche des Geschädigten ab. Insoweit hat die HV auch eine Rechtsschutzfunktion (passiver Rechtsschutz im Gegensatz zum aktiven Rechtsschutz der Rechtsschutz-V).

2 Der Haftpflicht-VR wird erst dann tätig, wenn gegen den VN bzw. eine mitversicherte Person Schadenersatzansprüche aufgrund einer Haftpflichtbestimmung privatrechtlichen Inhalts geltend gemacht werden. Die reine Vermutung, dass solche Ansprüche gestellt werden könnten, stellt noch keinen Versicherungsfall dar.

Lernkontrollen zu A 5.2.4 — Seiten 118–123

Haushalt und Familie

1 Die Mutter des Geburtstagskindes hat die Aufsichtspflicht über die Gastkinder während der Geburtstagsfeier (§ 832 BGB). Diese Aufsichtspflicht ist im Rahmen ihrer Privat-HV mitversichert, sodass Versicherungsschutz besteht (A 1 Ziff. 6.1.1).

2 – Die persönliche Haftpflicht des Tageskindes ist nicht in der Privat-HV der Tagesmutter mitversichert (A 1 Ziff. 6.1.4).
Versichert wäre sie aber in der Privat-HV der Eltern des Kindes. Diese entschädigt hier aber auch nicht (keine Haftung gemäß §§ 828, 832 BGB). Weil die Geschädigte hier selbst aufsichtspflichtig war, findet auch die Kinderschadenklausel keine Anwendung (A 1 Ziff. 6.1.6.1).

– Die Privat-HV der Tagesmutter ist deckungspflichtig und würde an die Geschädigten (Radfahrer/Tageskind) leisten, soweit die Tagesmutter haftet, d. h. ihre Aufsichtspflicht verletzt haben sollte. Die Tagesmutter wird sich hier aber exkulpieren können (§ 832 BGB).

– Die Tagesmutter haftet für eigenes Handeln/Verschulden. Ihre Privat-HV ist deckungspflichtig.

3 Der VN haftet nur für den Sachschaden, nicht für den Personenschaden (außer Vorsatz), da es sich hier um einen Arbeitsunfall i. S. des SGB handelt, für den die Berufsgenossenschaft aufkommt. Die Privat-HV gewährt Deckungsschutz für den Sachschaden im Rahmen der Haftpflicht des VN (Haushaltsvorstand), obwohl die Putzfrau gleichzeitig mitversicherte Person in der Privat-HV ist (A 1 Ziff. 6.1.2).
Die Privat-HV deckt auch die eventuellen Regressansprüche der Berufsgenossenschaft (Personenschaden), soweit dem VN grobe Fahrlässigkeit vorzuwerfen ist (siehe A 1, letzter Satz zu Ziff. 7.4: »*Insgesamt gilt zu Teil A, Abschnitt 1 Ziff. 7.3 und Ziff. 7.4: Mitversichert sind … übergangsfähige Regressansprüche …*«).

4 a) Die Tätigkeit der Ehefrau als Hausfrau ist keine berufliche Tätigkeit, sodass aus ihrer Sicht kein Arbeitsunfall, sondern ein Haftpflichtfall aus dem Privatleben vorliegt.
Die Putzfrau geht hingegen einer beruflichen Tätigkeit nach und erleidet bei dieser Tätigkeit einen Arbeitsunfall, da die ätzende Reinigungsflüssigkeit im Zusammenhang mit ihrer Tätigkeit steht.
Die Berufsgenossenschaft wird den Personenschaden ersetzen müssen, während der Sachschaden über die Privat-HV des VN gedeckt ist, da die Ehefrau eine mitversicherte Person ist.

b) Die Putzfrau ist als im Haushalt des VN beschäftigte Person ebenfalls eine mitversicherte Person, sodass die Privat-HV des VN den Schaden des Handwerkers ersetzen muss (A 1 Ziff. 2.1.5).

5 a) (1) Die Privat-HV leistet 189,00 € (Schaden abzüglich Selbstbeteiligung von 100,00 € je Schadenfall), soweit der Schaden nicht auf einer übermäßigen Beanspruchung bzw. Abnutzung oder Verschleiß beruht (A 1 Ziff. 6.1.5).

(2) Das »Abhandenkommen von Sachen« ist hier als eigene Schadenart ausdrücklich vom Versicherungsschutz ausgeschlossen (A 1 Ziff. 6.1.5).

b) Der Schädiger (Enkel) ist noch deliktsunfähig und der VN dürfte hier seine Aufsichtspflicht nicht verletzt haben; er wird sich also sicherlich exkulpieren können. Der VR wird aber leisten, wenn dies der VN wünscht (A 1 Ziff. 6.1.6.1 – Kinderschadenklausel). Das setzt allerdings voraus, dass die geschädigte Kitaleiterin selbst hier nicht schon aufsichtspflichtig war und dass keine Leistungspflicht aus einem anderen Versicherungsvertrag besteht, z. B. aus einer bestehenden Vollkaskoversicherung für den Pkw (Subsidiaritätsklausel).

c) Die ehrenamtliche Freiwilligenarbeit aufgrund eines sozialen Engagements – ohne Ausübung einer Leitungsfunktion – ist in der Privat-HV mitversichert, auch wenn der VN dafür eine Aufwandsentschädigung als steuerfreie Einnahme erhält. Allerdings greift auch hier wiederum die Subsidiaritätsklausel/subsidiäre Haftung (A 1 Ziff. 6.2).

Haus- und Grundbesitz

6 a) Die Haftung des Gebäudebesitzers aus vermutetem Verschulden ist mitversichert, wenn es sich um ein selbst bewohntes Einfamilienhaus im Inland handelt (A 1 Ziff. 6.3.1/6.3.2.1).

b) Wird das Einfamilienhaus nicht ausschließlich zu Wohnzwecken verwendet, entfällt der Versicherungsschutz.

7 a) Ja; die Privat-HV deckt nach »Proximus« die gesetzliche Haftpflicht als Eigentümer und als Mieter einer oder mehrerer im Inland gelegener Wohnungen – einschließlich Ferienwohnung (A 1 Ziff. 6.3.1). Für die Ferienwohnung in Südfrankreich gilt A 1 Ziff. 6.15.3.
»Mietsachschäden« in der vom VN bewohnten Mietwohnung sind ebenfalls von der Privat-HV gedeckt (A 1 Ziff. 6.5.1).

b) Nein; das Einfamilienhaus (oder auch Ferienhaus) liegt nicht im Inland (Deutschland); A 1 Ziff. 6.3.1.

8 Wird in einem größeren Einfamilienhaus eine »Wohnung« vermietet, so ist das damit verbundene »Vermieterrisiko« üblicherweise nicht mehr mitversichert (bei Proximus allerdings doch: »... aus der Vermietung einer Einliegerwohnung im selbst bewohnten Einfamilienhaus ...«); A 1 Ziff. 6.3.2.2.
Das Haftpflichtrisiko des Vermieters – hier für den Schaden aufkommen zu müssen, den der Passant erlitten hat, weil nicht geräumt wurde – ist gedeckt.

9 Soweit Sondereigentum in Betracht kommt (VN als Wohnungseigentümer), sind auch Ersatzansprüche der Eigentümergemeinschaft – weil der VN Gemeinschaftseigentum (Treppenhaus) beschädigt hat – mitversichert (A 1 Ziff. 6.3.1).
Die Privat-HV ist aber nur in Höhe von 200,00 € deckungspflichtig, da vom Gesamtschaden $^1/_3$ Eigenschaden, der sich nach dem Miteigentumsanteil des VN am Gemeinschaftseigentum berechnet, abzuziehen ist.

10 a) Das Haftpflichtrisiko (Verkehrssicherungspflicht) als Bauherr ist bis zu einer bestimmten Bausumme (A 1 Ziff. 6.3.2.4) von 200 000,00 € mitversichert. Wird dieser Betrag (Voranschlag) überschritten, besteht »vorläufiger Versicherungsschutz« durch die Vorsorgeversicherung (A 1 Ziff. 9), vorausgesetzt, es wird fristgerecht eine Bauherren-HV abgeschlossen.

b) Der unter a) beschriebene Versicherungsschutz besteht auch, wenn der VN als »Bauunternehmer« (Eigenarbeiten) tätig wird.

11 a) Die Rohrschädigung ist als Mietsachschaden versichert (A 1 Ziff. 6.5.1). Die allmähliche Einwirkung von Feuchtigkeit und der entstandene Sachschaden ist gedeckt; denn Allmählichkeitsschäden sind in der Privat-HV nicht mehr generell ausgeschlossen (vgl. dagegen A 1 Ziff. 6.5.1.2 bei Schäden durch Schimmelbildung).

b) In der Betriebs- und Berufs-HV (vgl. dazu die AHB BHV – Musterbedingungen des GDV) sind »Ansprüche wegen Beschädigung von Sachen, die sich beim VN zur Reparatur oder zu sonstigen Zwecken befinden/befunden haben oder die von ihm übernommen wurden« (sog. Tätigkeitsschäden) grundsätzlich vom Versicherungsschutz ausgeschlossen.

Das gilt aber nicht für die Privat-HV, solange der sog. Tätigkeitsschaden sich im »privaten« Bereich und nicht im »beruflichen Bereich« ereignet/zuzuordnen ist.

Eine »berufliche Tätigkeit« kann aber hier wohl nicht unterstellt werden. Der Fall lässt zwar offen, ob der Mitreisende den VN wegen seiner beruflichen Qualifikation und des damit verbundenen Fachwissens zur Tätigkeit aufgefordert hat. Da der VN aber völlig ungeplant (Augenblicksereignis) und allein aus Gefälligkeit für andere tätig wurde, darf hier von einer »privaten Tätigkeit« ausgegangen werden. Da die Privat-HV deckungspflichtig ist, hat sie sich mit den Schadenersatzansprüchen des Mitreisenden zu befassen.

c) Wurde eine vom VR erteilte Auflage zur Beseitigung besonders gefahrdrohender Umstände (»verhüllte Obliegenheit gem. B 3 Ziff. 2«) innerhalb einer angemessenen Frist vom VN nicht erfüllt, besteht bei grober bzw. vorsätzlicher Obliegenheitsverletzung teilweise bzw. vollständige Leistungsfreiheit (B 3 Ziff. 4.2).

Im vorliegenden Fall kann davon ausgegangen werden, dass der VR die Beseitigung des Gefahrenumstandes billigerweise verlangen konnte. Ob auch die gesetzte Frist als angemessen gewertet werden kann, dürfte hier z. B. davon abhängen, ob die Zweimonatsfrist noch in die Winterzeit fällt. Wegen der Frostgefahren wären Maurerarbeiten zu dieser Zeit jedenfalls nicht zumutbar.

d) In der Privat-HV ist speziell das »Schlüsselverlustrisiko« mitversichert (A 1 Ziff. 6.6).

e) (1) Glasschäden sind in der Privat-HV vom Versicherungsschutz ausgeschlossen, sofern sich der VN hiergegen besonders (z. B. durch eine Glas- oder Hausratversicherung) versichern kann. Das gilt für Fenster- und Türscheiben usw. in der eigenen Mietwohnung, nicht dagegen im vorübergehend angemieteten Hotelzimmer (A 1 Ziff. 6.5.1.2).
Allerdings besteht in der Glasversicherung kein Deckungsschutz für Oberflächenbeschädigungen, z. B. Schrammen, Kratzer.

(2) Vom Versicherungsschutz ausgeschlossen sind ebenfalls Schäden infolge Schimmelbildung (A 1 6.5.1.2).

12 Vertragsgestaltung:
Ist die Lebensgefährtin unter der Anschrift des VN Brüning amtlich gemeldet und sind beide unverheiratet, kann seine Lebensgefährtin mit ihren Kindern im Vertrag, den Herr Brüning abschließen sollte, durch besondere Vereinbarung mitversichert werden.

Das Risiko aus der Vermietung der Eigentumswohnung ist nach »Proximus-Bedingungen« nicht versichert (A 1 Ziff. 6.4), sondern muss ebenfalls besonders vereinbart werden.

Tierhalter für den Hund ist die Lebenspartnerin, was bei Einschluss des Tierhalter-Risikos im Antrag vermerkt werden sollte.

Versicherungsschutzangebot nach Alternative B	
Kompakt Modell ohne Selbstbehalt	95,50 €
Mitversicherung der Eigentumswohnung	21,00 €
Tierhalter-HV	96,80 €
	213,30 €
– 10 % Dauernachlass (3-jährige Vertragsdauer)	21,33 €
	191,97 €
– 5 % Nachlass bei jährlicher Zahlung	9,60 €
	182,37 €
+ 19 % VersSt	34,65 €
Prämie	**217,02 €**

13 a) Haftung der Eltern nach § 832 BGB (Haftung des Aufsichtspflichtigen). Die Eltern haften, wenn sie ihre Aufsichtspflicht verletzt haben, ggf. gemeinsam mit ihrem 11-jährigen Sohn Hans als Gesamtschuldner (§ 840 BGB). Hierbei ist es nicht Sache des Geschädigten, das Verschulden zu beweisen, sondern die aufsichtspflichtigen Eltern müssen nachweisen, dass ihr Verhalten nicht schuldhaft bzw. nicht ursächlich für den Schaden war.

b) Der 6-jährige Uwe ist nicht deliktsfähig und daher nicht schadenersatzpflichtig.

Der 11-jährige Hans ist bedingt deliktsfähig; denn Minderjährige vom 7. bis 18. Lebensjahr sind schadenersatzpflichtig, wenn sie »bei der Begehung der schädigenden Handlung die zur Erkenntnis der Verantwortlichkeit erforderliche Einsicht haben«.

Einem 11-jährigen Kind müsste es eigentlich klar sein, dass das Werfen eines schweren Skischuhs in einem Zimmer Sachschäden verursachen kann. Wird bei Hans altersgemäße geistige Entwicklung unterstellt, dürfte er schadenersatzpflichtig sein, soweit er und nicht Uwe den Skischuh geworfen hatte. Verschulden wäre dann gegeben (Beweislast liegt aber beim Geschädigten). Das Gleiche gilt für die übrigen Voraussetzungen des § 823 BGB: Rechtsgutverletzung (Sachschaden), Widerrechtlichkeit, Kausalität.

c) Generell mitversichert ist die gesetzliche Haftpflicht des VN/Ehepartners als Aufsichtspflichtige über Minderjährige (A 1 Ziff. 6.1.1).

Die evtl. persönliche Haftpflicht des 11-jährigen Sohnes ist grundsätzlich mitversichert (der Schaden ist hier nicht »bedingt vorsätzlich« verursacht worden).

In der Privat-HV sind auch Mietsachschäden eingeschlossen (hier: Gebäudeglasschaden im Hotelzimmer), da sich der VN hingegen nicht besonders versichern kann (A 1 Ziff. 6.5.1.2). Versichert sind auch die Haftpflichtansprüche wegen Mietsachschäden an beweglichen Sachen der Reiseunterkunft (hier: Stehlampe) gem. A 1 Ziff. 6.5.2 – »Mietsachschäden am Inventar der Reisunterkunft«. Ziff 6.5.2.

Ausübung von Sport – Halten und Hüten von Tieren

14 a) Soweit der Boxsport beruflich ausgeführt wird (Berufsboxer), besteht kein Versicherungsschutz (berufliche Tätigkeit, die nicht versichert ist in der Privat-HV). Ansonsten besteht Versicherungsschutz, da privater Boxsport nicht unter die ausgeschlossenen Sportarten fällt (A 1 Ziff. 6.7.2).

b) Soweit dem VN kein vorsätzliches oder grob fahrlässiges Foul vorzuwerfen ist, haftet der VN nach ständiger Rechtsprechung nicht für den Sportunfall, da der Verletzte dieses Risiko als Mitspieler stillschweigend in Kauf nimmt. Daher wird die Privat-HV nicht leisten, obwohl die gesetzliche Haftpflicht aus der Ausübung von Sport grundsätzlich als mitversichert gilt.

c) Hat der VN die Erlaubnis zu privatem Waffenbesitz und liegt der Verletzung des Neffen (der nicht zu den »Angehörigen« gehört) keine strafbare Handlung zugrunde (z. B. Notwehrexess), so besteht Deckung durch die Privat-HV. Von der Deckung ausgeschlossen sind allerdings Haftpflichtansprüche, die mit jagdlicher Betätigung zusammenhängen (A 1 Ziff. 6.8).

d) Kein Versicherungsschutz aus der Privat-HV bei Haftpflichtschäden aus dem Besitz von Jagdwaffen (A 1 Ziff. 6.8).

15 a) Die Tochter ist »mitversicherte Person«. Das Haftpflichtrisiko eines privaten Reiters auf fremden Pferden ist subsidiär gedeckt (A 1 Ziff. 6.9, S. 4).

b) Die gesetzliche Haftpflicht für Schäden an fremden Sachen, die der Versicherte gemietet hat, sind zwar nach A 1 Ziff. 6.5.3 jetzt grundsätzlich gedeckt, auch wenn es sich um bewegliche Sachen handelt, die geliehen, gemietet usw. (siehe Ziff. 6.5.3) sind. Gemäß A 1 Ziff. 6.9, S. 5 bleiben aber Haftpflichtansprüche der Tierhalter oder -eigentümer vom Versicherungsschutz ausgeschlossen.

16 a) Deckung
b) keine Deckung
c) keine Deckung
d) Deckung
e) Deckung
f) Deckung
g) keine Deckung
h) keine Deckung

} siehe A 1 Ziff. 6.9

17 a) Es besteht für den Hüter eines fremden Hundes nach »Proximus« Versicherungsschutz aus der Privat-HV – A 1 Ziff. 6.9, S. 4 – da das Hüten nicht gewerblich erfolgt.

b) Der Tierhüter (hier die Familie) ist mitversicherte Person in der Hundehalter-HV des VN.

18 a) Der Hund stellt ein »neues« Risiko dar, das sofort mit dem Eintritt der Veränderung vorläufig mitversichert ist, und zwar hier sofort im Rahmen der vertraglichen Deckungssummen (A 1 Ziff. 9/9.3.3). Allerdings ist der VN innerhalb eines Monats nach Aufforderung des VR anzeigepflichtig. Unterlässt der VN die rechtzeitige Anzeige, so entfällt der Versicherungsschutz rückwirkend ab Eintritt des neuen Risikos (A 1 Ziff. 9.1, S. 2).

b) Jetzt handelt es sich nur noch um eine Risikoerweiterung im Rahmen der Hunde-HV, die von vornherein im Rahmen der vertraglichen Deckungssummen – bei rückwirkender Prämienregulierung – mitversichert ist (A 1 Ziff. 8.1; A 7 Ziff. 2).

c) Hier bedarf es keiner speziellen Tierhalter-HV, das Risiko ist generell in der Privat-HV mitversichert (A 1 Ziff. 6.9).

19 a) Anspruchsgrundlage ist § 833 BGB: Krause haftet als Halter für das willkürliche Verhalten seines »Luxustieres« (Gefährdungshaftung). Er haftet auch ohne Verschulden (ohne Entlastungsmöglichkeit).

b) Der Geschädigte kann nach § 253 (2) BGB ein Schmerzensgeld verlangen.

c) Im Rahmen der Vorsorgeversicherung nach A 1 Ziff. 9 hat Krause grundsätzlich (objektiv) Versicherungsschutz (Annahme: Es folgt eine Prämienvereinbarung innerhalb Monatsfrist nach Eingang der Anzeige beim VR). Krause kann schließlich beweisen, dass die Anzeigefrist für das neue Risiko noch nicht verstrichen ist (Kauf des Hundes am 4. März, Prämienrechnung mit der Aufforderung zur Anzeige nicht vor dem 1. April d. J., Fristablauf damit nicht vor dem 1. Mai d. J.).

Allerdings hat der VN Krause den Schadenersatzanspruch (zumindest teilweise) anerkannt und darüber hinaus auch schon befriedigt. Da aber hier die Frage der Haftung objektiv völlig eindeutig ist (Anspruchsgrundlage und Höhe des Schadenersatzes), besteht Versicherungsschutz. Im Übrigen ist auch § 105 VVG zu beachten.

Kraft-, Luft- und Wasserfahrzeuge

20 a) Deckung (A 1 Ziff. 6.7.3), Höchstgeschwindigkeit ≤ 25 km/h

b) keine Deckung, Höchstgeschwindigkeit > 6 km/h (A 1 Ziff. 6.10.1)

c) Deckung

d) Deckung nach »Proximus« (A 1 Ziff 6.12.1), da es sich nicht um ein eigenes Segelboot handelt

e) Deckung nach »Proximus« (A 1 Ziff. 6.12.1) für Windsurfbretter

f) Deckung (A 1 Ziff. 6.12.1)

g) keine Deckung, soweit motorgetriebenes Flugmodell (A 1 Ziff. 6.11.1)

h) keine Deckung soweit über 5 kg Gewicht, ansonsten Deckung (A 1 Ziff. 6.11.1)

i) Keine Deckung; anders als die normalen Pedelecs, die den Fahrer bis 25 km/h unterstützen, handelt es sich bei den schnellen S-Pedelcs nicht mehr um Fahrräder. Sie unterstützen den Fahrer bis 45 km/h. Sie werden deshalb rechtlich als Kleinkrafträder eingestuft und benötigen damit auch ein Versicherungskennzeichen.

21 a) Ja; da Herr Tondorf keine mitversicherte Person in der Kfz-HV ist, der Schaden also nicht durch Gebrauch des Kfz i. S. v. A 1 Ziff. 7.14 entstanden ist.

b) Die Kfz-HV von Herrn Siepen ist leistungspflichtig.

Die Privat-HV leistet bei »Be-und Entladeschäden« auch. Die Höchstentschädigung beträgt dann allerdings nur 1 500,00 €, was i. d. R. ausreicht, weil es sich hier meist um Kleinschäden handelt.

Die Privat-HV schließt damit die Deckungslücke, die in Verbindung mit der Kfz-HV entsteht, wenn der Versicherte (Herr Siepen) einen Haftpflicht-Kleinschaden selbst reguliert, um in der Kfz-HV eine drohende Rückstufung in eine ungünstigere Schadenfreiheitsklasse zu vermeiden.

22 a) Nicht versichert ist die Haftpflicht des Eigentümers, Halters oder Fahrers wegen Schäden, die durch den »Gebrauch des Kfz« verursacht werden. Soweit der VN als Autoinsasse nicht zu den – in der Kfz-HV – mitversicherten Personen gehört, besteht Deckung über die Privat-HV.

Nicht die Privat-HV, sondern die KH-Versicherung wäre zuständig, wenn hier – je nach näherem Sachverhalt – eine Haftung des Fahrers/Halters infrage käme.

b) Ebenso nicht mitversichert (auch nicht über die kostenlose Vorsorge-V) ist die gesetzliche Haftpflicht des VN bei Gebrauch eines eigenen Segelbootes. Der VN benötigt dann eine besondere Boots-HV. Hatte der VN dagegen das Boot geliehen oder gemietet, so wäre das vorliegende Risiko – was die Haftung des VN anbetrifft – über die Privat-HV gedeckt.

c) Sofern das Modellflugzeug nicht durch einen Motor angetrieben wird und nicht mehr als 5 kg wiegt, ist der Haftpflichtfall über die Privat-HV gedeckt.

d) Schäden an fremdem überlassenem (auch beweglichem) Eigentum (A 1 Ziff. 6.5.3) sind versichert. Es gilt aber eine Selbstbeteiligung von 100,00 € je Versicherungsfall.
Die Ausschlussklausel für »*Schäden, die der Fahrer ... eines Kfz durch den Gebrauch des Fahrzeugs verursacht*« (A 1 Ziff. 7.14) greift hier nicht, denn der VN hat hier bei der Fehlbetankung nicht das Mietfahrzeug »gebraucht« sondern die Zapfpistole und aus Nachlässigkeit den falschen Kraftstoff getankt.
Zur Klarstellung erwähnen einige VR in ihren Versicherungsbedingungen ausdrücklich, dass »Betankungsschäden an gemieteten Kraftfahrzeugen« versichert sind, schließen aber andererseits im Gegensatz zu den Proximus 4 Bedingungen »Schäden an gemieteten Land-, Luft- und Wasserfahrzeugen« grundsätzlich vom Versicherungsschutz aus.

Lernkontrollen zu A 5.2.5 **Seiten 134–136**

Allgemeine Ausschlüsse

1 a) Ja; soweit es sich hier nicht um die aktive Teilnahme an einem Rad-, Pferde- oder Kfz-Rennen handelt (A 1 Ziff. 6.7.1 und 6.7.2). Für die Teilnahme an einem Radrennen gilt A 1 Ziff. 6.7.3 Abs. 2.

b) Nein (Ausschluss: »verantwortliche« Betätigung in Vereinigungen); denn hier ist davon auszugehen, dass das Vereinsmitglied »eigenverantwortlich« mit der Organisation der Absperrung beauftragt war und nicht nur als bloßer »Befehlsempfänger« im Rahmen der Vereinsveranstaltung (im Interesse und für den Zweck des Vereins) tätig werden sollte. Versicherungsschutz besteht aber über die Vereins- bzw. spezielle Veranstalter-HV (A 1 Ziff. 7.16).

c) Nein; denn in seiner Eigenschaft als gesetzlicher Vertreter des Vereins hat er grundsätzlich keinen Versicherungsschutz durch die Privat-HV (A 1 Ziff. 7.16).

2 a) Das zu deckende Risiko dient hier nicht den Interessen eines Betriebes; außerdem sind die Reparaturen nicht in einer Kfz-Halle bzw. auf dem Betriebsgelände des Gebrauchtwagenhändlers, sondern in der Halle eines Bauunternehmers vorgenommen worden (keine typische Gefahr eines derartigen Betriebes). Ebenso ist das Risiko nicht dem beruflichen Bereich des Versicherten zuzurechnen, daher entfällt hier die Ausschlussklausel für »betriebliche bzw. berufliche Tätigkeiten«. Das Gleiche gilt für den Ausschluss »ungewöhnlicher und gefährlicher Beschäftigungen«; denn Schweißarbeiten an einem PKW stellen heutzutage keine »ungewöhnliche Beschäftigung« mehr dar (BGH 26. Okt. 1988). Die Privat-HV des Gebrauchtwagenhändlers ist also leistungspflichtig (A 1 Ziff. 7.15).

b) Hier hat sich ein berufstypisches – die Privat-HV-Deckung ausschließendes – Risiko des Versicherten verwirklicht. Soweit der VN aber ungeplant (also keine

Schwarzarbeit) und aus akutem Anlass (gefälligkeitshalber) mit seinen beruflichen Fertigkeiten unentgeltlich Hilfe leistet, kann nach neuerer Rechtsprechung dennoch davon ausgegangen werden, dass die Privat-HV leistungspflichtig ist. Eine Tätigkeit gilt auch dann noch als unentgeltlich, wenn nachträglich als Anerkennung eine Belohnung geleistet wurde, diese aber nicht vor Beginn der Arbeit vereinbart worden war (OLG Karlsruhe 19. März 1987).

c) Hier wird der Drittschaden (Gebäudefeuerschaden) bei der Reparatur des eigenen Kfz verursacht, sodass die Benzinklausel (Ausschlusstatbestand: »Gebrauch eines Kfz«) anzuwenden ist. Versicherungsschutz besteht dann nicht über die Privat-HV, sondern über die KH-Versicherung, da der Eigentümer, Besitzer, Halter ... zu den in der KH-Versicherung mitversicherten Personen gehört.

Anmerkung zu a) bis c):
Auch was den Kfz-Feuerschaden anbetrifft, ist im Fall a) und b) ein Drittschaden gegeben; die Ausführungen zum Gebäudefeuerschaden gelten auch hier. Die Ausschlussklausel in A 1 Ziff. 1 kommt nicht zur Anwendung, wenn keine gewerblich-berufliche Tätigkeit vorliegt (vgl. auch A 1 Ziff 9). Es ist aber fraglich, ob im Fall a) und b) der Schädiger überhaupt haftet, denn bei Gefälligkeiten wird für leichte Fahrlässigkeit nicht gehaftet. Ist der Schädiger hier aber durch eine Haftpflichtversicherung abgesichert, kommt dieser Haftungssausschluss aufgrund eines BGH-Urteils nicht mehr in Betracht.
Im Fall c) liegt ein für die Haftpflichtversicherung nicht relevanter Eigenschaden vor.

3 Dem VN ist bekannt, dass er an Grippe leidet. Sein Verhalten ist grob fahrlässig, was hier dem Vorsatz gleichgestellt wird (Anmerkung: Normalerweise ist grobe Fahrlässigkeit versichert). Die Übertragung der Krankheit wird deshalb vom Ausschluss nach A 1 Ziff. 7.11 erfasst.

4 Ausgeschlossen sind Ansprüche wegen Schäden an fremden Sachen, wenn der VN diese Sachen durch verbotene Eigenmacht erlangt hat (A 1 Ziff. 7.5).

5 a) Die Privat-HV muss leisten; der Geschädigte ist keine mitversicherte Person i. S. v. A 1 Ziff. 2.1 und auch kein Angehöriger i. S. v. A 1 Ziff. 7.4.1.

b) Die Privat-HV muss leisten; keine häusliche Gemeinschaft. Außerdem ist der Geschädigte hier kein mitversicherter Angehöriger gem. A 1 Ziff. 2.1 und 7.4.1.

Eine häusliche Gemeinschaft wäre nur dann gegeben, wenn es an einer selbstständigen, getrennten Wohnung fehlen würde. Da der Bruder aber im Erdgeschoss eines Vierfamilienhauses lebt und der VN im Obergeschoss dieses Hauses, liegen zwei selbstständige Wohnungen vor. Der Begriff »häusliche Gemeinschaft« ist hier also nicht erfüllt.

c) Die Privat-HV leistet nicht; der Geschädigte lebt als Angehöriger i. S. der AHB mit dem VN in häuslicher Gemeinschaft, da nur eine gemeinsame Wohnung besteht und die Gemeinschaft auf längere, unbestimmte Zeit eingegangen wurde. Außerdem ist davon auszugehen, dass eine gemeinsame Wirtschaftsführung vorliegt.

d) Die Privat-HV muss leisten; der Geschädigte gehört nicht zu den im Versicherungsvertrag mitversicherten Angehörigen, ein mehrwöchiger Urlaub beim Vater begründet keine häusliche Gemeinschaft.

e) Privat-HV leistet nicht; der Geschädigte gehört zu den im Versicherungsvertrag mitversicherten Personen (A 1 Ziff. 7.4.1, Ziff. 2.1)

Risiko- und Schadenfälle aus allen Bereichen der Privat-HV

6 a) Haftpflichtansprüche aus Schäden in Spanien sind versichert (weil EU-Staat – sogar für einen zeitlich unbegrenzten Aufenthalt in Spanien).

Versichert sind

- die Standvase im Frühstücksraum,
- ebenso die Mietsachschäden (hier am Teppichboden, allerdings unabhängig von der Deckungssumme begrenzt durch die Höchstersatzleistung für Mietschäden an Räumen nach A 1 Ziff. 6.5.1.1),
- die Bettdecke (Inventar der Reiseunterkunft nach A 1 Ziff. 6.5.2),
- der Fenster-Glasschaden im nur kurzfristig angemieteten Hotelzimmer (A 1 Ziff. 6.5.1.2), denn der VN kann sich hiergegen nicht besonders versichern.

b) Keine Deckung durch die Privat-HV. Eine Glasversicherung kann hier abgeschlossen werden (A 1 Ziff. 6.5.1.2).

c) Die Haftpflicht aus der Beschädigung von gemieteten Sachen ist grundsätzlich mitversichert. Das gilt sowohl für die Beschädigung von Gebäudebestandteilen in Wohnräumen (A 1 Ziff. 6.5.1), wie hier der Schaden am Fliesenboden, als auch für Schäden an beweglichen Sachen, die gemietet, geliehen usw. sind (A 1 Ziff. 6.5.3), wie hier der Schaden an der geliehenen Bohrmaschine. Selbstbeteiligung gem. Ziff. 6.5.3 beachten.

d) Der Schaden an der Badewanne ist als »Mietsachschaden« gedeckt , davon ausdrücklich ausgenommen sind Schäden an bestimmten technischen Geräten, wie z. B. Warmwasseraufbereitungsanlagen (A 1 Ziff. 6.5.1.2).

e) Gedeckt ist nur die »gesetzliche Haftpflicht aus der Beschädigung von Wohnräumen und sonstigen, zu privaten Zwecken gemieteten Räumen in Gebäuden«. Die Terrasse gehört zwar zu der vom Mieter genutzten Fläche. Es wurden hier auch fest mit dem Gebäude verbundene Sachen beschädigt. Diese Beschädigung erfolgte aber nicht an »Räumen in Gebäuden«. Derartige Schäden sind nicht gedeckt, weil Schäden, die außerhalb von geschlossenen Gebäuden eintreten, wegen der dort herrschenden Witterungseinflüsse geeignet sind, selbst in kurzer Zeit aus einer nur kleinen Beschädigung einen beträchtlichen Schaden entstehen zu lassen.

f) Die Reparaturkosten für das Türschloss sind als »Mietsachschäden« gedeckt (A 1 Ziff. 6.5.1.1), ebenso die Kosten für die Neuanfertigung eines Schlüssels (A 1 Ziff. 6.5.3), allerdings begrenzt durch Höchstersatzleistungen und Selbstbeteiligung.

g) Es besteht Deckung, soweit der »Mietsachschaden« durch die Katze verursacht wurde, aber auch wenn der Hund die Tür zerkratzt hat. Begründung: Sowohl die Privat-HV (Katze) als auch die Tierhalter-HV (Hund) schließen »Mietsachschäden« in den Versicherungsschutz ein, ausgenommen Verschleiß und Abnutzung (A 1 Ziff. 6.9, Ziff. 6.5.1.1 und A 2 Ziff. 3.1–3.2).

h) Die Ersatzansprüche Dritter, d. h. die des Inhabers der darunter liegenden Wohnung (Eichenschrank) bzw. die des Hauseigentümers (Decken-/Wandverkleidung), sind gedeckt; denn Sachschäden wegen häuslicher Abwässer sind im Rahmen von A 1 Ziff. 6.20 ausdrücklich mitversichert, ebenso wie Abwässer aus dem Rückstau des Straßenkanals.

i) Obgleich die verantwortliche Betätigung in Vereinen nach A 1 Ziff 7.16 nicht versichert ist, ist der Schaden gedeckt, da er nur »bei Gelegenheit der Vereinssitzung« geschieht und nicht aus der Betätigung für den Verein selbst erwachsen ist.

k) Nein; da im täglichen Leben eines Durchschnittsbürgers das Halten eines Betonmischers – im Gegensatz zum Besitz und Gebrauch eines Schweißgeräts – sicherlich auch ungewöhnlich ist (und nicht nur gefährlich) – vgl. A 1 Ziff. 7.15.

Anmerkung: Betonmischer werden auf Baumärkten bereits relativ preiswert für den Heimwerker angeboten. Es darf angenommen werden, dass sich ggf. die Rechtsauffassung ändert, wenn der Betonmischer bei Hausbesitzern »alltäglich« wird.

l) Der Schaden am »anderen Boot« ist bis zur vereinbarten Deckungssumme (A 1 Ziff. 6.12.1) versichert.

Die Proximus Versicherung gewährt auch Versicherungsschutz für den Schaden am fremden – vom VN gemieteten – Boot. Die Höchstersatzleistung beträgt hier 15 000,00 €. Eine Selbstbeteiligung von 100,00 € je Schadenfall gilt außerdem als vereinbart.

Für »Schäden an gemieteten fremden beweglichen Sachen (außerhalb der Reiseunterkunft)« wird nicht von allen Versicherern Deckungsschutz gewährt. Versicherer, die hier Deckungsschutz gewähren, schließen dann aber in der Regel »Schäden an Kraft-, Luft- und Wasserfahrzeugen« ausdrücklich vom Versicherungsschutz aus.

7 a) Für den drohenden Gewässerschaden können Ansprüche gegen den Inhaber der Tankanlage gestellt werden, aus dessen Tank das Öl (§ 22 Abs. 2 WHG) ausgelaufen ist. Dessen Gewässerschaden-HV hat also zunächst zu leisten, nimmt aber dann den VN in Regress (wahrscheinlich nicht den Sohn, weil dieser u. U. noch als deliktsunfähig angesehen werden kann). Der VN könnte wegen Verletzung der Aufsichtspflicht in Anspruch genommen werden.

Ist weder der VN noch das Kind Eigentümer des Gewehres – war also das Gewehr ausgeliehen – kommt es auf die Erlaubnis zum Waffenbesitz nicht an.

Der VR ist dann deckungspflichtig, weil auch das WHG-Risiko – mit Ausnahme des Anlagerisikos – in der Privat-HV als sog. Restrisiko mitversichert ist (A 1 Ziff. 6.21.1).

b) Auch wenn sich der Öltank auf dem versicherten Grundstück des vom VN selbstbewohnten Ein- bzw. Zweifamilienhauses befindet, ist das WHG-Risiko im Rahmen der Privat-HV nicht versichert. Versicherungsschutz besteht in der Privat-HV nur für Kleingebinde (max. 100 l je Behälter und max. 1 000 l insgesamt). Deckungsschutz für das Anlagerisiko gewährt aber die Gewässerschaden-HV (A 6 Ziff. 1–7). Die Privat-HV gewährt für das »neue (gerade hinzu gekommene) Risiko« (hier das WHG-Risiko des Öltanks) nur vorübergehend Versicherungsschutz über die Vorsorgeversicherung (A 1 Ziff. 9) bis zum rechtzeitigen Abschluss der Gewässerschaden-HV (A 1 Ziff. 6.21.1, vorletzter und letzter Satz).

Lernkontrollen zu A 5.2.6 — Seiten 144–145

Risikoveränderung und Vorsorgeversicherung

1 Risikoerhöhung: Vergrößerung der bereits versicherten Gefahr; d.h., die Wahrscheinlichkeit des Schadeneintritts wird größer (qualitative Erhöhung der Gefahr). Beispiel: Der VN ersetzt einen Kellertank durch einen Erdtank.
Risikoerweiterung: Die Anzahl der bereits versicherten Risiken wird vermehrt (quantitative Änderung der Gefahr). Beispiel: Ein Betrieb stellt weitere Mitarbeiter ein. Der VN installiert einen weiteren Kellertank und hat danach statt 6 000 l jetzt eine Tankanlage mit 12 000 l Gesamtfassungsvermögen.

2 a) Ja; Risikoerhöhung (sachbezogene Erhöhung)
b) Ja; Risikoerweiterung
c) Ja; Risikoerhöhung (personenbezogene Erhöhung)
d) Nein; eine Betriebsverlegung hat zwar in der Sachversicherung, nicht dagegen in der Betriebs-HV Einfluss auf den Versicherungsvertrag bzw. -schutz.
e) Ja; Risikoerweiterung, soweit die Prämie nach der Höhe der Mieteinnahmen berechnet wird.

3 Ja; denn im Gegensatz zum VVG erstreckt sich der Versicherungsschutz nach den AHB PR 2016 automatisch und ohne vorherige Anzeige auf eine spätere Änderung des schon versicherten Risikos. Die Anzeigefrist von 1 Monat (vgl. A 7 Ziff. 2.1) ist im übrigen auch noch nicht abgelaufen.

4 a) Der VR ist berechtigt, von dem VN einen »Strafbetrag« bis zur dreifachen Höhe des Prämienunterschieds zu fordern, sofern Letzterer nicht beweist, dass die unrichtigen Angaben ohne ein von ihm zu vertretendes Verschulden gemacht worden sind (vgl. A 7 Ziff. 2.1).
b) Die unterlassene (verspätete) Änderungsanzeige berechtigt den VR, eine »fiktive« Nachprämie in Höhe der schon gezahlten Jahresprämie zu verlangen. Bezahlt der VN aufgrund der tatsächlichen Risikolage damit insgesamt zu viel an Jahresprämie, so kann er durch eine jetzt nachgeholte Änderungsanzeige innerhalb von 2 Monaten nach Empfang der Nachzahlungsaufforderung eine entsprechende Rückerstattung erreichen (vgl. A 7 Ziff. 2.3).

5 Die Vorsorgeversicherung bezieht sich auf »neu« hinzukommende Risiken.

6 Risiken aus dem Eigentum, Besitz oder Führen von Kfz, von Luft- oder Wasserfahrzeugen (Ziff. 9.3.1 AHB PR 2016). Das gilt auch für Risiken aus dem Eigentum, Besitz, Betrieb oder Führen von Multikoptern (Drohnen) über 250 g Fluggewicht (Ziff. 9.3.2 AHB PR 2016).
Der vorläufige Schutz, der bei nicht fristgerechter Anzeige (und einer entsprechenden Nachtragsversicherung innerhalb eines weiteren Monats/Prämienvereinbarung) rückwirkend wieder entfällt, ist von der Deckungssumme her bis zur Höhe der vereinbarten Versicherungssummen (5 Mio. € bzw. 10 Mio. €) gegeben, sofern nicht geringere Summen für die Vorsorgeversicherung vereinbart wurden.

7 Nein; es handelt sich um ein »neues« Risiko, außerdem ist der Schadensfall nicht über die Vorsorge-V aus der Privat-HV gedeckt. Nur der rechtzeitige Abschluss einer Wassersport-HV hätte hier für Deckung gesorgt.

Lernkontrollen zu A 5.3.1 — Seiten 152–154

Versicherungsbeginn und Prämie

1 Die AHB PR 2016 kennen die erweiterte Einlösungsklausel (B 1 Ziff. 1). Der VN hat rechtzeitig innerhalb von 14 Tagen nach Erhalt der Police (Aufforderung zur Prämienzahlung) gezahlt, sodass der Versicherungsschutz ab dem beantragten Beginn (1. April) besteht. Der Schaden ist dadurch gedeckt.

2 a) 15. April: Beginn der Widerrufsfrist nach § 8 VVG. Widerruft der VN nicht innerhalb der Widerrufsfrist von 14 Tagen, gilt der Vertrag als geschlossen (formeller Beginn).
1. April: materieller Beginn aufgrund der erweiterten Einlösungsklausel
1. April: technischer Beginn
b) Die Frist zum Widerruf ist noch nicht abgelaufen. Er kann also seine Vertragserklärung durch Widerruf aufheben und das günstigere Angebot wahrnehmen.

3 Haus- und Grundbesitzer-HV (Alternative A – ohne Selbstbehalt)

Prämie für ein Zweifamilienhaus	64,00 €
Zusatzprämie für 2 weitere Wohnungen (2 · 24,00 €)	48,00 €
Prämienzuschlag für 210 qm gewerbliche Nutzung (22,00 € je angefangene 50 qm = 5 · 22,00 €)	110,00 €
Tarifprämie	222,00 €
– 10 % Dauernachlass (bei 3-jähriger Vertragsdauer)	22,20 €
	199,80 €
– 5 % Nachlass bei jährlicher Zahlung	9,99 €
	189,81 €
+ 19 % VersSt	36,06 €
Jahresprämie	**225,87 €**

4 a) Privat-HV (Kompakt-Modell nach Alternative A – ohne Selbstbehalt)

Privat-HV (Kompakt-Modell nach Alternative A – ohne Selbstbehalt)	90,60 €
+ Vermietung Garage	6,00 €
+ Tierhalter-Haftpflicht	93,20 €
	189,80 €
– 10 % Dauernachlass (bei 3-jähriger Vertragsdauer)	18,98 €
	170,82 €
– 5 % Nachlass bei jährlicher Zahlung	8,54 €
	162,28 €
+ 19 % VersSt	30,83 €
Jahresprämie	**193,11 €**

b) Privat-HV (Kompakt-Modell nach Alternative B – ohne Selbstbehalt)

Privat-HV (Kompakt-Modell nach Alternative B – ohne Selbstbehalt)	95,50 €
+ Vermietung Garage	6,60 €
+ Tierhalter-Haftpflicht	96,80 €
	198,90 €
– 10 % Dauernachlass (bei 3-jähriger Vertragsdauer)	19,89 €
	179,01 €
– 5 % Nachlass bei jährlicher Zahlung	8,95 €
	170,06 €
+ 19 % VersSt	32,31 €
Jahresprämie	**202,37 €**

5 Versicherungsschutzerweiterung – Haus- und Grundbesitzer-HV, 15 Mio. € Deckung

Prämie für ein Zweifamilienhaus und Zusatzprämie für 3 weitere Wohnungen (64,00 € + 3 · 24,00 €)	136,00 €
+ 900 qm unbebautes Grundstück	16,50 €
+ Gewässerschäden-HV (Kelleröltank bis 15 cbm)	124,80 €
Tarifprämie	277,30 €
– 10 % Dauernachlass (bei 3-jähriger Vertragsdauer)	27,73 €
	249,57 €
– 5 % Nachlass bei jährlicher Zahlung	12,48 €
	237,09 €
+ 19 % VersSt	45,05 €
Jahresprämie	**282,14 €**

6 **Vorbemerkung:** Frau Batt (24 Jahre) könnte alleine nach dem Single-Tarif im Rahmen der Privat-HV versichert werden. Da ihr Lebenspartner (29 Jahre) ebenfalls eine neue Privat-HV benötigt, ist der Kompakttarif anzubieten, wobei der Lebenspartner mitversichert wird, soweit er unter der Anschrift der VN amtlich gemeldet ist (A 1 Ziff. 2.1.4).

Privat-HV (Kompakt-Modell nach Alternative B – ohne Selbstbehalt)	95,50 €
– 10 % Dauernachlass (bei 3-jähriger Vertragsdauer)	9,55 €
	85,95 €
– 5 % Nachlass bei jährlicher Zahlung	4,30 €
	81,65 €
+ 19 % VersSt	15,51 €
Jahresprämie	**97,10 €**

Das Haftpflichtrisiko als Sondereigentümer einer selbst bewohnten Eigentumswohnung im Inland ist in der Privat-Haftpflichtversicherung mitversichert (A 1 Ziff. 6.3.1).

7
- Sohn, Ehepartner und Haushaltshilfe sind mitversicherte Personen.
- Einfamilienhaus ist mitversichert.
- Das Risiko als Bauherr für den geplanten **Anbau** der Doppelgarage ist bis 200 000,00 € Bausumme versichert. Ist die Bausumme höher, muss eine Bauherren-HV abgeschlossen werden. Das Risiko aus der Vermietung einer der beiden Garagen ist separat zu versichern.
- Für den Erdöltank ist eine spezielle Gewässerschaden-HV notwendig.
- Tätigkeit im Ehrenamt (hier: als Vorstandsmitglied im Reitverein) ist nicht versichert.
- Pferderennen sind ausgeschlossen.
- Das Pferd ist nur im Rahmen der Vorsorgeversicherung als neues Risiko bis zur nächsten Aufforderung durch den VR prämienfrei mitversichert. Danach wird eine eigene Tierhalter-HV benötigt.
- Ausritt auf fremden Pferden ist jedoch versichert.
- 15 Mio. € ist eine zu geringe Deckungssumme. Der VN sollte die Deckungssumme erhöhen.

8 a) Risikoveränderung; das Risiko Pferd ist bereits versichert. Auch bei Nicht- oder Falschanzeige hat die Familie Kruse vollen Versicherungsschutz im Rahmen der vereinbarten Deckungssummen.

Folgen einer Nicht- bzw. Falschanzeige: siehe A 7 Ziff. 2.1 und 2.3

b) Unabhängiger Treuhänder ermittelt zum 1. Juli eines jeden Jahres, um welchen Prozentsatz sich der Durchschnitt der Schadenzahlungen, welche die zum Betrieb der allgemeinen Haftpflichtversicherung zugelassenen VR im vergangenen Jahr geleistet haben, gegenüber dem vorangegangenen Jahr erhöht hat. Dieser Wert wird auf die nächstniedrigere durch fünf teilbare Zahl abgerundet. Der VR kann die Prämienerhöhung durchführen, muss es jedoch nicht (A7 Ziff. 3.2 und 3.3).

c) Die Kündigung muss innerhalb von einem Monat ab Zugang der Mitteilung erfolgen, mit sofortiger Wirkung, frühestens aber mit Wirksamwerden der Erhöhung. Voraussetzung: Der Umfang des Versicherungsschutzes darf sich nicht geändert haben. Frau Kruse hätte bis zum 9. Juni d. J. kündigen müssen. Die Kündigung ist demnach unwirksam, aber nur, wenn der VR sie auch zurückweist. Versäumt der VR diese Mitteilung, so wird die Kündigung wirksam (A 7 Ziff. 3.5).

Lernkontrollen zu A 5.3.4 — Seiten 159–160

Versicherungsfall

1 Der VR prüft die Haftpflichtfrage, d.h., ob Frau Lenders für den Schaden in Anspruch genommen werden kann.

Anspruchsgrundlage könnte die Verletzung eines Schutzgesetzes (§ 823 II BGB) sein, wenn nicht ordentlich geräumt wurde.

Sofern der Anspruch besteht, wird er vom VR ersetzt. Unbegründete Ansprüche werden abgewehrt.

Frau Lenders sollte eine Schadenanzeige ausfüllen. Der VR wird Frau Lenders dann ggf. vor Gericht vertreten.

2 – Schadenmeldung des VN Hanke.
Der Sohn Michael zählt zu den mitversicherten Personen, auch wenn er noch studiert und vorübergehend im Studentenwohnheim wohnt.
Haftpflichtansprüche aus Schadensfällen von Angehörigen, die zu den im Versicherungsvertrag mitversicherten Personen gehören, sind nach A 1 Ziff. 7.4.1 vom Deckungsschutz ausgeschlossen.

– Schadenmeldung der Versicherungsnehmerin Schmülling.
Die gesetzliche Haftpflicht der im Haushalt der Versicherungsnehmerin beschäftigten Personen (hier: Putzfrau) ist nach A 1 Ziff.2.1.5 mitversichert.
Ersatzpflichtig sind die Reinigungskosten und die Friseurkosten. Die Schmerzensgeldforderung wird der VR wegen Unbilligkeit zurückweisen (Freihaltungsanspruch des VN).

– Schadenmeldung des VN Langen.
Die Katze ist ein Luxustier, sodass die Gefährdungshaftung gilt.
Da die 8-jährige Tochter eine mitversicherte Person ist und Schäden durch Katzen von mitversicherten Personen in der Privat-HV ohne besondere Vereinbarung gedeckt sind, muss der VR Deckung gewähren.

Lernsituationen	Kunden gegen Schadensersatzforderungen absichern und die Durchsetzung ihrer Rechte ermöglichen

Lernsituation 1	Seite 161

»Ein Vormittag im Außendienst der Agentur«

Methodisch-didaktische Hinweise

Die Lernsituation 1 ist so angelegt, dass sich die Lernenden selbstständig unter Zuhilfenahme von Lehrbuch und Versicherungsbedingungen mit folgenden Lernsegmenten zur Haftpflichtversicherung bzw. Rechtsschutzversicherung auseinandersetzen können:

- Haftpflichtrisiken
- mitversicherte Personen in der Privat-Haftpflichtversicherung
- Versicherungsschutzangebot mit Prämienberechnung

Es empfiehlt sich, arbeitsgleiche Gruppen einzurichten, um die Ergebnisse vergleichen und ggf. ergänzen zu können.

Lösungshinweise:

Erster Kundenbesuch

a) Folgende Risikosituationen sind zu erläutern:
   - Haftung des Tierhüters
     In der Privat-HV gemäß A 1 Ziff 6.9 Proximus-Bedingungen eingeschlossen.
     Haftungsrechtliche Bestimmung: Haftung aus vermutetem Verschulden gemäß § 834 BGB.
     Beispiel: Da Frau Faller den Hund nicht angeleint hat, beißt dieser einen Spaziergänger.
   - Freiwilliges Jahr des Sohnes bei der Caritas
     Der Versicherungschutz für den Sohn bleibt bestehen, da das freiwillige Jahr im Anschluss an die Berufsausbildung abgeleistet wird (A 1 Ziff. 2.1.2).
   - Auslandsstudium der Tochter Anke
     Versicherungsschutz besteht außerhalb Europas nur bei vorübergehendem Auslandsaufenthalt bis max. 2 Jahre. Ist dieser für einen längeren Zeitraum als 2 Jahren geplant, bedarf es einer besonderen vertraglichen Vereinbarung.
   - Haftung als Vermieter einer Wohnung
     In der Privat-HV (Proximus) ist das Risiko aus der Vermietung einer Einliegerwohnung im selbst bewohnten Einfamilienhaus mitversichert (A 1 Ziff. 6.3.2.2).
     Haftungsrechtliche Bestimmung: Haftung aus vermutetem Verschulden gem. § 836 BGB oder Haftung aus reinem Verschulden gem. § 823 BGB.

     Beispiele:
     Zu § 836 BGB: Pkw des Mieters wird durch herabfallende Dachziegel beschädigt.
     Zu § 823 BGB: Besucher des Mieters stürzt auf der Treppe, da das Licht schon 2 Wochen defekt ist (Verletzung der Verkehrssicherungspflicht).

– Aufgrund der Ölheizung ist eine Gewässerschaden-HV erforderlich, da Herr Faller bei Öl, das austritt und ins Grundwasser gelangt, nach § 22 WHG haftpflichtig ist (Anlagenrisiko).

b) Versicherungsschutzangebot nach Alternative B

3-jährige Dauer wegen Dauernachlass anbieten

Prämie (Kompakt-Modell ohne Selbstbehalt)	95,50 €
Gewässerschäden-Haftpflicht (12 cbm Kellertank)	132,90 €
	228,40 €
– 10 % Dauernachlass	22,84 €
	205,56 €
– 5 % Nachlass bei jährlicher Zahlung	10,28 €
	195,28 €
+ 19 % VersSt	37,10 €
Prämie für ein Jahr	**232,38 €**

Lernsituation 2 — Seiten 162–165

»Nachmittags in den Büroräumen der Agentur«

Erster Arbeitsauftrag

- Schaden im Autobahnrestaurant
  Der 6-Jährige ist nicht deliktsfähig und muss den Schaden nicht bezahlen.
  Der VN hat die Aufsichtspflicht über den Neffen während des Urlaubs übernommen. Die Aufsichtspflichtverletzung ist hier zu bejahen, da mit einer »Selbstbedienung« durch den Neffen bei den ausliegenden Sachen (Getränken, Tellern etc.) an der Theke zu rechnen war; denn es kann immer wieder beobachtet werden, dass gerade jüngere Kinder nach Sachen greifen. Die Aufsichtspflicht bestand darin, von vornherein eine Selbstbedienung des 6-Jährigen auszuschließen.
  Mit Zahlung der 100,00 € hat der VN den Schaden anerkannt (s. auch § 105 VVG).

- Sengschaden im Hotel
  Der 7-Jährige ist beschränkt deliktsfähig. Er hat in diesem Alter bereits die Einsicht, dass das Spiel mit einer brennenden Kerze gefährlich ist, und haftet daher. Der Schaden hat sich im Ausland ereignet. Auslandsschäden werden vom Versicherungsschutz der Privat-HV erfasst.

  Da der Sohn mitversicherte Person ist, muss der VR den Schaden ersetzen.

- Schaden bei der Skiabfahrt im so genannten Kanonenrohr
  Skifahren gehört zu den nicht vom Versicherungsschutz ausgeschlossenen Sportarten. Der Schaden ereignet sich im Ausland. In der Privat-HV ist die gesetzliche Haftpflicht von im Ausland vorkommenden Schadenereignissen versichert. Leistungspflichtig ist der VR daher im Rahmen des Haftpflichtanspruchs nach Schweizer Recht.

- Abhandenkommen des Snowboards
  Der Ausschluss nach A 1 Ziff. 6.5.3 greift hier nicht, da diese einen Vertrag vorsieht, bei der Mitnahme des Snowboards es sich jedoch um eine Gefälligkeit handelt.

Da es sich bei der Mitnahme des Snowboards um eine Gefälligkeit handelt, haftet der VN dem Geschädigten nicht für leichte Fahrlässigkeit, wohl aber für grobe Fahrlässigkeit (Rechtssprechung auf der Grundlage von § 242 BGB).

Dem VN wird hier allerdings kein Deckungsschutz gewährt, da das Snowboard abhanden gekommen ist. Schäden durch Abhandenkommen von Sachen sind als Vermögensschäden einzuordnen. Vermögensschäden aus dem Abhandenkommen von Sachen sind gemäß A 1 Ziff. 6.16.2.12 grundsätzlich vom Deckungsschutz ausgeschlossen. Soll das Abhandenkommen von Sachen mitversichert sein, bedarf es einer besonderen Vereinbarung (vgl. A 1 Ziff. 6.6 – Schlüsselverlust).

Zweiter Arbeitsauftrag

- Das selbst bewohnte Einfamilienhaus in Hinterzarten (im Inland) ist mitversichert (A 1 Ziff. 6.3.1), damit auch die Haftung wegen der Verletzung der Verkehrssicherungspflichten als Besitzer/Eigentümer dieses Einfamilienhauses (u. a. winterliche Streupflicht – A 1 Ziff. 6.3.2.1).
- Selbstfahrendes Schneeräumgerät mit Geschwindigkeit unter 20 km/h ist mitversichert (auch auf öffentlicher Straße, vgl. A 1 Ziff. 6.10.1).
- Für Umbauten besteht Versicherungsschutz bis 200 000,00 € Bausumme; es bedarf dann keiner speziellen Bauherren-HV (A 1 Ziff. 6.3.2.4).
- Das Vermieterhaftpflichtrisiko zu Eigentumswohnungen muss besonders vereinbart werden (A 1 Ziff. 6.4).
- Das Haftpflichtrisiko aus dem Gebrauch des Surfbretts ist mitversichert (A 1 Ziff. 6.12.1).
- Zusätzlich versicherbar nach A 1 Ziff. 6.4 in der Privat-HV zur Grunddeckung: Mitversicherung der gesetzlichen Haftpflicht aus der Vermietung von Garagen (hier die Garage, die nicht auf dem Grundstück des selbst bewohnten Einfamilienhauses steht).

Spezielle HV sind für folgende Risiken erforderlich:

- Grundbesitzer-HV für das Haftpflichtrisiko »unbebautes Grundstück«. Besondere Gefahr: Alter Baumbestand, wenn bei einem Sturm z. B. ein Baum auf die Strasse fällt und dabei ein parkendes Kfz beschädigt. Vorläufiger Versicherungsschutz aus der Vorsorgeversicherung. Grundstücksgröße erfragen (s. Tarif im Proximus 4 Bedingungswerk).
- Gewässerschäden-HV für die Ölheizung. Begründung: Gefährdungshaftung bei Austreten von Öl aus dem Öltank. Es besteht aber vorläufiger Deckungsschutz im Rahmen der Vorsorgeversicherung (A 1 Ziff. 6.21.1).
- Tankgröße erfragen.
- Für die Ferienwohnung am Genfer See (Ausland) ist eine Haus- und Grundbesitz-HV abzuschließen.
- VN darauf hinweisen, dass der Sohn mit Abschluss der Ausbildung (Studium) nicht mehr beim Vater mitversichert ist. Er benötigt eine eigene Privat-HV.

B Rechtsschutzversicherung

Lernkontrollen zu B 1	**Seiten 171 – 172**

Gründe für den Abschluss einer Rechtsschutzversicherung

1 Das Gericht wird Sachverständigengutachten einholen müssen und auch den Händler bzw. dessen Kfz-Meister sowie ggf. Vertreter des Autoherstellers zur Befragung laden. Dies wird beträchtliche Kosten verursachen, die Frau Gill neben den Anwalts- und Gerichtskosten für 2 Instanzen (6 400,46 € und 7 422,64 € lt. Tabelle im Lehrbuch) zahlen muss, wenn sie den Prozess verliert.

2 Prozesskostenhilfe ist die Befreiung eines unvermögenden Klägers bzw. Beklagten von Prozesskosten und Anwaltsgebühren. Sie wird auf Antrag für jede Instanz gesondert gewährt. Dem Antrag beizufügen sind Erklärungen über die Familienverhältnisse, Beruf, Vermögen, Einkommen usw., die Angabe des Streitgegenstandes und die Beweismittel. Die Prozesskostenhilfe ist später ratenweise zurückzuzahlen. Bei verlorenem Prozess sind die gegnerischen Anwaltskosten immer selbst zu tragen.

3 – Risikosituation:
Zivilrechtliche Ansprüche:
Herr Mühlhaus hat Recht, wenn er die passive Rechtsschutzfunktion (Abwehr unbegründeter Ansprüche) sieht.
Er übersieht aber das Kostenrisiko, wenn er aktiv sein Recht (auch ohne eigenen Anwalt) durchsetzen will. Je nach Prozessausgang muss er auch die Kosten der gegnerischen Partei teilweise oder ganz tragen.
Die Vollkaskoversicherung deckt nur den eigenen Sachschaden, aber keinerlei Rechtskosten.
Straf- und Ordnungswidrigkeiten sowie Verwaltungsverfahren:
Sie werden von der Kraftfahrtversicherung in keiner Weise erfasst und hier helfen Herrn Mühlhaus auch die Rechtskenntnisse im Vertrags- und Sachenrecht nicht weiter. Wenn sich Herr Mühlhaus erfolgreich wehren will, benötigt er einen Rechtsbeistand, der sich in den Rechtsvorschriften (Gesetzen, Rechtsverordnungen) und den Rechtsprechungsurteilen auskennt.
– Risikobewältigung:
Die Rechtsschutzversicherung bietet Kostendeckung in den genannten Fällen für den Rechtsbeistand, die Gerichtskosten, Zeugengebühren usw.

4 **Risiken aus dem Berufsleben:**
Die Eheleute sind nicht selbstständig (Gehaltsempfänger) und benötigen Rechtsschutz für alle damit zusammenhängenden Interessen, wie z. B. richtige Entlohnung, Urlaubsanspruch, Kündigung, fristlose Entlassung, Zeugniserteilung. Als versicherungspflichtige Arbeitnehmer benötigen sie Rechtsschutz in Angelegenheiten der Sozialversicherung, wie z. B. Klärung von Rentenansprüchen, Kurkosten, Leistungen bei Arbeitslosigkeit.

Risiken aus der Teilnahme am Verkehr:
Als Führerscheininhaber, aber auch als Fußgänger und Radfahrer (Teilnehmer am Verkehr) benötigen sie Rechtsschutz mit allen damit zusammenhängenden Inte-

ressen, wie z. B. bei Entzug der Fahrerlaubnis, Abwehr unbegründeter Schadenersatzforderungen, Durchsetzung eigener Ansprüche, Rechtsbeistand in Straf- und Ordnungswidrigkeitenverfahren, Einsprüchen gegen Bußgeldbescheide.

Risiken aus dem Privatleben:
Im privaten Bereich stehen schuldrechtliche Ansprüche (Durchsetzung oder Abwehr) des täglichen Lebens im Vordergrund, z. B. Warenkauf, Werkvertrag (z. B. Autoreparatur), Lieferungsverzug, Mängel oder Fehler der Ware.
Das Mietverhältnis für den Tiefgaragenplatz kann zu Rechtsstreitigkeiten führen, ferner das Wohnungseigentum.

Örtlicher Geltungsbereich

5 Versicherungsschutz besteht weltweit, d. h., das Ereignis, welches den Rechtsschutzfall auslöst, kann weltweit eintreten.

Kostenschutz wird jedoch nur gewährt, wenn der hierfür zuständige Gerichtsstand im Geltungsbereich nach ARB 2012 (Europa/außereuropäische Anliegerstaaten des Mittelmeeres) liegt.

Die Wahrnehmung der Rechtsinteressen gegen den deutschen Reiseveranstalter ist daher gedeckt. Für die Wahrnehmung rechtlicher Interessen in Singapur besteht Versicherungsschutz im Rahmen von 5.2 ARB 2012 (längstens ein zwölf Wochen dauernder Aufenthalt, Kostendeckung bis 100 000,00 €, es liegt kein Erwerb oder Veräußerung von dinglichen Rechten vor, der Versicherungsschutz ist nicht auf deutsche Gerichte nach 5.1 ARB 2012 beschränkt).

Lernkontrollen zu B 2.1 — Seiten 180 – 181

Verkehrs-Rechtsschutz

1 Für Herrn Pesch besteht kein Versicherungsschutz wegen einer vertraglichen Obliegenheitsverletzung nach 4.2 ARB 2012, weil er ohne Fahrerlaubnis unterwegs war. Die Ehefrau hat Rechtsschutz, da sie keine Kenntnis vom Verlust der Fahrerlaubnis hatte und sie auch kein Verschulden hinsichtlich der Nichtkenntnis trifft. Schließlich muss sie sich nicht vor jedem Fahrtantritt den Führerschein zeigen lassen.

2 Nach 2.1.1.2 ARB 2012 erstreckt sich der Versicherungsschutz auf alle Personen in ihrer Eigenschaft als berechtigter Fahrer oder Mitfahrer des versicherten Kraftfahrzeugs. Herr Müller hat danach Versicherungsschutz aus der Verkehrs-Rechtsschutzversicherung von Herrn Herzog.

3 Herr Müller ist als Insasse im Fahrzeug, das auf Herrn Herzog zugelassen ist, verunglückt. Herr Müller hat jedoch Versicherungsschutz gemäß 2.1.2 ARB 2012 aus seiner eigenen Verkehrsrechtsschutzversicherung, da er Fahrgast bei der Teilnahme am öffentlichen Verkehr (hier: im Privatfahrzeug des Herrn Herzog) ist.

4 a) Der Versicherungsschutz erstreckt sich nach 2.1.2 ARB 2012 auf alle während der Vertragsdauer zugelassenen Fahrzeuge, sodass hier Deckung für den Motorradunfall besteht.

b) Mit der letzten Prämienrechnung im Juni des laufenden Jahres wurde der VN dazu aufgefordert, nachträglich angeschaffte Fahrzeuge anzuzeigen (hier: den Motorradkauf vom Juli des Vorjahres). Ist der VN dieser Aufforderung – nach Erhalt der letzten Prämienrechnung – binnen Monatsfrist nicht nachgekommen, kann der VR den Vertrag mit Monatsfrist kündigen. Außerdem ist der Versicherungsschutz für den schon eingetretenen Motorradunfall – jetzt im August des laufenden Jahres – gefährdet (7.9.3 ARB 2012).

– Unterlässt der VN die erforderlich Anzeige bis zum Fristablauf vorsätzlich oder macht er vorsätzlich unrichtige Angaben ohne dass der VR anderweitig rechtzeitig und richtig informiert wird, besteht kein Versicherungsschutz, wenn der Rechtsschutzfall – wie hier – später als einen Monat nach dem Zeitpunkt eintritt, in dem die Anzeige dem VR hätte zugehen müssen.

  Der VN hätte hier das Motorrad als weiteres Fahrzeug anzeigen müssen und zwar im Laufe des Monats Juli nach Erhalt der zweiten Prämienrechnung im Juni des laufenden Jahres.

– Beruht die nicht rechtzeitige bzw. unrichtige Anzeige nur auf grober Fahrlässigkeit, so kann der VR seine Leistung nur entsprechend der Schwere des Verschuldens kürzen.

– Der Versicherungsschutz bleibt dagegen ungekürzt bestehen, wenn nur leichte Fahrlässigkeit vorliegt, weil der VN das Nichtvorliegen einer groben Fahrlässigkeit beweisen kann oder weil zum Zeitpunkt des Rechtsschutzfalles die Frist für die Kündigung des VR abgelaufen war und der VR nicht gekündigt hat.

  Das trifft im vorliegenden Fall wohl nicht zu, denn dem VR war zum Zeitpunkt des Motorradunfalls das neu hinzugekommene Risiko (Motorrad) offensichtlich noch nicht bekannt.

Sonstige Risikoarten

5 – Im »Verkehrs-RS« hat der VN innerhalb eines Monats nach Erhalt der jährlichen Prämienrechnung dem VR das Zweitfahrzeug (Motorfahrzeug zu Lande) zwecks Prämienregulierung zu melden (4.3 ARB 2012).

6 – Für das neue Fahrzeug (FR-KV 45) besteht ab Kauf Versicherungsschutz ohne Wartezeiten, sofern innerhalb eines Monats nach Aufforderung das Fahrzeug gemeldet wird. Hier erfolgt die Meldung vor Aufforderung zur Beitragsrechnung, so dass Versicherungsschutz ab Kauf besteht.

– Für das neue Fahrzeug wird die Prämie ab Kauf berechnet. Für das zu verkaufende Fahrzeug (FR-M 3980) wird die Prämie zum Verkaufsdatum abgerechnet, sofern der Verkauf innerhalb von 2 Monaten angezeigt wird. Nach Ablauf der Frist wird die Versicherungsprämie zu dem Zeitpunkt herabgesetzt, zu dem die Information beim VR eingeht (7.9.2 ARB 2012).

  Die Rechtsfolgen einer unterlassenen bzw. unrichtigen Anzeige entsprechen denen in der Lösung zu Aufgabe 4 b) gemachten Ausführungen.

7 Haben beide Lebenspartner bereits eine Rechtsschutzversicherung abgeschlossen und sind jeweils beim Anderen im Versicherungsschein namentlich genannt, liegt eine Mehrfachversicherung (§ 78 VVG) vor, da jeweils der andere Lebenspartner ohne besondere Prämienrechnung als mitversichert gilt. Nach den Regeln der Mehrfachversicherung kann jetzt nur Aufhebung des jüngeren Vertrages verlangt werden (§ 79 (1) VVG). Der Vertrag des Kunden Polke – als Vertrag mit dem älteren Abschlussdatum – bleibt deshalb insoweit bestehen.

In diesem Vertrag mit den älteren Rechten ist jetzt Frau Driver mitversicherte Person. Herr Polke könnte deshalb die Proximus-Versicherung beauftragen, die Auflösung der Rechtsschutzversicherung bei der Maxim-Versicherung zu veranlassen. Hierzu sind der Proximus-Versicherung der Name und das Geburtsdatum des nun mitversicherten Lebenspartners sowie die Versicherungsnummer der jüngeren Police (Maxim-Versicherung) anzugeben. Frau Driver muss dazu ihr Einverständnis erklären.

Der Maxim-Versicherung steht nur die Prämie bis zum Aufhebungszeitpunkt des Vertrages zu.

Da der Kunde Polke seine Rechtsschutzversicherung bei der Proximus Versicherung zum nächstmöglichen Termin unter Einhaltung der Kündigungsfrist von 3 Monaten nach 6.2.3 Satz 2 ARB 2012 gekündigt hat, ist die Kündigung aber auch als ordentliche Kündigung eines Versicherungsvertrages anzusehen, der hier zum 01. Aug. 2019 endet. Der Kunde sollte angehalten werden, seine Kündigung noch einmal zu überdenken und vom Recht, die jüngere Versicherung aufzuheben, Gebrauch machen.

Lernkontrollen zu B 2.2 Seite 192

Leistungsarten

1 Der Rechtsschutz umfasst auch die zurzeit noch außergerichtlich geführten Streitigkeiten aus dem Arbeitsverhältnis, sodass der Versicherer Kostenschutz gewähren muss, wenn sich der Arbeitnehmer beispielsweise an einen Rechtsanwalt wendet.

2
- Im »Allgemeinen Strafrecht-RS« ist der VR mit dem Vorwurf der Vorsatzstraftat grundsätzlich leistungsfrei. Erfolgt nach Ausschöpfung sämtlicher Rechtsmittel keine rechtskräftige Verurteilung wegen einer Vorsatzstraftat, so ist nachträglich Kostenschutz zu gewähren, vorausgesetzt, das vorgeworfene Vergehen kann sowohl vorsätzlich als auch fahrlässig begangen worden sein (z. B. leichte Körperverletzung). Ein solches Vergehen muss hier vorgelegen haben, denn der VN ist im Berufungsverfahren nur wegen Fahrlässigkeit rechtskräftig verurteilt worden. Daher ist nachträglich für beide Instanzen Kostenschutz zu gewähren.
- Handelt es sich dagegen um eine »Verkehrsstraftat«, so kann der VN – trotz des Vorwurfs, diese vorsätzlich begangen zu haben – von vornherein Kostenschutz für beide Instanzen verlangen.

3 Der VR ist bei vorsätzlichen Delikten leistungsfrei. Es besteht kein Versicherungsschutz, da die vorgeworfene Straftat nur vorsätzlich begangen werden konnte.

4
- Im »Beratungs-Rechtsschutz für Familien-, Lebenspartnerschafts- und Erbrecht« besteht Kostenschutz für die Erteilung eines Rats/einer Auskunft durch einen in Deutschland zugelassenen Anwalt. Voraussetzung ist aber das Vorliegen eines Ereignisses, das die Rechtslage verändert hat und deshalb eine Beratung erforderlich macht, z. B. über die Quote eines Erbanspruchs nach einem Erbfall, über den Zugewinnausgleich nach Ablauf des Trennungsjahres scheidungswilliger Ehegatten oder über die unterhaltsrechtlichen Angelegenheiten nach der Geburt eines Kindes.

- Wird der beratende Anwalt über die Beratung hinaus außergerichtlich tätig, z. B. Führen des Schriftwechsels bei Erbstreitigkeiten, erstattet der VR die angefallenen Kosten bis zu 250,00 € je Rechtsschutzfall und zwar ohne Anrechnung einer evtl. vereinbarten Selbstbeteiligung.

Lernkontrollen zu B 2.3 **Seite 201**

Leistungsumfang

1 a)

Instanzen	Zivilsachen		Strafsachen	
I. Instanz	Amtsgericht	Landgericht	Amtsgericht	Landgericht
Berufungs-instanz	Landgericht	Oberlandes-gericht	Landgericht	
Revisions-instanz	Bundes-gerichtshof	Bundes-gerichtshof	Oberlandes-gericht	Bundes-gerichtshof

Berufung: Sie eröffnet eine neue, zweite Tatsacheninstanz durch Vorlegen neuer Beweise.
Revision: Sie kann nur auf eine Rechtsverletzung des Gerichts (z. B. Formfehler) gestützt werden (keine neue Tatsachenüberprüfung).

b) Verwaltungs-, Arbeits-, Sozial- und Finanzgerichtsbarkeit.

2 a) Der VN hat grundsätzlich das Recht, den Anwalt seines Vertrauens frei zu wählen. In der Regel beauftragt dann der VR den Anwalt, aber im Namen des VN.

b) die gesetzlichen Gebühren des Stuttgarter Anwalts (Prozessanwalts); die Gebühren des Kölner Anwalts (Korrespondenzanwalts), da der Gerichtsort (Zivilprozess) mehr als 100 km vom Wohnort des VN entfernt ist; die erstinstanzlichen Gerichtskosten inkl. Entschädigungen für Zeugen; Gerichtsvollzieherkosten; die Kosten der gegnerischen Partei, wenn der VN im Prozess unterliegt

c) Hier werden die Kosten eines Sachverständigen nur übernommen, wenn dieser vom Gericht bestellt wurde. Denn außergerichtliche Gutachterkosten eines »technischen Sachverständigen« sind nur in verkehrsrechtlichen Straf- und Ordnungswidrigkeitsverfahren und bei Streitigkeiten aus Kauf- und Reparaturverträgen von Kfz und Anhängern versichert (siehe 2.3.1.3 ARB 2012).

3 Die Kosten werden nur bis zur Höhe der vereinbarten VS geleistet. Diese beträgt nach »Proximus« 1 Mio. € je Versicherungsfall (Rechtsschutzfall). Zusätzlich werden für Strafkautionen bis zu 200 000,00 € als Darlehen bereitgestellt.

4 Der VN kann jetzt die Anwendung des Stichentscheid-Verfahrens nach 3.4.2 ARB 2012 verlangen:

- Im sog. Stichentscheid-Verfahren kann ein vom VN beauftragter Rechtsanwalt klären, ob eine Deckungsablehnung durch den VR unberechtigt ist. Er hat dies aber gegenüber dem VR hinreichend schriftlich zu begründen. Der Stichentscheid ist für beide Teile bindend, es sei denn, er weicht offenbar erheblich von der Sach- und Rechtslage ab. Die Verfahrenskosten trägt der VR.

5 *Inländischer Rechtsschutzfall:*
Soweit der VN mehr als 100 km Luftlinie vom zuständigen Gericht entfernt wohnt, trägt der VR für die gerichtliche Interessenwahrnehmung in der ersten Instanz auch die Kosten eines Korrespondenzanwaltes oder stattdessen in gleicher Höhe Reisekosten und Abwesenheitsgelder des für den VN tätigen Anwaltes. Dies gilt nicht für die Leistungsarten Disziplinar-, Straf-, Ordnungswidrigkeiten- und den Standes-Rechtsschutz (2.3.1.2 ARB 2012).

Ausländischer Rechtsschutzfall:
Auch hier muss der VN mehr als 100 km vom zuständigen Gericht entfernt wohnen. Der VR trägt dann neben den Kosten des ausländischen Anwalts in der ersten Instanz die Kosten des deutschen, im Landgerichtsbezirk des VN ansässigen Korrespondenzanwalts (jetzt auch im Bereich Strafrechtsschutz); denn eine Einschränkung auf bestimmte Leistungsarten sehen die ARB 2012 hier nicht vor.

6 Die HV befasst sich nur mit eigenen Rechtsangelegenheiten; denn es ist ihr Interesse, im Versicherungsfall unberechtigte Haftpflichtansprüche abzuwehren (passiver Rechtsschutz). Die Rechtsschutz-V nimmt dagegen fremde Rechtsangelegenheiten wahr und gewährt als Kostenversicherung aktiven Rechtsschutz (wenn Ansprüche geltend zu machen sind) und passiven Rechtsschutz (wenn Ansprüche abzuwehren sind, für die nicht Schadenersatzrechtsschutz durch die HV besteht).

Lernkontrollen zu B 3 und B 4 — Seite 213

Ausgeschlossene Rechtsangelegenheiten

1 Größere Umbauarbeiten sind genehmigungs- bzw. anzeigepflichtig. Sie fallen damit unter die »Baurisiko-Ausschlussklausel«, d.h., alle Streitigkeiten, die in unmittelbarem Zusammenhang mit den Umbauarbeiten stehen, sind nicht rechtsschutzversichert.

a) Für die Rechtsstreitigkeiten aus dem Immobilienkauf besteht Kostenschutz (Allgemeiner Vertrags-RS). Der Erwerb muss aber ein selbstständiger, zeitlich und wirtschaftlich von dem Bauvorhaben getrennter Vorgang sein.
Es handelt sich um ein älteres Haus (also kein Erwerb vom Bauträger); es ist auch nicht davon auszugehen, dass der Kauf in einem rechtlich untrennbaren Zusammenhang mit vom Verkäufer zu erbringenden Bauleistungen steht. Kein Kostenschutz besteht dagegen für die Gewährleistungsstreitigkeiten mit den Bauhandwerkern (Baurisiko/genehmigungspflichtiger Umbau).

b) Wurde »RS für Grundstückseigentum und Miete« (objektbezogen) vereinbart, so besteht Rechtsschutz für die Streitigkeiten mit dem Nachbarn (Lärmbelästigung), soweit die Rechtsverfolgung hier nicht in unmittelbarem Zusammenhang mit den Umbauarbeiten steht (kein Rechtsstreit wegen Baulärmbelästigung mit Nachbarn).

c) Wurde »RS für Grundstückseigentum und Miete« (objektbezogen) vereinbart, so besteht Rechtsschutz für die Streitigkeiten mit dem Mieter (Mietrückstand). Auch hier gilt, dass die Rechtsverfolgung nicht in unmittelbarem Zusammenhang mit den Umbauarbeiten stehen darf (kein Rechtsstreit wegen Baulärmbelästigung mit Mieter/Mietminderungsanspruch).

d) Für die Streitigkeiten mit der Bausparkasse aus Anlass der Finanzierung des Bauvorhabens besteht kein Rechtsschutz, da die Finanzierung im Zusammenhang mit dem Umbau (Risikoausschlussklausel, siehe oben) steht.

Voraussetzungen für den Anspruch auf Rechtsschutz

2 a) Weder der VN noch der Verkäufer haben hier Rechtspflichten aus dem künftigen Kaufvertrag verletzt. Der Eintritt des Versicherungsfalles (Rechtsschutzfalles) ist aber Voraussetzung für die Leistungspflicht des VR. Daher besteht kein Kostenschutz im Rahmen des Verkehrs-RS.

b) Ereignet sich der Versicherungsfall (Schadenzufügung) während der materiellen Versicherungsdauer, so hat der VR auch dann zu leisten, wenn der Schadenersatzanspruch erst nach Beendigung des Versicherungsvertrages geltend gemacht wird.

c) Im Arbeits-RS, Rechtsschutz im Vertrags- und Sachenrecht, Steuer-Rechtsschutz vor Gerichten, Sozialgerichts-Rechtsschutz, Verwaltungs-Rechtsschutz in Verkehrssachen, Wohnungs- und Grundstücks-RS besteht eine 3-monatige Wartezeit; denn in diesen Risikobereichen unterliegt der Zeitpunkt, zu dem der Versicherungsfall eingetreten ist, einer erheblichen Manipulationsgefahr durch den VN (subjektives Risiko).

Die Wartezeit soll verhindern helfen, dass derjenige, der konkret einen Rechtsstreit auf sich zukommen sieht, für diesen Fall noch schnell eine Rechtsschutz-Versicherung abschließt.

3 a) 3 Monate Wartezeit

b) keine Wartezeit für die Ordnungswidrigkeit, aber Wartezeit 3 Monate für den Entzug des Führerscheins (Verwaltungs-Rechtsschutz in Verkehrssachen)

c) 3 Monate Wartezeit

d) keine Wartezeit

e) keine Wartezeit

f) Wartezeit 3 Monate

g) Wartezeit 3 Monate

h) kein Versicherungsschutz

Lernsituationen	Kunden gegen Schadensersatzforderungen durch Haftpflichtversicherungen absichern

Methodisch-didaktische Hinweise

Die beiden Fälle der Lernsituation 1 sind so angelegt, dass sich die Lernenden selbstständig unter Zuhilfenahme von Lehrbuch und Versicherungsbedingungen mit folgenden Lernsegmenten zur Haftpflichtversicherung bzw. Rechtsschutzversicherung auseinandersetzen können:

- Haftpflicht- bzw. Rechtsschutzrisiken.
- mitversicherte Personen in der Privat-Haftpflichtversicherung bzw. Rechtsschutzversicherung
- Versicherungsschutzangebot mit Beitragsberechnung

Es empfiehlt sich, arbeitsgleiche Gruppen einzurichten, um die Ergebnisse vergleichen und ggf. ergänzen zu können.

Lernsituation 1	**Seite 214**

»Risikoanalyse und bedarfsgerechte Beratung«

Lösungshinweise:

- Privat-, Berufs- und Verkehrs-Rechtsschutz für Frau Krüger. Mitversichert sind Lisa und Rolf, da minderjährig, und Hans, da noch unverheiratet und in der Ausbildung. Auch wenn Frau Krüger keinen Führerschein hat, sind sie und die mitversicherten Personen als Fahrgast, Fußgänger und Radfahrer versichert. Der Sohn Hans wäre auch über den Verkehrs-Rechtsschutz als Fahrer fremder Fahrzeuge versichert.
- Evtl. Rechtsschutz für Eigentümer und Mieter von Wohnungen und Grundstücken für die selbstbewohnte Wohneinheit im Hinblick auf nachbarrechtliche Auseinandersetzungen.
- Alternativ Fahrer-Rechtsschutz für Sohn Hans, da er hier nur Versicherungsschutz als Fahrer »fremder Fahrzeuge« benötigt (sofern nicht schon Verkehrs-Rechtsschutz über die Mutter besteht). Es wird unterstellt, dass die Freundin von Hans keine Verkehrs-Rechtsschutzversicherung abgeschlossen hat und diese auch nicht abschließen möchte.

Prämien:

Zur bestehenden **Privat-Haftpflichtversicherung** sind der Kundin wegen der neuen Eigentumswohnung und Vermietung eines Zimmers sowie der Tatsache, dass der Sohn in Berlin studiert, folgende Hinweise zu geben:

Wird die neue Eigentumswohnung als Ganzes vermietet, muss ein Prämienzuschlag zur Privat-HV bezahlt werden. Die Vermietung von nur einem Zimmer ist dagegen zuschlagsfrei. Der studierende Sohn gilt als mitversicherte Person in der Privat-HV, solange er unverheiratet ist und nicht in einer eingetragenen Lebenspartnerschaft lebt. Dabei muss er sich in einer Schulausbildung oder sich innerhalb von 12 Monaten unmittelbar anschließenden Berausausbildung befinden. Das gleiche gilt für die Zweitausbildung, sofern sie innerhalb von 12 Monaten an die Erastausbildung anschließt.

Prämienberechnung (VN Frau Krüger, Privat-, Berufs- und Verkehrs-Rechtsschutz ohne SB)

Privat-Rechtsschutz für Familien	162,02 €
Berufs-Rechtsschutz für Familien i. V. m. Privat-RS	29,34 €
Verkehrs-Rechtsschutz für PKW	73,34 €
	264,70 €
–10 % Dauernachlass	26,47 €
	238,23 €
–5 % Ratenzahlungsnachlass	11,91 €
	226,32 €
+ 19 % Versicherungsteuer	43,00 €
Prämie	269,32 €

Alternative Prämienberechnung (VN Frau Krüger für Privat- und Berufs-Rechtsschutz ohne SB, sowie VN Sohn Hans mit einer Fahrer-Rechtsschutz)

VN Frau Krüger:

Privat-Rechtsschutz für Familien	162,02 €
Berufs-Rechtsschutz für Familien i. V. m. Privat-RS	29,34 €
	191,36 €
–10 % Dauernachlass	19,14 €
	172,22 €
–5 % Ratenzahlungsnachlass	8,61 €
	163,61 €
+ 19 % Versicherungsteuer	31,09 €
Prämie	194,70 €

VN Sohn Hans:

Fahrer-Rechtsschutz	62,98 €
–10 % Dauernachlass	6,30 €
	56,68 €
–5 % Ratenzahlungsnachlass	2,83 €
	53,85 €
+ 19 % Versicherungsteuer	10,23 €
Prämie	64,08 €

Beide Verträge zusammen würden 258,78 € kosten. Familie Krüger spart 10,54 € ein, Frau Krüger und die anderen beiden Kinder hätten im Verkehrsbereich aber keinen Versicherungsschutz.

Lernsituation 2 Seite 215

»Beratung im Versicherungsfall«

In der Verkehrs-Rechtsschutzversicherung sind die beiden Kraftfahrzeuge mitversichert. Daher hat Herr Lenzen als mitversicherte Person und berechtigter Fahrer Versicherungsschutz.

Das Überfahren der roten Ampel war grob fahrlässig und stellt eine Ordnungswidrigkeit dar. Das Ordnungswidrigkeitsverfahren wird durch eine Verkehrs-Rechtsschutzversicherung gedeckt.

C Kraftfahrtversicherung

Lernkontrollen zu C 1	Seite 221

Rechtsquellen

1 Das PflVG regelt u. a. die Pflicht zum Abschluss einer Kfz-HV (»damit Versicherungsschutz besteht«). Die KfzPflVV regelt den Umfang des Versicherungsschutzes, der nach AKB 2015 für den Bereich der Pflichtversicherung zu gewähren ist (»damit ausreichender Versicherungsschutz besteht«).

Geltungsbereich der Kraftfahrtversicherung

2 – Nach der KfzPfVV gilt die Kfz-HV für Europa und für die außereuropäischen Gebiete, die zum Geltungsbereich der Europäischen Union gehören.
- Nach den AKB 2015 gilt der vorstehend für die Kfz-HV genannte Geltungsbereich auch für die Kaskoversicherung (A.2.5.1 AKB 2015) und den Autoschutzbrief (A.3.4 AKB 2015). In der Kaskoversicherung kann aber eine abweichende Vereinbarung getroffen sein (A.2.5.2 AKB 2015), z. B. Beschränkung auf das geografische Europa. In der Kfz-Umweltschadenversicherung besteht auch Versicherungschutz in den Ländern des Europäischen Wirtschaftsraumes (EWR) unter den in A.5.4 AKB 2015 genannten Voraussetzungen.
- In Marokko als einem nordafrikanischen Staat besteht kein Versicherungsschutz nach AKB 2015.
  Die **Grüne Versicherungskarte** (vgl. C 2.1.5.2 im Lehrbuch) bietet bei einer Fahrt mit dem Pkw in das europäische Ausland (ausgenommen Kosovo) und der Mittelmeeranrainerstaaten (also auch in Marokko) Versicherungsschutz, wenn diese so beantragt und entsprechend ausgestellt wurde. Üblicherweise verlangt der VR aber vor Ausstellung einer auf die nichteuropäischen Mittelmeeranrainerstaaten erweiterten Grünen Versicherungskarte den Abschluss einer ergänzenden Kfz-Versicherung für den Zeitraum der Reise in diese Anrainerstaaten.
- Der Student kann aber auch an der Grenze zu Marokko eine kurzfristige Versicherung abschließen.
- Da der VN in Marokko in einen unverschuldeten Unfall geraten kann und die Durchsetzung von Schadenersatzansprüchen in einem fremden Land schwierig sein dürfte, ist ihm der Abschluss einer kurzfristigen Vollkaskoversicherung zu empfehlen.

Lernkontrollen zu C 2	Seiten 237–241

Bedeutung und Umfang der Versicherungspflicht

1 – gesetzlich vorgesehen (PflVG)
- Schutz des geschädigten Dritten (Verkehrsopfer) vor den wirtschaftlichen Folgen eines Unfalls, da der Schädiger häufig den verursachten Schaden nicht ersetzen kann
- wenn Fahrzeug auf öffentlichen Wegen oder Plätzen verwendet wird

2 – Versicherungspflicht nach AuslPflVG bei Verwendung auf öffentlichen Straßen oder Plätzen im Inland

- Der Versicherungsschutz sowie die Mindestversicherungssummen müssen den gesetzlichen Bestimmungen entsprechen, die für die Versicherung von Kraftfahrzeugen und Anhängern mit regelmäßigem Standort im Inland gelten.

3 Befreite Kraftfahrzeughalter: siehe Aufzählung in § 2 PflVG

Begründung:
Diese Halter sind in der Lage, berechtigte Schadenersatzforderungen aufgrund ihrer Finanzkraft auszugleichen oder Entschädigungen selbst zu leisten, da die mit ihren Fahrzeugen aufgrund der Bauart angerichteten Schäden nur gering sein können.

4 a) VU sind verpflichtet, Anträge auf Abschluss einer Kfz-HV für bestimmte Kraftfahrzeuge (Zweiräder, Personen- und Kombinationskraftwagen bis zu 1 t Nutzlast; ausgenommen Taxi, Personenmietwagen, Selbstfahrervermietfahrzeug) anzunehmen. Begründung:
- Versicherungspflicht des Halters
- Verkehrsopferschutz

b)
- Es liegt eine nachweisbar höhere Gefahr vor. Der VR muss ein schriftliches Angebot für eine Kfz-HV vorlegen.
- Es liegt ein gesetzlich erlaubter Ablehnungsgrund vor. Ablehnungsgründe: sachliche oder örtliche Beschränkungen im Geschäftsplan des VU; frühere vertragliche Beziehungen zum Antragsteller wurden aus wichtigem Grund aufgelöst, z. B. arglistige Täuschung, Nichtzahlung der Prämie usw.

5 Der VR ist verpflichtet, die Kfz-HV anzunehmen und Deckung in Höhe der gesetzlich vorgesehenen Deckungssummen zu gewähren (Mindestdeckung). Er hat keinen Ablehnungsgrund nach § 5 (4) PflVG. Für die beantragte Kaskoversicherung gilt der Kontrahierungszwang nicht, so dass der VR über die Annahme oder Ablehnung entscheiden kann.
Vorgehensweise:
- Police für die Kfz-HV mit Mindestdeckungssummen ausfertigen.
- Unbegrenzte Deckung für die Kfz-HV und Antrag auf Kaskoversicherung ablehnen.
- Bei Nichteinlösung der Police nach C 1.3 AKB 2015 vom Vertrag zurücktreten und eine angemessene Geschäftsgebühr nach § 39 (1) S. 3 VVG verlangen.

6

Personenschäden	7 500 000,00 €	(kurz: 7,5 Mio. €)
Sachschäden	1 220 000,00 €	(kurz: 1,22 Mio. €)
reine Vermögensschäden	50 000,00 €	

7
- amtliches Kennzeichen bei Fahrzeugen aus EU-Ländern
- grüne internationale Versicherungskarte
- rosa Grenzversicherungsschein

8 a) Formaljuristisch ist die Ablehnung begründet. Das Fahrzeug fällt wegen seiner Nutzlast über 1 t nicht unter den Annahmezwang des PflVG. Der VR kann den Kfz-Haftpflichtversicherungsantrag ohne Begründung ablehnen.
Die Ablehnung wegen Kündigung nach einem Versicherungsfall wäre bei Annahmezwang ein Ablehnungsgrund, auch wenn nicht eine Kraftfahrtversicherung, sondern eine andere Versicherung aus der Geschäftsbeziehung gekündigt wurde. Die hierauf beruhende Ablehnungsbegründung im vorliegenden Fall ist rechtsunerheblich, da das Fahrzeug nicht unter den Annahmezwang fällt.

b) Ein Anspruch auf Aushändigung der seit dem 1. März 2008 geltenden elektronischen Versicherungsbestätigung (eVB-Verfahren) besteht grundsätzlich nicht. Auch wenn Annahmezwang bestehen würde, kann der VR das Risiko zunächst prüfen und die risikogerechte Prämie ermitteln, um ggf. ein vom allgemeinen Unternehmenstarif abweichendes Angebot unterbreiten zu können. Der Vertreter verhält sich also korrekt.

c) Die Interessen des Herrn Kacül und der Versicherungsgesellschaft sind gewahrt, wenn die risikogerechte Prämie sofort ermittelt und die Aushändigung der Versicherungsbestätigung (VB-Nummer) von der Zahlung der Prämie abhängig gemacht wird. Das PflVG (§ 5 Abs. 6) sieht im Übrigen auch vor, dass die Aushändigung der Versicherungsbestätigung von der Zahlung der ersten Prämie abhängig gemacht werden kann. In diesem Zusammenhang sei auch auf die Regelung der vorläufigen Deckung im VVG, insbesondere auf § 51 (1), hingewiesen.

Herr Kacül ist noch darauf hinzuweisen, dass er als Nachweis des Versicherungsschutzes für die Türkei eine entsprechende Grüne Versicherungskarte benötigt, da sonst an der Grenze zur Türkei eine entsprechende Haftpflichtversicherung abgeschlossen werden muss.

Schutz des Verkehrsopfers

9 – Unmittelbarer Rechtsanspruch auf Schadenersatz gegen den VR (Direktanspruch);
– Eintrittspflicht des Versicherers bei krankem Versicherungsverhältnis (Nachhaftung);
– Leistungen aus dem Entschädigungsfonds bei bestimmten nicht versicherten Schäden aus Kraftfahrzeugunfällen oder bei Insolvenz des eintrittspflichtigen KH-Versicherers.

10 a) Anspruchsgrundlagen gegen Felix Krull: Verschuldenshaftung gem. § 823 BGB; Gefährdungshaftung gem. § 7 StVG.
b) Der Geschädigte hat einen Direktanspruch gem. § 115 VVG gegen den VR des Schädigers (VR und VN haften gesamtschuldnerisch).

11 a) Nein; da Felix Krull nicht innerhalb der Mahnfrist nach § 38 VVG gezahlt hat.
b) Gegenüber dem geschädigten Dritten ist der VR gem. 117 (2) S. 1 VVG eintrittspflichtig.
c) Vorsatz ist vom Versicherungsschutz ausgeschlossen. Der geschädigte Dritte kann Leistungen aus dem Entschädigungsfonds (Verkehrsopferhilfe) beanspruchen, wenn von Felix Krull kein Schadenersatz erlangt werden kann.

12 – Herr Laack hat seit Ablauf der Mahn- und Kündigungsfrist nach § 38 VVG keinen Versicherungsschutz mehr.
– Mit Zugang der Mitteilung am 25. Jan. d. J. bei der Zulassungsstelle beginnt die Nachhaftung des VR nach § 117 (2) VVG. Sie endet am 25. Febr. d. J.
– Der VR ist nicht mehr leistungspflichtig und wird den Schadenersatz ablehnen.
– Die Geschädigte kann sich an die »Verkehrsopferhilfe e. V., Berlin« wenden. Der Entschädigungsfonds ersetzt Schäden durch pflichtwidrig nicht versicherte Fahrzeuge, wenn vom Schädiger kein Ersatz erlangt werden kann.

13 a) Mit Zugang der Mitteilung über das Nichtbestehen des Versicherungsschutzes bei der Zulassungsstelle beginnt die Nachhaftung, die einen Monat dauert.

b) Der VR haftet nur im Rahmen der amtlich festgesetzten Mindestversicherungssummen (§ 117 (3) VVG).

c) Nach der Subsidiaritätsregel haftet der VR nur, soweit nicht ein anderer Schaden-VR oder ein Sozialversicherungsträger leistungspflichtig ist (Ausnahmen: siehe § 3 PflVG).

d) Aufgrund des Entschädigungsfonds (sog. Verkehrsopferhilfe).

14 Die Frist für die Nachhaftung ist bereits abgelaufen (1 Monat nach Zugang der Benachrichtigung bei der Zulassungsstelle) und der VR ist deshalb leistungsfrei. Da der Schädiger bekannt ist, kann Frau Heyder Ersatz vom Entschädigungsfonds bekommen, der dann bei Herrn Dumm Regress nimmt.

15 a) Ist das schädigende Fahrzeug nicht zu ermitteln, kann sich der Geschädigte an die »Verkehrsopferhilfe e. V., Berlin« wenden. Soweit das Fahrzeug bekannt ist, muss sich der Geschädigte zunächst an den Haftpflicht-VR des Schädigers halten.

b) Bei Schäden durch nicht zu ermittelnde Fahrzeuge wird der Sachschaden am eigenen Fahrzeug (hier: Achs- und Blechschaden) durch die Verkehrsopferhilfe nicht ersetzt. Der Fremdschaden (hier: Hauswand) wird nur ersetzt, soweit er den Betrag von 500,00 € übersteigt. Ein Schmerzensgeld wird bei geringfügiger Verletzung nicht gezahlt.

c) Wird der Halter des unfallverursachenden Fahrzeugs ermittelt und war das Fahrzeug versichert, zahlt nicht der Entschädigungsfonds, sondern der VR des Unfallverursachers an den Geschädigten. War das Fahrzeug nicht versichert, erhält der Geschädigte Schadenersatz nach den Bestimmungen des PflVG aus dem Entschädigungsfonds.

Internationale Vereinbarungen zur gegenseitigen Regulierungshilfe

16 Der Geschädigte kann sich an die Auskunftsstelle »Zentralruf der Autoversicherer« wenden. Diese ist bei der Beschaffung von Auskünften behilflich, soweit sie aus einem Mitgliedsstaat der EU (hier: Spanien) oder einem Staat gemäß Abkommen über den EWR gewonnen werden können. Seit dem 1. Januar 2007 wird diese Hilfe auch bei Schädigung durch andere Ausländer geboten.

Ist der spanische VR ermittelt, kann sich der deutsche Geschädigte an den Schadenregulierungsbeauftragten des spanischen VR in Deutschland wenden oder an die Entschädigungsstelle beim Entschädigungsfonds, soweit der spanische Schadenregulierungsbeauftragte für Deutschland noch nicht benannt sein sollte.

17 a) Mit Wirkung vom 1. Januar 2003 wurde eine Entschädigungsstelle beim Entschädigungsfonds eingerichtet, die u. a. für die Entschädigung derartiger Schäden zuständig ist, wenn sie sich in einem EU-Land ereignet haben.

b) Kein Ersatz für eigene Sachschäden aus dem Entschädigungsfonds, da dieses Risiko über eine Kaskoversicherung gedeckt werden kann.

c) Der ausländische Staatsbürger erhält die gleichen Leistungen wie ein Deutscher aus dem Entschädigungsfonds, wenn er in Deutschland seinen Lebensmittelpunkt hat. Das ist hier der Fall.

d) Da keine »Gegenseitigkeit« vorliegt (das Heimatland des Wanderarbeiters würde für einen Deutschen nicht leisten), hat er keinen Anspruch gegen den Entschädigungsfonds.

Lernkontrollen zu C 3 Seiten 272 – 278

Tarifmerkmale

1 Objektive Merkmale: Verwendungszweck, Fahrzeugtyp
Subjektive Merkmale: Wohnort/Firmensitz, Schadenfreiheit bzw. Anzahl der Vorschäden, (Beruf/Branche in der Praxis)

2 Tarifgruppe R = PKW

Tarifgruppe N = Nicht-PKW und Anhänger (sog. übrige Fahrzeuge)

3 a) Die Malusdatei wird beim GDV geführt.

b) Die Malusdatei der Kfz-Versicherungsbranche (auch »Schwarze Liste« genannt) enthält die folgende Daten, die durch den VR nach einer Vertragsbeendigung gemeldet werden:

- Persönliche Angaben (Name und Anschrift des Versicherungsnehmers)
- Versicherungsscheinnummer
- Amtliches Kennzeichen des Fahrzeugs
- Anzahl der Schäden im Meldejahr/im vergangenen Versicherungsjahr
- Schadenklasse
- Stornodatum des Vertrages

Zu Verträgen, die in Klasse SF $^1/_2$ oder Klasse 0 beginnen sollen, hält der VR eine Rückfrage bei der dateiführenden Stelle. Dadurch wird vermieden, dass ein VN seine schadenträchtige Vorversicherung verschweigt und bei einem anderen VR günstiger eingestuft wird.

Prämienberechnung

Prämienberechnung für einen Pkw

4 a)

KH:	R 3, Typklasse 27, SF 25 (27 %)		
	27 % von 831,17 €	224,42 €	
	– 10 % Garagen-Nachlass	22,44 €	201,98 €
TK:	R 3, Typklasse 21, 150,00 € Selbstbet.	88,08 €	
	– 15 % Garagen-Nachlass	13,21 €	74,87 €
Autoschutzbrief			12,30 €
Individuelle Tarifprämie			289,15 €
– 5 % Abschlag für Zahlungsweise			14,46 €
			274,69 €
+ 19 % VersSt			52,19 €
Jährliche Prämie			**326,88 €**

b)

KH:	R 3, Typklasse 17, M (150 %)		
	150 % von 831,17 €	1 246,76 €	
	– 10 % Garagen-Nachlass	124,68 €	1 122,08 €
TK:	R 3, Typklasse 21, 150,00 € Selbstbet.	88,08 €	
	– 15 % Garagen-Nachlass	13,21 €	74,87 €

Autoschutzbrief	12,30 €
Individuelle Tarifprämie	1209,25 €
– 5 % Abschlag für Zahlungsweise	60,46 €
	1148,79 €
+ 19 % VersSt	218,27 €
Jährliche Prämie	**1367,06 €**

c) Regionalklasse für Gera: KH = R 6, TK = R 8:

KH:	R 6, Typklasse 14, SF 18 (31 %)	
	31 % von 726,46 €	225,20 €
TK:	R 8, Typklasse 21, ohne Selbstbet.	214,44 €
Individuelle Tarifprämie		439,64 €
– 2 % Abschlag für Zahlungsweise		8,79 €
		430,85 €
: 4 (1/4-j. Zahlungsweise)		107,71 €
+ 19 % VersSt		20,46 €
Vierteljährliche Prämie		**128,17 €**

d) Regionalklasse für Kyffhäuser Kreis (KYF): KH = R 1, VK = R 2, TK = R 8
Typ: BMW 535 i Touring (HSN: 0005, TSN: BSD)
Typklassen: KH = 19, VK = 27, TK = 24

Angebot 1:

KH:	Tarifprämie (100 %)	848,46 €	
	SF-Klasse 3 = 50 %		
	SF-Prämie	424,23 €	
	Fahrzeugalter (2 Jahre) = – 5 %	21,21 €	
		403,02 €	
	Fahrleistung (> 30 000 km) = + 20 %	80,60 €	
		483,62 €	
	Garage = –10 %	48,36 €	
		435,26 €	435,26 €
VK:	(SB: VK 500 €, TK ohne)		
	Tarifprämie (100 %)	1619,73 €	
	SF-Klasse 3 = 50 %		
	SF-Prämie	809,87 €	
	Fahrleistung (> 30 000 km) = + 20 %	161,97 €	
		971,84 €	
	Garage = – 5 %	48,59 €	
		923,25 €	923,25 €

Autoschutzbrief	12,30 €
Individuelle Tarifprämie	1370,81 €
– 5 % Zahlungsweise-Nachlass (Abschlag)	68,54 €
	1302,27 €
+ 19 % VersSt	247,43 €
Jahresprämie	**1549,70 €**

Angebot 2:

KH:	wie Angebot 1		435,26 €
VK:	(SB: VK 1 000 €, TK 150 €)		
	Tarifprämie (100 %)	1 255,41 €	
	SF-Klasse 3 = 50 %		
	SF-Prämie	627,71 €	
	Fahrleistung (> 30 000 km) = + 20 %	125,54 €	
		753,25 €	
	Garage = – 5 %	37,66 €	
		715,59 €	715,59 €
Individuelle Tarifprämie			1 150,85 €
– 5 % Zahlungsweise-Nachlass (Abschlag)			57,54 €
			1 093,31 €
+ 19 % VersSt			207,73 €
Jahresprämie			**1 301,04 €**

Angebot 3:

KH:	wie Angebot 1		435,26 €
TK:	(SB: 150 €)		
	Tarifprämie (100 %)	152,23 €	
	Fahrleistung (> 30 000 km) = + 20 %	30,45 €	
		182,68 €	
	Garage = – 15 %	27,40 €	
		155,28 €	155,28 €
Individuelle Tarifprämie			590,54 €
– 5 % Zahlungsweise-Nachlass (Abschlag)			29,53 €
			561,01 €
+ 19 % VersSt			106,59 €
Jahresprämie			**667,60 €**

5 Regionalklasse für Berlin (B): KH = R 12, VK = R 9)
Typ: Porsche 911 Turbo S Cabrio (HSN: 0583, TSN: AGV)
Typklassen: KH = 16, VK = 31

KH:	Tarifprämie (100 %)	1 001,40 €	
	Klasse 0 = 110 %		
	SF-Prämie	1 101,54 €	
	Fahrzeugalter (neu) = – 10 %	110,15 €	
		991,39 €	
	Garage = – 10 %	99,14 €	
		892,25 €	
	Einzelfahrer = –10 %	89,23 €	
		803,02 €	803,02 €
VK:	(SB: VK 150 €, TK ohne)		
	Tarifprämie (100 %)	2 958,16 €	
	Klasse 0 = 110 %		
	SF-Prämie	3 253,98 €	

Garage = – 5 %	162,70 €	
	3 091,28 €	
Einzelfahrer = – 5 %	154,56 €	
	2 936,72 €	3 739,74 €
Autoschutzbrief		12,30 €
Individuelle Tarifprämie		3 752,04 €
– 3 % Abschlag für Zahlungsweise		112,56 €
		3 639,48 €
: Zahlungsweise (1/2-j.)		1 819,74 €
+ 19 % VersSt		345,75 €
Halbjahresprämie		**2 165,49 €**

6 a) Typklasse: KH = 18
Regionalklasse R 3

KH: Tarifprämie (100 %)	881,51 €	
SF-Klasse 1/2 = 70 % (Ehegattenregelung nach I.2.2.1 b AKB 2015)		
SF-Prämie	617,06 €	
Fahrzeugalter (8 Jahre) = + 5 %	30,85 €	
	647,91 €	647,91 €
Autoschutzbrief		12,30 €
Individuelle Tarifprämie		660,21 €
– 5 % Abschlag für Zahlungsweise		33,01 €
		627,20 €
+ 19 % VersSt		119,17 €
Jahresprämie		**746,37 €**

b) Besserstufung nach SF 1 (100 %) erst im übernächsten Jahr, da mindestens ein Kalenderjahr schadenfrei und ununterbrochen verlaufen sein muss.

7 a) Typklasse: KH = 23
Regionalklasse R 6

KH: Tarifprämie (100 %)	1 333,72 €	
SF-Klasse 0 = 110 %		
SF-Prämie	1 467,09 €	
keine Zuschläge/Nachlässe		
Individuelle Tarifprämie		1 467,09 €
– 2 % Abschlag für Zahlungsweise		29,34 €
		1 437,75 €
: Zahlungsweise (1/4-j.)		359,44 €
+ 19 % VersSt		68,29 €
Vierteljährliche Prämie		**427,73 €**

b) Besserstufung in SF 1/2 am 1. Jan. des kommenden Jahres bei schadenfreiem Verlauf (siehe I.3.2 AKB 2015).

c) Mindestens Teilkasko-Versicherung mit 150,00 € Selbstbeteiligung, da es sich um ein älteres gebrauchtes Fahrzeug handelt. Vollkasko-Versicherung, wenn es sich um einen Neuwagen oder Jahreswagen handeln würde.

Unterjährige Versicherungen

8 a) 12. Apr. 0 Uhr – 27. Juni 24 Uhr = 76 Tage
391,60 € · 76 / 360 = 82,67 € + 19 % VersSt (15,71 €) **98,38 €**

b) 20. März 0 Uhr – 22. Nov. 24 Uhr = 243 Tage
571,20 € · 243 / 360 = 385,56 € + 19 % VersSt (73,26 €) **458,82 €**

9 10. Juni 0 Uhr – 25. Juli 24 Uhr = 46 Tage
1 280,00 € · 46 / 360 = 163,56 € + 19 % VersSt (31,08 €) **194,64 €**

10 15. Apr. 0 Uhr – 04. Mai 24 Uhr = 20 Tage
1 162,30 € · 20 / 360 = 64,57 € + 19 % VersSt (12,27 €) **76,84 €**

11 11. Okt. 0 Uhr – 31. Dez. 24 Uhr = 80 Tage
549,19 € · 80 / 360 = **122,04 €**

Versicherer- und Fahrzeugwechsel

12 a) Verbleib in der bisherigen Klasse, da die Unterbrechung kein volles Jahr oder mehr betragen hat und der Nichtnachweis deshalb unbedeutend ist (I.6.3.1 (b) AKB 2015)

b) Typklasse: KH = 25
Regionalklasse R 3

KH: Tarifprämie (100 %)	1 584,68 €	
SF-Klasse 7 = 42 %)		
SF-Prämie	665,57 €	665,57 €
Autoschutzbrief		12,30 €
Jahresprämie (ohne Abschlag für Zahlungsweise)		677,87 €
– 5 % Abschlag für Zahlungsweise		33,89 €
		643,98 €
+ 19 % VersSt		122,36 €
Jahresprämie		**766,34 €**

c) Alte Jahresprämie
Typklasse: KH = 23
Regionalklasse R 3

KH: Tarifprämie (100 %)	1 247,12 €	
SF-Klasse 7 = 42 %		
SF-Prämie	523,79 €	523,79 €
Autoschutzbrief		12,30 €
Jahresprämie (ohne Abschlag für Zahlungsweise)		536,09 €
– 5 % Abschlag für Zahlungsweise		26,80 €
		509,29 €
+ 19 % VersSt		96,77 €
Jahresprämie		**606,06 €**

p.r.t. vom 15. Apr. 0 Uhr – 31. Dez. 24 Uhr = 256 Tage
alte Nettoprämie 509,29 € · 256/360 = **p.r.t-Rückprämie 362,16 €**

Neue Nettoprämie	643,98 €
– p. r. t.-Rückprämie	362,16 €
	281,82 €
+ 19 % VersSt	53,55 €
Erste (neue) Prämie	**335,37 €**

Anrechnung der Schadenfreiheit aus Verträgen Dritter

13
- Die Ehefrau muss durch schriftliche Erklärung glaubhaft machen, dass sie das Fahrzeug des verstorbenen Ehemannes häufig gefahren hat und im Besitz einer Fahrerlaubnis war (Kopie des Führerscheins).
- Das Fahrzeug des verstorbenen Ehemannes muss derselben oder einer höheren Fahrzeuggruppe angehören.
- Auf die Ehefrau kann maximal die SF-Klasse übertragen werden, die ab Führerscheinbesitz erreicht worden wäre.
- Die letzte Nutzung des Fahrzeugs durch die Ehefrau liegt bei der Übernahme nicht mehr als 12 Monate zurück (I.6.1.4 und I.6.2.3 (a)–(d) AKB 2015).

Rückstufung im Schadenfall

14 Prämie für das laufende Jahr:
Typklasse: KH = 14
Regionalklasse R 8

KH:	Tarifprämie (100 %)	766,14 €	
	SF-Klasse 7 = 42 %		
	SF-Prämie		329,44 €
	– 5 % Abschlag für Zahlungsweise		16,47 €
			312,97 €
+ 19 % VersSt			59,46 €
Jahresprämie			**372,43 €**

Prämie für das folgende Jahr:
Typklasse: KH = 14
Regionalklasse R 8

KH:	Tarifprämie (100 %)	766,14 €	
	SF-Klasse M = 150 %		
	SF-Prämie		1149,21 €
	– 5 % Abschlag für Zahlungsweise		57,46 €
			1 091,75 €
+ 19 % VersSt			207,43 €
Jahresprämie			**1 299,18 €**

15 Prämie für das laufende Jahr:
Typklasse: KH = 18
Regionalklasse R 9

KH:	Tarifprämie (100 %)	1 029,45 €	
	SF-Klasse 1/2 = 70 %		
	SF-Prämie	720,62 €	
	Garage = – 10 %	72,06 €	
		648,56 €	648,56 €
– 5 % Abschlag für Zahlungsweise			32,43 €
			616,13 €
+ 19 % VersSt			117,06 €
Jahresprämie			**733,19 €**

(Anmerkung: Da der Vertrag erst am 10. Mai d. J. begonnen hat, zahlt der VN nur die anteilige p.r.t.-Prämie im laufenden Jahr, was für die weitere Betrachtung aber unerheblich ist.)

Prämie für das nächste Jahr nach Rückstufung:
Typklasse: KH = 18
Regionalklasse R 9

KH:	Tarifprämie (100 %)	1 029,45 €	
	SF-Klasse 0 = 110 %		
	SF-Prämie	1 132,40 €	
	Garage = – 10 %	113,24 €	
		1 019,16 €	1 019,16 €
– 5 % Abschlag für Zahlungsweise			50,96 €
			968,20 €
+ 19 % VersSt			183,96 €
Jahresprämie			1 152,16 €
Jahresmehrprämie (1 152,16 € – 733,19 €)			**418,97 €**

Prämie für das nächste Jahr ohne Rückstufung:
Typklasse: KH = 18
Regionalklasse R 9

KH:	Tarifprämie (100 %)	1 029,45 €	
	SF-Klasse 1 = 60 %		
	SF-Prämie	617,67 €	
	Garage = – 10 %	61,77 €	
		555,90 €	555,90 €
– 5 % Abschlag für Zahlungsweise			27,80 €
			528,10 €
+ 19 % VersSt			100,34 €
Jahresprämie			628,44 €
Ersparnis durch bessere SF-Klasse (733,19 € – 628,44 €)			**104,75 €**

Bei Selbstregulierung spart der VN im nächsten Jahr 418,97 € Mehrprämie durch Nichtrückstufung und gewinnt zusätzlich 104,75 € durch Besserstufung.

Bis zu einem Betrag von 418,97 € + 104,75 € = 523,72 € lohnt sich die Selbstregulierung; denn im zweiten Kalenderjahr nach dem Unfall erfolgt ja wieder eine Besserstufung.

Er kommt bei Selbstregulierung bis zum genannten Betrag in den Folgejahren in die jeweils bessere SF-Klasse, wenn er dann schadenfrei bleibt.

16 KH: Schadenklasse M (150 %)
VK: Schadenklasse 0 (110 %)

17 a)
- Der VN kann kein Regulierungsverbot erteilen.
- Der VR kann aufgrund des Direktanspruches für den Schaden in Anspruch genommen werden und haftet gesamtschuldnerisch. Wenn der Anspruch begründet ist, muss der VR leisten.

b)
- Bei Entschädigungen unter 500,00 € ist die Proximus Versicherung AG verpflichtet, den VN auf die freiwillige Rückzahlung der Entschädigungsleistung hinzuweisen, um den Schadenfreiheitsrabatt nicht zu verlieren (I.5.1 AKB 2015).
- Die Rückzahlung durch den VN muss innerhalb eines halben Jahres nach der Mitteilung erfolgen.

Beginn und Dauer der Kraftfahrtversicherung

Vorläufige Deckung und Versicherungsbestätigung

18 a) KH: Am 26. Sept. d. J. aufgrund der Annahmefiktion gem. § 5 (3) PflVG.

TK: Am 5. Okt. d. J. aufgrund der Annahmeerklärung (Zugang).

b) Maßgeblich sind die Versicherungsbestätigung in Form der VB-Nummer und die Eintragungen zur vorläufigen Deckung auf Seite 2 unten des Antrages (Proximus 4 Bedingungswerk). Wird im Antrag nur »Tag der Zulassung« angekreuzt, also keine weitere besondere vertragliche Vereinbarung getroffen, gilt:

Nach B.2.1 S. 1 AKB 2015 beginnt der vorläufige Versicherungsschutz bei Aushändigung einer Versicherungsbestätigung in der KH-Versicherung und beim Autoschutzbrief zu dem vereinbarten Zeitpunkt, spätestens ab dem Tag, an dem das Fahrzeug unter Verwendung der Versicherungsbestätigung zugelassen wird.

c) Ein vorläufiger Versicherungsschutz für die Kaskoversicherung muss vom VR ausdrücklich zugesagt werden (B.2.2 AKB 2015). Er beginnt dann ab dem vereinbarten Zeitpunkt. Im Antrag auf Seite 3 ist die Bestätigung der vorläufigen Deckung auch für die Kaskoversicherung vorgesehen.

Ansonsten bestimmt sich der Beginn des Versicherungsschutzes für die Teilkaskoversicherung nach B.1, C.1.1 und C.1.2 AKB 2015. Wegen nicht rechtzeitiger Zahlung gilt hier für den Beginn des Versicherungsschutzes die Bestimmung in C.1.2 AKB 2015.

d) Der Unfall ist **für den VN** nicht gedeckt, da die erste Prämie nicht unverzüglich nach Ablauf von 14 Tagen seit dem Zugang des Versicherungsscheins gezahlt wurde (also keine rechtzeitige Zahlung) und die vorläufige Deckung mit Eintritt des Verzuges außer Kraft getreten ist (B.2.4 AKB 2015), zumal der VR die Belehrungspflicht erfüllt hat (§ 52 Abs. 1 S. 2 VVG) und Herr Zander die nicht rechtzeitige Zahlung zu vertreten hat. (Zur Leistungspflicht des VR gegenüber dem geschädigten Dritten vgl. Abschnitt C 2.2 im Lehrbuch.)

19 a) Wird das Kfz für mindestens 6 Monate in einem Jahr zugelassen, wird der Vertrag bei unfallfreiem Fahren im nächsten Jahr in die bessere SF-Klasse eingestuft (I.3.3 AKB 2015).

b)
- Die Zeit außerhalb der Saison gilt bei einem Saisonkennzeichen nach H.2.2 AKB 2015 als Ruheversicherung.
- Während der Zeit besteht Ruheversicherungsschutz in der Kfz-HV und Teilkaskoversicherung.
- Für die Dauer der Ruheversicherung muss das Fahrzeug innerhalb eines Abstellraumes oder umfriedeten Abstellplatzes stehen und darf nicht gebraucht werden, da sonst ggf. der Versicherungsschutz entfällt (H.1.5 AKB 2015).
- Bei einer Vollkaskoversicherung besteht während der Unterbrechung nur Versicherungsschutz aus der Teilkaskoversicherung (H.1.4 AKB 2015).
- Der Diebstahlschaden außerhalb der Saison wird aus der Ruheversicherung ersetzt, wenn das Fahrzeug innerhalb eines Abstellraumes oder umfriedeten Abstellplatzes stand, und auch der Haftpflichtschaden bei einem Unfall durch den Dieb wird vom Versicherer getragen, wenn der Dieb nicht ermittelt werden kann.

Vorübergehende Stilllegung

20 a) Teilt die Zulassungsbehörde die Außerbetriebsetzung mit, geht die Versicherung nach einer Stilllegung von mindestens 2 Wochen in eine Ruheversicherung über (H.1.2 AKB 2015). Die Versicherung läuft dann längstens für 18 Monate beitragsfrei weiter (H.1.7 AKB 2015).

b) Versicherungsschutz besteht nur, wenn das abgemeldete Fahrzeug in einem Einstellraum oder umfriedeten Abstellplatz steht. Der VR ist hier ggf. nach H.1.5 i.V.m. D.4 AKB 2015 leistungsfrei, da das Abstellen durch den VN in der Sackgasse als Obliegenheitsverletzung gilt.

21 a) SF 7 bei Wiederzulassung;

SF 8 im folgenden Kalenderjahr

Die Unterbrechung hat keine Auswirkung, da ihre Dauer unter 6 Monaten liegt (I.6.3.1 a AKB 2015).

b) SF 7 bei Wiederzulassung;
SF 7 im folgenden Kalenderjahr
Die Unterbrechungsdauer liegt über 6 Monaten, aber unter einem Jahr, sodass der Vertrag in der bisherigen Klasse verbleibt. Dass der VN den Besitz einer gültigen Fahrerlaubnis nicht nachweist, hat hier keine Auswirkung, da der Vertrag kein volles Kalenderjahr unterbrochen war (I.6.3.1 b AKB 2015).

22 Der Versicherungsvertrag wird nach Klasse SF 1/2 eingestuft (I.6.3.1 c AKB 2015).

23
- Durch Stilllegung wird der Versicherungsvertrag nicht beendet (H.1.1 AKB 2015).
- Der VN möchte sein Aufhebungsbegehren offensichtlich als Kündigung verstanden wissen. Die Außerbetriebsetzung ist kein Kündigungsgrund nach AKB 2015.
- Will der VN kündigen, so kann dies nur zum Ablauf des Versicherungsjahres geschehen und er muss die Kündigungsfrist von einem Monat einhalten (G.2.1 AKB 2015).
- Aufgrund der Außerbetriebsetzung kann der VR den Vertrag nur unterbrechen.
- Während des Unterbrechungszeitraumes besteht Versicherungsschutz aus der kostenlosen Ruheversicherung gem. H.1.4 AKB 2015.
- Bei Wiederzulassung lebt der ursprüngliche Versicherungsschutz wieder auf und die noch nicht verbrauchte Prämie wird angerechnet.
- Unter den in I.6.3 AKB 2015 genannten Voraussetzungen verbleibt der VN in der bisherigen SF-Klasse.

Beendigung des Versicherungsvertrages

24 a) Nein; kein Kündigungsrecht, da sich die Prämie vermindert.

b) Nein; der VN müsste innerhalb eines Monats nach Anerkennung (Teilanerkennung) oder Verweigerung der Entschädigung kündigen (G.2.3 AKB 2015).

c) Ja; die Kündigung kann sich nach G.4.2 AKB 2015 »bei Vorliegen eines Kündigungsanlasses … (auf) die gesamte Kfz-Versicherung für das Fahrzeug« erstrecken.

Veräußerung des Fahrzeuges

25 – Bei einer Veräußerung tritt der Erwerber in die Rechte und Pflichten des VN ein (G.7.1 AKB 2015).
– VR und Erwerber sind berechtigt, den Versicherungsvertrag zu kündigen (G.7.5 AKB 2015).
– Legt der Erwerber bei der Zulassungsstelle eine Versicherungsbestätigung vor, so gilt dies als Kündigung des übergegangenen Vertrages zum Beginn der neuen Versicherung (G.2.6 AKB 2015).
– Dem VR gebührt nach G.6 AKB 2015 nur die auf die Zeit des Versicherungsschutzes entfallende anteilige Prämie.

Lernkontrollen zu C 4 **Seiten 308–313**

Rechtsgrundlagen für den Schadenersatz

1 – Rechtsgrundlage für die Haftung ist die Gefährdung (§ 7 StVG).
– Die Gefährdungshaftung entfällt nur, wenn der Unfall durch höhere Gewalt verursacht wurde.
– Das Versagen der Bremsen stellt eine typische Betriebsgefahr dar, die auch versichert ist.
– Wird aufgrund eines berechtigten Anspruchs (hier: aus Gefährdungshaftung) geleistet, erfolgt die Rückstufung.
– Der VN kann dies nur durch Ersatz der Schadenaufwendungen an den VR verhindern.

2 a) Sowohl Verschuldenshaftung (Fahrlässigkeit wegen zu geringen Sicherheitsabstands auf nasser Straße) als auch Gefährdungshaftung (Betriebsgefahr).

b) Gefährdungshaftung (Betriebsgefahr); Fehler in der Beschaffenheit des Fahrzeuges gelten nicht als unabwendbares Ereignis.

c) Für Frau S stellt sich der Schaden zwar als unabwendbares Ereignis dar. Nach dem zum 1. August 2002 geänderten Schadenersatzrecht ist der Einwand eines unabwendbaren Ereignisses gegenüber nicht motorisierten Verkehrsteilnehmern jedoch abgeschafft. Frau S bzw. ihr Kfz-Haftpflichtversicherer wird also aufgrund der Gefährdungshaftung (Betriebsgefahr) für den Schaden am Kleingarten zunächst einstehen müssen, kann aber dann Regress beim eigentlichen Schadenverursacher nehmen.

d) A haftet dem Nachbarn aus Gefährdungshaftung (Betriebsgefahr). Durch die Schadenersatzrechtsreform zum 1. August 2002 ist eine uneingeschränkte Anwendung der Gefährdungshaftung gegenüber allen Insassen entstanden. Der Nachbar kann nach § 7 StVG vom Halter seinen gesamten materiellen Schaden und nach § 11 StVG auch den immateriellen Schaden (also das Schmerzensgeld) ersetzt verlangen.

e) Es liegt höhere Gewalt vor, so dass die Haftung des Halters aus Betriebsgefahr entfällt. Der Insasse (Nachbar) muss seinen Schaden alleine tragen.

Hinweis: Auch in der Teilkaskoversicherung sind Schäden, die auf ein durch Naturgewalten veranlasstes Verhalten des Fahrers zurückzuführen sind, nicht versichert (A.2.2.3 AKB 2015).

f) B haftet gesamtschuldnerisch, da beide für das Fehlverhalten einzustehen haben und nicht geklärt werden kann, wer für den Unfall verantwortlich ist (Beteiligtenhaftung).

g) § 7 (1) StVG kennt neben der Halterhaftung für Kfz auch die Halterhaftung für Anhänger. Das unbeaufsichtigte Abstellen des Anhängers im Straßenraum hat der Halter zu vertreten, so dass er nach § 7 (3) StVG für den entstandenen Schaden haftet.

h) Gesamtschuldnerische Haftung aller Beteiligten, da im Einzelfall die Schuldfrage nicht mehr geklärt werden kann. Die Ansprüche sind beim GDV anzumelden, der dann einige VU mit der Regulierung beauftragt. Zur Regulierungspraxis siehe C 4.1.4 im Lehrbuch.

3
- Beide Fahrzeughalter haften aus Betriebsgefahr nach § 7 StVG.
- Es erfolgt eine Haftungsverteilung nach dem Grund der Verursachung gem. § 17 StVG.
- Es muss bei der geschilderten Sachlage von gleichen Verursachungsanteilen ausgegangen werden.
- Jeder kann vom Unfallgegner 50 % seines Schadens ersetzt verlangen.

Deckungsanspruch aus der Kfz-Haftpflichtversicherung

Abgrenzung zum Haftungsanspruch

4 a) Der VN hat einen Verkehrsunfall verursacht und wird deshalb vom Geschädigten in Anspruch genommen. Der Geschädigte macht einen Haftungsanspruch geltend.

b) Der VN wendet sich aufgrund des Versicherungsvertrages an seinen VR, die Haftung zu übernehmen. Ist der Haftungsanspruch des Geschädigten berechtigt, hat der VN gegen seinen VR einen Deckungsanspruch.

c) Direktanspruch: Der Geschädigte kann nach § 115 (1) VVG den VR des Schädigers unmittelbar haftbar machen.

5 Haftpflichtanspruch und Deckungsanspruch bilden zwei selbstständige Problemkreise. Ob der Haftpflichtanspruch besteht, wird ggf. im Haftpflichtprozess festgestellt. Ob Deckung besteht, richtet sich nach dem versicherten Wagnis und wird ggf. im Deckungsprozess entschieden.

6 Abwehr unbegründeter Ansprüche durch den VR, die ein Geschädigter an eine (mit)versicherte Person (Halter usw.) stellt.

Gebrauch des Fahrzeuges als Schadenursache

7 a) Ja; vorausgegangene Gebrauchshandlung ist für den Schaden ursächlich.

b) Nein; da keine Gebrauchshandlung als Schadenursache vorliegt.

c) Nein; Schaden entsteht nur gelegentlich des Fahrzeuggebrauchs.

d) Ja; wie a).

8 *Schadenereignis auf der Landstraße:*

Der Schaden ist durch den Fahrzeuggebrauch entstanden, aber nicht gedeckt, da beförderte Sachen vom Versicherungsschutz ausgenommen sind (A.1.5.5 AKB 2015).

Schaden an der Motorhaube:

Entladen bedeutet noch Gebrauch des Fahrzeuges. Der Schaden ist danach versichert.

Schaden im Hausflur:

Der Schaden steht nicht mehr im Zusammenhang mit dem Gebrauch des Fahrzeuges und ist daher vom Versicherungsschutz der Kfz-HV ausgenommen. Für den Schaden an der Wand kann die Privat-HV in Anspruch genommen werden.

Art der gedeckten Schäden und versicherte Personen

9 a) Versichert ist der VN. Als mitversichert gelten: Halter; Eigentümer; Fahrer; Beifahrer unter den Voraussetzungen nach A.1.2 (d) AKB 2015; Arbeitgeber bzw. öffentlicher Dienstherr, wenn das Fahrzeug für dienstliche Zwecke gebraucht wird; berechtigte Insassen, soweit nicht anderweitig Haftpflichtversicherungsschutz besteht.
Handelt es sich um ein mitversichertes Fahrzeug nach A.1.1.5 AKB 2015 (Anhänger oder Auflieger, der mit einem Kfz verbunden ist verbunden ist; Kfz, das mit dem versicherten Kfz abgeschleppt wird und keinen eigenen Haftpflichtversicherungsschutz hat), sind mitversicherte Personen der Halter, Eigentümer, Fahrer und Beifahrer.

b) Personenschäden und Personenfolgeschäden, z. B. Verdienstausfall (= unechte Vermögensschäden), Schmerzensgeld; Sachschäden und Folgeschäden, z. B. Wertminderung (= unechte Vermögensschäden); reine Vermögensschäden (die aber meistens unbegründet gestellt und dann vom VR abgewehrt werden).

10 a) Reiner Vermögensschaden.

b) Deckungsanspruch (hier: Abwehranspruch) in Form einer Freihaltung von den unbegründeten Ansprüchen.

11 a) Infolge Verschuldenshaftung ist B schadenersatzpflichtig für
- die Sachschäden,
- die Personenschäden einschl. Schmerzensgeld.

b) Der Personenschaden fällt unter den Versicherungsschutz, während Sach- und Vermögensschäden gem. A.1.5.6 AKB 2015 ausgeschlossen sind.

12
- Haftung aus Betriebsgefahr (§ 7 StVG).
- Es gilt die uneingeschränkte Anwendung der Gefährdungshaftung gegenüber allen Insassen nach dem seit 1. August 2002 gültigen Schadenersatzrecht. Der Insasse kann nach den §§ 7, 11 StVG seinen materiellen und immateriellen Schaden ersetzt verlangen, soweit keine höhere Gewalt vorliegt. Es ist zu prüfen, ob eine Mithaftung des Insassen (z. B. nicht angelegter Sicherheitsgurt) infrage kommt. Für Sachschäden haftet der VR nach A.1.5.5 AKB 2015 nur, wenn der Insasse die Sache an sich trägt oder üblicherweise mit sich führt.
- Die Schäden an den Leitplanken sind gedeckt. Es gilt die Haftungsbegrenzung nach dem StVG, die aber wegen der voraussichtlichen Schadenhöhe nicht zum Tragen kommt.

13 Die Sachen in der Einkaufstüte sind nach A.1.5.5 AKB 2015 nicht versichert, da diese nicht üblicherweise mitgeführt werden, wohl aber die Brille. A.1.5.6 AKB 2015 gilt nicht, da der Nachbar keine mitversicherte Person aus dem Kfz-Haftpflichtversicherungsvertrag ist.

Einschränkungen des Versicherungsschutzes

14 Vertragliche Obliegenheiten gem. D.1 und D.2 AKB 2015: Verwendungsklausel, Schwarzfahrerklausel, Führerscheinklausel, vollständiges Wechselkennzeichen, Rennklausel, Trunkenheits- bzw. Rauschmittelklausel.

Verletzungsfolgen: Der VR ist im Innenverhältnis bis 5 000,00 € leistungsfrei (D.4.3 AKB 2015).

Besonderheiten:

– Schwarzfahrerklausel

  Der VR ist bei der Schwarzfahrt gegenüber dem unberechtigten Fahrer bis 5 000,00 € leistungsfrei; gegenüber dem VN, Halter, Eigentümer leistungspflichtig.

– Führerscheinklausel

  Der VR ist gegenüber dem Fahrer bis 5 000,00 € leistungsfrei; gegenüber dem VN, Halter, Eigentümer nur, wenn diese das Vorliegen der Fahrerlaubnis ohne Verschulden annehmen durften.

– Trunkenheits- bzw. Rauschmittelklausel

  Der VR ist gegenüber dem Fahrer leistungsfrei bis 5 000,00 €, gegenüber dem VN, Halter, Eigentümer nur, wenn diese eine Mitschuld tragen.

Gesetzliche Obliegenheit:

– Gefahrerhöhung (leistungsfrei bis 5 000,00 €), siehe auch D.4.3 Satz 3 AKB 2015.

15 a) Verstoß gegen die Führerscheinklausel, da der Besitz der Fahrerlaubnis (Führerschein) noch nicht gegeben ist. Vater und Sohn haben keinen uneingeschränkten Versicherungsschutz.

b) Es liegt eine Schwarzfahrt ohne Wissen und Willen des Halters vor. Der Halter hat uneingeschränkten Versicherungsschutz, der unberechtigte Fahrer nicht.

c) Der Gebrauchtwagenhändler hätte sich vom Besitz der Fahrerlaubnis überzeugen müssen, sodass auch ihn ein Verschulden trifft. Der uneingeschränkte Versicherungsschutz ist sowohl für den Fahrer als auch den Gebrauchtwagenhändler verloren. Der Patenonkel steht in keinerlei Verbindung zum Versicherungsvertrag, aus dem der Versicherungsschutz wegen Obliegenheitsverletzung eingeschränkt ist.

d) Es liegt ein Verstoß gegen die Verwendungsklausel vor, die den Versicherungsschutz für den Halter einschränkt und auch für den Fahrer, wenn dieser von der Obliegenheitsverletzung Kenntnis hat.

Versicherungsfall in der Kfz-Haftpflichtversicherung

Obliegenheiten im Versicherungsfall

16 Anzeigepflichten, Aufklärungs- und Schadenminderungspflicht.

17 a) Der Schädiger hat eine angemessene Zeit zu warten und dann bei Nichterscheinen des Geschädigten unverzüglich eine nahe gelegene Polizeidienststelle zu informieren.

b) Schäden bis 500,00 € sind nicht anzeigepflichtig.

c) Selbst regulierte Schäden können bis zum Ende des Kalenderjahres, Schäden aus dem Monat Dezember bis zum 31. Januar nachgemeldet werden.

Leistungen an den Geschädigten

18 a) Da die Reparaturkosten weniger als 130 % des Wiederbeschaffungswertes betragen, liegt noch kein wirtschaftlicher Totalschaden vor. Ohne Reparaturkostennachweis kann der Geschädigte jedoch nur den Wiederbeschaffungswert ohne Mehrwertsteueranteil verlangen.

b) Der VR muss den Mehrbetrag zahlen (Prognoserisiko).

19 Geminderter Verkaufswert von reparierten Unfallfahrzeugen.

20 Ersatz des Wiederbeschaffungswertes abzüglich Restwert (3 000,00 € – 250,00 €); Soweit in dem vom Sachverständigen festgestellten Restwert ein Mehrwertsteueranteil enthalten ist, muss dieser herausgerechnet werden, wenn keine Ersatzbeschaffung erfolgt.

Nutzungsausfall von ca. 50,00 € pro Tag (max. 7 Tage lt. Sachverständigengutachten);

Abschleppkosten, Gebühren für die Ab- und Ummeldung, Kosten für Nummernschilder, Auslagenpauschale für Telefon usw. (derzeit ca. 20,00 €).

21 Wagenreparatur: Der VR muss die auf die Reparaturkosten anfallende Mehrwertsteuer ersetzen.

Neuwagenkauf: Es kann die Mehrwertsteuer aus den fiktiven Reparaturkosten gefordert werden.

Gebrauchtwagenkauf: Es kann die Mehrwertsteuer in Höhe des Unterschieds zwischen Händlereinkaufspreis und Händlerverkaufspreis (Händlerspanne) gefordert werden.

Abrechnung auf Gutachtenbasis: Der Geschädigte hat keinen Anspruch auf Erstattung einer Mehrwertsteuer.

Leistungsfreiheit im Innenverhältnis

22 a) Fahrer ist nach der Rechtsprechung derjenige, der das Fahrzeug im Unfallzeitpunkt lenkt (vgl. C 2.1.1 im Lehrbuch). Der Fahrer ist eine mitversicherte Person nach den AKB 2015. Es liegt ein Verstoß gegen die Führerscheinklausel nach AKB 2015 vor. Wegen Verschulden und Kausalität besteht Leistungsfreiheit bis 5 000,00 € gegenüber dem Fahrer im Innenverhältnis.

b) Die Leistungsfreiheit bis 5 000,00 € gilt auch gegenüber dem Halter, da ihn hier die Obliegenheitsverletzung in gleichem Umfange trifft.

23 Der VR ist dem VN gegenüber wegen Verletzung einer Obliegenheit vor Eintritt des Versicherungsfalles bis 5 000,00 € leistungsfrei (D.4.3 AKB 2015). Gegen den Mieter als mitversicherte Person kann kein Rückgriff für an den Geschädigten erbrachte Leistungen genommen werden, da die Umstände für die Leistungsfreiheit nicht in seiner Person liegen (F.3 AKB 2015).

24 Deckungsanspruch:
Der VR kann im Innenverhältnis (also dem Halter und Fahrer) den Deckungsanspruch jeweils bis zur Höhe von 5 000,00 € verweigern (gewollte Gefahrerhöhung, das Unfallereignis ist kausal).
Dem geschädigten Dritten gegenüber ist der VR eintrittspflichtig nach § 115 (1) VVG. Der VR hat daher den Sachschaden als auch den Personenschaden zu regulieren und ein Schmerzensgeld zu zahlen.

Zum Regress beim Halter und Fahrer, siehe Abschnitt D.3.3.1.

Lernkontrollen zu C 5 Seiten 328 – 332

Umfang der Kaskoversicherung

1 Gegenstand ist eine Sache, an die der VN ein wirtschaftliches Interesse hat und deren Beschädigung bzw. Zerstörung für ihn einen Sachschaden darstellt.

2 a) Beschädigung bedeutet, dass das bisher vorhandene Maß an Unversehrtheit durch Einwirkung gemindert wurde.
Beispiel: Beim Einparken wird ein Kotflügel verbeult.

b) Zerstörung bedeutet, dass das Maß der Beschädigung eine Wiederherstellung oder Wiederbenutzung des Fahrzeuges ausschließt.

Beispiel: Infolge eines Verkehrsunfalles brennt das Fahrzeug vollständig aus.

Teilkasko

3 Versicherte Gefahren: Brand, Explosion, Entwendung, Raub, Unterschlagung, Einwirkung von Elementarereignissen, Zusammenstoß mit Tieren, Glasbruch, Tierbiss
Versicherte Schäden: Beschädigung, Zerstörung, Verlust, Bruchschäden an der Verglasung, Schäden an der Verkabelung durch Kurzschluss, Schäden durch Tierbiss an bestimmten Teilen

4 a) Ja, ohne besondere Vereinbarung bis zum Gesamtneuwert von 10 000,00 € (A.2.1.3 (a) AKB 2015).

b) Ja, nach A.2.1.2.(b) AKB 2015.

c) Ja, ohne besondere Vereinbarung bis zum Gesamtneuwert von 10 000,00 € (A.2.1.3 (a) AKB 2015).

d) Nein, kein Fahrzeugzubehör.

e) Ja, wenn es sich um Teile nach A.2.1.2 (c) AKB 2015 handelt; ansonsten nicht versichert.

5 a) Motor: versichert als Fahrzeugteil nach A.2.1.2 (a) AKB 2015.

Leichtmetallräder: versichert nach A. 2.1.2 (a) AKB 2015.
Kotflügelverbreiterung: versichert bis 10 000,00 € nach A.2.1.3 (b) AKB 2015, wenn diese zugelassen war.

- Das Autotelefon zählt als Kommunikationsmittel ebenfalls zu den nach A.2.1.3 (a) AKB 2015 bis 10 000,00 € ohne Prämienzuschlag versicherten Teilen.
- Die Fahrwerksveränderung ist nach A.2.1.3 (b) AKB 2015 bis 10 000,00 € versichert. Der VN sollte diese Summe ggf. gegen Prämienzuschlag erhöhen lassen.

b) Kabelstrang: versichert (Teilkasko) als Schaden an der Verkabelung durch Kurzschluss.

Bordcomputer: als Folgeschaden bis 3 000,00 € versichert (A.2.2.6 AKB 2015).

c) Seitenscheibe und Einbaukosten: versichert (Teilkasko) im Rahmen des Bruchschadens an der Verglasung. Eine vereinbarte Selbstbeteiligung wird abgezogen.

Kosten für die Glassplitterbeseitigung: versichert nach A.2.2.5 Satz 4 AKB 2015.

Ist der Schädiger bekannt, kann Regress bei seinem Kfz-Haftpflichtversicherer genommen werden.

d) Versichert (Vollkasko) als böswillige Handlung betriebsfremder Personen, da der Schädiger nicht ein angestellter Fahrer und damit in keiner Weise zum Betrieb des Kfz befugt war (A.2.3.3 AKB 2015).

e) Ladung: nicht versichert, da sie kein Fahrzeug- oder Zubehörteil ist.

Lkw: versichert, da der Fahrer nicht unter die Risikoausschlussklausel nach A.2.2.2 S. 2 AKB 2015 fällt; denn das Fahrzeug wurde ihm nicht »zum Gebrauch« im eigenen Interesse überlassen. Diebstahl und Unterschlagung durch den angestellten Fahrer werden vom Schutz der Teilkaskoversicherung erfasst.

f) Nicht versichert, da das Elementarereignis Sturm nicht unmittelbar eingewirkt hat.

g) Die durch den Marderbiss unmittelbar verursachten Schäden (hier: Schlauch) sind voll gedeckt. Der Folgeschaden ist bis 3 000,00 € versichert (A.2.2.7 AKB 2015).

6
- Eine nachträglich eingebaute Radioanlage mit DVD-Player ist bis 10 000,00 € zuschlagsfrei versichert.
- Das Autotelefon ist gem. der Grundregel nach A.2.1.1 AKB 2015 versichert, wenn es fest eingebaut ist. Ansonsten gilt A.2.1.4 AKB 2015.
- Klimaanlage, Katalysator, Bordcomputer sind ohne Prämienzuschlag versichert nach A.2.1.2 (a) AKB 2015.
- Spezialwerkzeug und Handsender sind nicht versichert, da sie als Luxus angesehen werden. Versichert ist nur das serienmäßige Bordwerkzeug nach A.2.1.2 (b) AKB 2015.

7 a) Versicherte Entwendung (unbefugter Gebrauch mit Gebrauchsdiebstahl).

b) Nicht versicherte Entwendung (Gebrauch wurde gestattet, der Trickdiebstahl ist demzufolge nicht versichert).

c) Versicherter Raub.

8 Versichert als Unterschlagung, da das Fahrzeug nicht zum Gebrauch, sondern nur zur Reifenreparatur überlassen wurde.

9 Nicht versicherte Unterschlagung durch denjenigen, an den der VN das Fahrzeug unter Eigentumsvorbehalt veräußert hat.

10 Das Fahrzeug muss beim Zusammenstoß in Bewegung gewesen sein.
(Ausnahme nach der Vorerstreckungstheorie des BGH; jetzt in § 90 VVG geregelt: Schäden durch Ausweichen können als Rettungsaufwand gedeckt sein, wenn der Zusammenstoß unmittelbar bevorstand.)

11
- Diebstahl ist im Rahmen der Teilkaskoversicherung grundsätzlich gedeckt.
- Der Dachkoffer ist ein Fahrzeugzubehörteil (also kein Fahrzeugteil) und ist auf dem Fahrzeug befestigt, gilt aber nach allgemeiner Verkehrsanschauung als Luxus und ist daher nach A.2.1.2 (b) AKB 2015 nicht versichert.
- Der Kofferinhalt wird grundsätzlich nicht vom Versicherungsschutz einer Teilkaskoversicherung erfasst.
- Die entwendete Antenne ist gemäß A.2.1.2 (b) AKB 2015 versichert (kein Luxusteil).
- Der Lackschaden (mutwillige Beschädigung) ist nur in der Vollkaskoversicherung gedeckt.
- Das Spiegelglas ist über den versicherten Glasbruch in der Teilkaskoversicherung gedeckt.

Vollkasko

12 – Unmittelbarkeit: Das Schadenereignis muss direkt auf das Fahrzeug eingewirkt haben.
– Von außen: Schäden aufgrund innerer Betriebsvorgänge sind nicht versichert.
– Mechanische Gewalt: Sie entsteht bei Aufprall oder Zusammenstoß.

13 a) Versichert, da die Merkmale der versicherten Unfallgefahr erfüllt sind.
b) Nicht versichert, da der Schaden aufgrund eines inneren Betriebsvorganges entstanden ist.
c) Versichert als mutwillige Handlung betriebsfremder Personen.
d) Die Antenne ist versichert und in diesem Falle auch die Bereifung, da die Tat als einheitliche Handlung anzusehen ist (A 2.3.3 i. V. m. A 2.16.3 AKB 2015).
e) Es fehlt an der Einwirkung von außen. Deshalb besteht kein Versicherungsschutz. Schäden durch rutschende Ladung sind nach A.2.3.2 AKB 2015 auch ausdrücklich ausgeschlossen.
f) Das Wasser dringt von außen ein, sodass Versicherungschutz besteht. Es ist zu prüfen, ob eine Leistungskürzung wegen grober Fahrkässigkeit in Betracht kommt (entfällt nach Proximus-Bedingungen).
g) – Es handelt sich nicht um ein von außen wirkendes Ereignis, sodass für die Motorhaube kein Versicherungsschutz besteht.
– Die Windschutzscheibe wird als Glasbruch entschädigt (Selbstbeteiligung beachten).

Ersatzleistung

14 a) Ersatz des Wiederbeschaffungswertes am Schadentag (ggf. Abzug eines Restwertes); Neuwertentschädigung unter bestimmten Voraussetzungen.
b) Ersatz der Kosten für die Wiederherstellung.

15 – Das entwendete Radio und die zerstörte Seitenscheibe sind im Rahmen der Teilkaskoversicherung versichert (Radio bis zu einem Gesamtneuwert von 10 000,00 €).
– Ersetzt wird der Wiederbeschaffungswert des Radios und der Glasschaden gemäß Reparaturrechnung, einschließlich Kosten der Beseitigung von Glassplittern.
– Die Entschädigung wird um den vereinbarten Selbstbehalt von 150,00 € gekürzt.
– Die Radioanlage ist durch Anschaffungsbeleg (Kaufdatum und Kaufpreis) nachzuweisen (ggf. Kaufvertrag des Fahrzeuges, aus dem das Radio hervorgeht).
– Die mutwillige Beschädigung des Fahrersitzes ist durch die Teilkasko nicht gedeckt. Hier würde eine Vollkaskoversicherung leisten.
– Mehrwertsteuer wird nur dann erstattet, wenn ihre Ausgabe nachgewiesen ist.
– Anzeige bei der Polizei, wenn der Entwendungsschaden 500,00 € übersteigt (E.3.3 AKB 2015).

16 – Die Entschädigung wird nicht vor Ablauf von einem Monat, also frühestens am 9. Nov. d. J. gezahlt (A.2.14.3 AKB 2015).
– Entschädigt wird der Wiederbeschaffungswert am Tag des Schadens abzüglich 150,00 € Selbstbeteiligung.

- Wird das Fahrzeug innerhalb eines Monats seit Eingang der Schadenanzeige (hier: 9. Okt. d. J.) wieder aufgefunden, muss der VN es zurücknehmen und er erhält keine Entschädigung wegen Neukaufs eines Autos (A.2.10.1 AKB 2015).
- Weist das innerhalb dieser Frist wiedergefundene Fahrzeug Schäden auf, werden diese vom VR im Rahmen der Ersatzleistung für beschädigte Fahrzeuge ersetzt.
- Bis zu einer Entfernung von 50 Kilometern muss der VN das Fahrzeug auf seine Kosten zurückholen (A.2.10.2 AKB 2015).
  Darüber hinaus erstattet der VR als Abholungskosten die Kosten einer Bahnkarte 2. Klasse (Hin- und Rückfahrt) bis zu einer Entfernung von 1 500 Bahnkilometern (A.2.10.2 AKB 2015).
- Nach Ablauf der Monatsfrist geht ein dann wieder gefundenes Fahrzeug in das Eigentum des VR über und der VN kann die Entschädigung für den Fahrzeugverlust beanspruchen (A.2.10.3 AKB 2015).

17 – Nachweis erforderlich, dass ein Zusammenstoß des in Bewegung befindlichen Fahrzeugs mit Haarwild stattgefunden hat.
- Nachweis kann über die Art der Fahrzeugbeschädigung (Beweis des ersten Anscheins) und Tierreste am Fahrzeug geführt werden.
- Ein Wildschaden ist bei der Polizei anzuzeigen, soweit er den Betrag von 500,00 € übersteigt (E.3.3 AKB 2015).
- Der Anzeigepflicht nach E.1.1 AKB 2015 und der Pflicht zur Einholung von Weisungen des VR nach E.3.2 AKB 2015 bei Schäden, die unter die Fahrzeugversicherung fallen, ist durch den Telefonanruf genügt.
- Der Schaden wird aus der Teilkaskoversicherung ersetzt, wenn die geforderten Nachweise vorliegen.
- Vom VN ist ein Selbstbehalt von 150,00 € zu tragen.
- Es erfolgt keine Rückstufung in der Kaskoversicherung.
- Mehrwertsteuer wird nur ersetzt, wenn die Ausgabe nachgewiesen wird. Kein Ersatz, wenn Vorsteuerabzugsberechtigung besteht.

Nicht ersatzpflichtige Schäden

18 a) Kürzung der Entschädigungsleistung wegen grober Fahrlässigkeit (Rauchen am Steuer). Gilt nicht in der Kaskoversicherung nach A.2.16.1 S. 3 AKB 2015 im **Proximus 4 Bedingungswerk.**

b) Kürzung der Entschädigungsleistung wegen grober Fahrlässigkeit (Überfahren einer roten Ampel). Gilt nicht in der Kaskoversicherung nach A.2.16.1 S. 3 AKB 2015 im **Proximus 4 Bedingungswerk.**

c) Kürzung der Entschädigungsleistung wegen grober Fahrlässigkeit. Nach dem **Proximus 4 Bedingungswerk** wird bei Genuss alkoholischer Getränke nicht auf den Einwand der groben Fahrlässigkeit verzichtet.

d) Kürzung der Entschädigungsleistung wegen grober Fahrlässigkeit (Überholen einer Fahrzeugkolonne mit unverminderter Geschwindigkeit). Gilt nicht in der Kaskoversicherung nach A.2.16.1 S. 3 AKB 2015 im **Proximus 4 Bedingungswerk.**

19 Ein Blutalkoholgehalt von 1,1 ‰ und mehr gilt grundsätzlich als grobe Fahrlässigkeit, die sich auf den Versicherungsschutz auswirkt.

Zwischen 0,8 ‰ und 1,1 ‰ liegt dann grobe Fahrlässigkeit vor, wenn die Alkoholisierung für den Schaden ursächlich war.

Lernkontrollen zu C 6 **Seite 337**

Autoschutzbrief

1 a) Leistung: Pannen- und Unfallhilfe am Schadenort,
100,00 € Höchstbetrag für die Leistung Reparaturkosten (A.3.5.2 AKB 2015).

b) Leistung: Weiter- oder Rückfahrt bei Fahrzeugausfall (A.3.6.1 AKB 2015).
Die Rückfahrt vom Schadenort zum ständigen Wohnsitz ist für den VN und die Ehefrau versichert.
Die spätere Fahrt zur Abholung des reparierten Wagens ist für eine Person versichert.
Ersetzt werden die Bahnkosten 1. Klasse oder Liegewagenkosten, da die Entfernung mehr als 1 200 km beträgt; die nachgewiesenen Taxikosten bis 50,00 € (sog. zusätzliche Kurzfahrt nach A.3.6.5 AKB 2015).

c) Keine Leistung, da das Ereignis nicht im Zusammenhang mit einer Autoreise steht.

d) Angesprochen sind im Zusammenhang mit dem Diebstahl des Autos die Leistungsarten Übernachtung (A.3.6.2 AKB 2015) und Mietwagen (A.3.6.3 AKB 2015). Nicht geltend gemacht werden Kosten für die Rückfahrt nach A.3.6.1 AKB 2015.
Nach A.3.6.3 AKB 2015 werden anstelle der Kosten für die Rückfahrt die Kosten für Übernachtung nach A.3.6.2 AKB 2015 bis höchstens 60,00 € je Übernachtung **oder** die Kosten für den Mietwagen bis höchstens 50,00 € je Tag (max. für 7 Tage) übernommen.
Die Kostenübernahme für die Übernachtung führt zum höheren Erstattungsbetrag (120,00 € statt nur 100,00 € für den Mietwagen).

e) Leistung: Ersatzteilversand
Der VR ersetzt alle entstehenden Versandkosten (A.3.8.1 (a)) AKB 2015).

2 Leistungen:

- Fahrzeugabholung nach Fahrerausfall (A.3.7.4 AKB 2015)
  Der VR sorgt für die Fahrzeugabholung und trägt die Kosten.
- Rückholung von Kindern (A.3.7.3 AKB 2015)
  Der VR ersetzt wegen der großen Entfernung die entstehenden Kosten bis zur Höhe der Bahnkosten 2. Klasse sowie nachgewiesene Taxifahrten bis 50,00 €.

  Aufgrund des kritischen Zustandes des Ehemannes ist verständlich, dass Frau Hellmich in Athen bleiben will, so dass sie die 5-jährige Tochter nicht betreuen kann. Die Leistung »Rückholung von Kindern« ist deshalb hier versichert.
- Der Rücktransport von Haustieren fällt nicht unter den Versicherungsschutz.
- Eine Leistung für Mietwagenkosten ist nach A.3.7 AKB 2015 (Hilfe bei Krankheit, Verletzung oder Tod auf einer Reise) und auch nach A.3.8 AKB 2015 (Zusätzliche Leistungen bei einer Auslandsreise) nicht vorgesehen.
- Krankenrücktransport (A.3.7.2 AKB 2015)
  Der VR organisiert den Rücktransport und trägt die Kosten.
  Die bis zum Rücktransport durch die Erkrankung bedingten Übernachtungskosten werden für höchstens 3 Übernachtungen bis zu 60,00 € pro Person erstattet.
  Da der Ehemann länger im Athener Krankenhaus bleiben muss, kann Frau Hellmich ihre Übernachtungskosten bis zu 3 Tagen nur nach A.3.6.2 AKB 2015 ersetzt bekommen.
- Die Kosten der Krankenbesuche durch die Ehefrau fallen nicht unter den Versicherungsschutz.

Lernsituationen	Kunden beim Abschluss von Kraftfahrtversicherungen beraten und Verträge bearbeiten

Lernsituation 1	Seiten 343 – 344

»Gibt es eine preiswerte Variante?«

Methodisch-didaktische Hinweise

Die Lernsituation ist für die handlungsorientierte Methode des Rollenspiels konzipiert. Die Auszubildenden beginnen gerade ihr 3. Ausbildungsjahr und es darf erwartet werden, dass sie inzwischen ein Beratungsgespräch selbstständig planen, durchführen und auch selbst kontrollieren können.

Die Phasen nach dem »Modell der vollständigen Handlung« der Berufspädagogik (vgl. Erläuterungen zur Verordnung über die Berufsausbildung Kaufmann/Kauffrau für Versicherungen und Finanzen, S. 86), werden durch die Lernsituation in besonderem Maße berücksichtigt.

- Informieren
  Der Auszubildende informiert sich über den zu bearbeitenden Vorgang und holt benötigte Informationen zu entscheidungsorientierten Sachverhalten ein. Im konkreten Fall muss er insbesondere prüfen, welche Daten ihm noch fehlen. In der Lernsituation wurden bewusst bestimmte Angaben, die für die Beitragsberechnung notwendig sind, weggelassen, da sie erst im Rollenspiel erfragt werden sollen, um dann ein entsprechendes Angebot erstellen zu können.
- Planen
  Der Auszubildende plant seine Vorgehensweise bei der Durchführung. Im konkreten Fall muss er sich hier auch mit den Beratungs- und Dokumentationspflichten auseinandersetzen.
- Entscheiden
  Das erwartete Angebot, welches unterbreitet werden soll, weicht erheblich von der Routine ab. Der Auszubildende muss sich für eine Angebotsvariante entscheiden und diese begründen.
- Ausführen
  Im Beratungsgespräch kann der Auszubildende nachweisen, ob und inwieweit er bereits Beratungskompetenz hat.
  Das Beratungsgespräch setzt sich im Kern aus fünf Teilpflichten zusammen, die beachtet werden müssen (zu Einzelheiten siehe unten stehende Lösungshinweise).

fragen	beraten	begründen	informieren	dokumentieren

- Kontrollieren
  Das Arbeitsergebnis wird durch die Lehrkraft und die übrigen Auszubildenden kontrolliert.
- Auswerten
- Die verschiedenen Kompetenzbereiche werden analysiert (insbesondere fachliche Kompetenz, methodisches Vorgehen, Sozialkompetenz im Hinblick auf die Kundenorientierung)

Lösungshinweise:

1. Teil des Beratungsgesprächs: Fragen

Grundsätzlich sind zunächst die Vorstellungen des Kunden über den gewünschten Versicherungsschutz zu erfragen (Höhe der Kfz-Haftpflicht-Deckung, Voll- oder Teilkasko, mit oder ohne Selbstbeteiligung, Vorversicherung). Da eine preiswerte Variante gewünscht wird, kann die Frage nach den finanziellen Möglichkeiten zunächst zurückgestellt werden. Sie ist von Bedeutung, wenn es um eine Kaskoversicherung geht.
Ferner sind die risikorelevanten Merkmale zu erfragen, soweit sie nicht schon bekannt sind (siehe Fahrzeugschein, aus dem die Art des Fahrzeuges, der Fahrzeugtyp und der Hersteller entnommen werden können).

Da sowohl eine Versicherung als Zweitwagen eines Elternteils als auch eine Versicherung als Erstfahrzeug für Antje Kirberg infrage kommen kann und auch die Anrechnung der Schadenfreiheit aus dem Vertag des Großvaters angedacht ist, sind zunächst jeweils zu erfragen:

- Beruf
- Wohnort
- Schadenfreiheit bzw. Anzahl der Vorschäden
- Fahrzeugalter (wird im Text mit 5 Jahren angegeben, sollte aber geprüft werden)
- jährliche Fahrleistung
- Garage

2. Teil des Beratungsgesprächs: Beraten

Es kommt eine Versicherung für Antje Kirberg (Anfängerwagnis) oder für einen Elternteil (Zweitwagen) infrage.

Anfängerwagnis gem. I.2.1 AKB 2015:
Der Vertrag wird in Klasse 0 (110 %) eingestuft, da Antje Kirberg noch keine 3 Jahre im Besitz des Führerscheins ist.
Wird für einen Elternteil ein Fahrzeug bei der Proximus in einer SF-Klasse geführt, kann für Antje Kirberg SF ½ (70 %) geboten werden (I.2.2.1 (c) AKB 2015).
Die Anrechnung der Schadenfreiheit des Großvaters ist in den AKB 2015 im **Proximus 4 Bedingungswerk** nicht vorgesehen. Sie würde auch ausscheiden, da ein Anfängerwagnis vorliegt, Antje Kirberg also nicht glaubhaft machen kann, dass die Anrechnung gerechtfertigt ist (z. B. dass sie den Wagen überwiegend gefahren hat).

Zulassung auf einen Elternteil als Zweitwagen nach I.2.2.1 (a) AKB 2015:
Der Vertrag kann in SF ½ (70 %) eingestuft werden, soweit die dort genannten Voraussetzungen erfüllt sind. Evtl. kommt eine Sondereinstufung in SF-Klasse 2 (55 %) nach I.2.2.2 AKB 2015 in Frage.
Bei einer Zulassung auf einen Elternteil als Zweitwagen ist darauf hinzuweisen, dass der Fahrzeughalter in jedem Falle die Haftung aus Betriebsgefahr trägt, wenn die Tochter mit dem Fahrzeug unterwegs ist.

Da das Fahrzeug erst 5 Jahre alt sein soll, empfiehlt sich eine Vollkaskoversicherung mit Selbstbeteiligung, mindestens aber eine Teilkaskoversicherung, wobei jeweils die Höhe der Selbstbeteiligung von der tragbaren Prämienhöhe abhängig gemacht werden kann.

3. Teil des Beratungsgesprächs: Begründen

Aufgrund der Vorgabe (preiswerte Variante) empfiehlt sich die Zulassung als Zweitwagen eines Elternteils, wenn die Sondereinstufung in SF-Klasse 2 möglich ist. Ansonsten ist die Zulassung auf Antje Kirberg sinnvoll, da sie ja immerhin SF ½ nach I.2.2.1 (c) AKB 2015 bekommen kann. Das Halterrisiko läge dann bei ihr und nicht bei den Eltern.

Die Prämienberechnung richtet sich nach dem Ergebnis des bisherigen Beratungsverlaufs und kann an dieser Stelle allgemein gültig nicht erfolgen.

4. Teil des Beratungsgesprächs: Informieren

Informationspflichten nach VVG

Ein Versicherungsvertreter (hier: die Agentur Klein), der ausschließlich für ein VU tätig ist, muss den VN **vor dem Abschluss des Vertrages** hierüber in Textform informieren.

Die Information darf mündlich erfolgen, wenn der VN dies wünscht oder wenn der VR eine vorläufige Deckung gewährt. Sie muss dann in Textform unverzüglich nach Vertragsschluss, spätestens aber mit dem Versicherungsschein übermittelt werden.

Informationspflichten nach VVG-InfoV

Hierzu zählen insbesondere:

- Angaben zur Identität, Anschrift und Hauptgeschäftstätigkeit des VR, mit dem der Vertrag geschlossen werden soll,
- Angaben zu wesentlichen Merkmalen der Versicherungsleistung (z.B. geltende AKB; Art, Umfang, Fälligkeit und Erfüllung der Leistung; Gesamtpreis der Versicherung, Zahlungsweise, Beginn, Laufzeit der Versicherung).
- Anschrift der Aufsichtsbehörde als mögliche Beschwerdestelle,
- Aushändigung des Produktinformationsblattes.

5. Teil des Beratungsgesprächs: Dokumentieren

Das Beratungsgespräch ist nach den Vorschriften des VVG zu dokumentieren und die Dokumentation dem VN auszuhändigen, es sei denn, der VN verzichtet schriftlich auf die Beratung und die Dokumentation (§ 7 (3) VVG).

Lernsituation 2 — Seiten 344–345

»Und was ist mit meiner Kraftfahrzeugversicherung?«

Methodisch-didaktische Hinweise

Die Lernsituation zählt zur handlungsorientierten Methode »Postkorb« und ist für die Einzelarbeit angelegt.
Es wird erwartet, dass der Lernende das erforderliche Material bzw. die erforderlichen Informationen selbstständig beschafft, zumal die »selbstständige Materialbeschaffung« und das »Zurechtfinden in der betrieblichen Umwelt« Merkmale handlungsorientierter Lernmethoden sind.

Lösungshinweise:

Zu Fragestellung 1 im Schreiben von Frau Gillmeister:

- Frau Gillmeister hat auf der Fahrt nach Schweden und in Schweden den gleichen Versicherungsschutz wie in Deutschland (A.1.4.1 AKB 2015).
- Schweden zählt zur EU. Besondere Formulare bezüglich der Kraftfahrtversicherung werden in EU-Staaten nicht mehr benötigt, da das amtliche Kennzeichen als Nachweis über das Bestehen der Versicherung genügt.
- Mitführen der Internationalen Versicherungskarte (Grüne Karte) dennoch empfehlen und diese ggf. dem Antwortschreiben beifügen.
- Bei einem Unfall in Schweden auf jeden Fall die Polizei hinzuziehen. Wurde man durch einen schwedischen Autofahrer geschädigt, kann man sich in Deutschland an den Schadenregulierungsbeauftragen des schwedischen Versicherers wenden; der den Schaden wie ein deutscher Versicherer zu ersetzen hat. Soweit der Schadenregulierungsbeauftrage noch nicht benannt ist, ist die Entschädigungsstelle für Schäden aus Auslandsunfällen zuständig. Die Auskunftsstelle ist bei der Beschaffung von Auskünften behilflich. Zuständig ist die GDV-Dienstleistungs-GmbH & Co. KG – »Zentralruf der Autoversicherer« in Hamburg.

Zu Fragestellung 2 im Schreiben von Frau Gillmeister:

Unter Berücksichtigung des Kosten-/Nutzenaspektes für den Kunden und die Proximus Versicherung AG sollte für den VW Polo empfohlen werden:
Vertrag nicht kündigen, sondern nur unterbrechen, da dann weiterhin ein prämienfreier Versicherungsschutz nach H.1 AKB 2015 (Ruheversicherung) besteht.

Voraussetzungen:
- Außerbetriebsetzung für mindestens zwei Wochen
- Beginn der Ruheversicherung ab Zugang der Mitteilung über die Außerbetriebsetzung durch die zuständige Zulassungsbehörde
- Kfz muss in Garage oder umfriedeten Abstellplatz stehen

Wird das Fahrzeug nicht innerhalb von 18 Monaten seit der Stillegung wieder zum Verkehr angemeldet, endet der Versicherungsschutz (H 1.7 AKB 2015) und die über den Tag der Abmeldung hinaus zuviel gezahlte Prämie wird erstattet (G.8 AKB 2015).
Anmerkung: Aus dem Schreiben (siehe unter 3.) geht hervor, dass der Wagen später wieder zugelassen werden soll. Auf die Regelungen zur ordentlichen Kündigung und zur Veräußerung des Fahrzeugs muss daher nicht eingegangen werden.

Zu Fragestellung 3 im Schreiben von Frau Gillmeister:

Maßgebend ist I.6.3.1 AKB 2015. Bei einer Unterbrechung von mehr als 6 Monaten aber nicht mehr als 7 Jahre, wird der Vertrag in die bisherige SF-Klasse 4 wieder eingestuft, wenn nachgewiesen wird, dass die Versicherungsnehmerin während der gesamten Dauer der Unterbrechung im Besitz einer gültigen Fahrerlaubnis war.

Ergänzung des Antwortschreibens um folgenden weiteren Kosten-/Nutzen-Aspekt:

Frau Gillmeister ist darauf hinzuweisen, dass es sinnvoll ist, nach Rückkehr der Tochter das Fahrzeug auf diese zuzulassen.
Begründung:
Die Tochter sollte mit dem Aufbau eines eigenen Schadenfreiheitsrabattes beginnen.
Für die Mutter entfällt die Halterhaftung gem. § 7 StVG.

D Schaden- und Leistungsbearbeitung

Lernkontrollen zu D 1 **Seiten 354–355**

Gefahren und wirtschaftliche Folgen

1 Beispiel: Einfamilienhaus:
Das Haus ist ständig durch **Gefahren** (z. B. Blitz, Feuer, Sturm) bedroht, die zu Schäden am Objekt führen können. Die Möglichkeit des Schadeneintritts durch Verwirklichung der versicherten Gefahr bezeichnet man in der Versicherungspraxis als **Risiko**. Der Versicherungsvertrag verpflichtet den Versicherer, die Gefahr für das versicherte Objekt zu tragen und evtl. eintretende Schäden zu decken. Man spricht in diesem Zusammenhang vom versicherten Risiko.

2 a) **Risiko:** Unsicherheit über den Eintritt zukünftiger Ereignisse mit Schadenfolgen. In der Versicherungspraxis bezeichnet das Wort Risiko nicht nur die versicherte Gefahr (z. B. Feuerversicherung), sondern auch das versicherte Objekt (z. B. Gebäudeversicherung).
Schaden: Eingetretene Gefahr, die zu einer wirtschaftlichen Auswirkung geführt hat.

b) **Objektives Risiko:** Es kann eindeutig bestimmt werden, egal ob eine Person oder eine Sache Risikoträger ist.
Subjektives Risiko: Vom Betroffenen beeinflussbar.

	objektives Risiko	subjektives Risiko
Personenversicherung, z. B. Lebensversicherung	– Eintrittsalter – Gesundheitsverhältnisse – Berufstätigkeit	– wirtschaftliche Verhältnisse – Lebensweise – Selbstmordabsichten bzw. -versuche
Sachversicherung, z. B. Feuerversicherung	– Eigenschaften (z. B. Bauart, Nutzungsart, Löschverhältnisse) – Nachbarschaftsgefahr	– wirtschaftliche Verhältnisse – Betriebsführung (Wartung, Ordnung) – Brandstiftungsgefahr durch VN (evtl. Vorstrafen) – Vorschäden
Haftpflichtversicherung, z. B. Kraftfahrzeug-Haftpflichtversicherung	– Art des Kfz – Verwendungsart (z. B. Eigenverwendung oder Mietwagen) – Typklasse (Pkw)	– wirtschaftliche-Verhältnisse – Fahrweise – Trunkenheit (Vorstrafen) – Vorschäden

Risikoanalyse und Risikobewältigung

3 Sowohl für den VN als auch für den VR gelten zunächst grundsätzlich:
- Erkennen möglicher Risiken,
- Forschen nach den Risikoursachen,
- Bestimmung der Auswirkung der Risiken.

Aus VN-Sicht ist dies insofern von Bedeutung, als keine Deckungslücke entsteht, wenn es zu einem Schaden kommt, und er sich ausreichend abgesichert weiß. Für den VR ist dies insofern von Bedeutung, als er
- einerseits den Kunden richtig beraten muss, um die möglichen Risiken zu decken,
- andererseits das Risiko richtig kalkulieren muss, um es versichern zu können.

4 Argumente für die Verbundene Wohngebäudeversicherung (Versicherung der Gefahren Feuer, Leitungswasser, Sturm/Hagel) mit Einschluss weiterer Naturgefahren (Elementargefahren):

Aus der Statistik ist ersichtlich, dass Wohngebäude in viel größerem Maße von Leitungswasser- und Sturmschäden betroffen sind, als von Feuerschäden.
Die weiteren Naturgefahren (z. B. Überschwemmung) sind im Vergleich seltener, der Schadendurchschnitt in EUR ist hier jedoch größer als bei einem Leitungswasser- oder Sturmschaden. Bei Sturmschäden ist eine größere Schwankungsbreite bei der Schadenhäufigkeit und beim Schadendurchschnitt festzustellen. Dies zeigt, dass die Gefahr sporadisch auftritt, aber besonders heftig sein kann. Da die Gefahren Leitungswasser, Sturm, Elementarereignisse mit großer Schadenhäufigkeit bzw. großem Schadendurchschnitt verbunden sind, sollten sie in jedem Falle neben der Gefahr Feuer versichert werden.

Argumente für die Verbundene Hausratversicherung:
In der Hausratversicherung dominieren Schäden durch Feuer und Einbruchdiebstahl.
Besonders bei Einbruchdiebstahl ist eine hoher Schadendurchschnitt festzustellen. Dies trifft auch auf die weiteren Naturgefahren zu, wobei allerdings nur eine im Vergleich geringe Schadenhäufigkeit gegeben ist.
Die genannten Schadenhäufigkeiten bzw. Schadendurchschnitte sollten durch eine Verbundene Hausratversicherung mit der Versicherung weiterer Naturgefahren nach Ziff. 6.4 VHB 2016 abgedeckt werden.

5 Brandursachenstatistik des IFS 2018:

(IFS = Institut für Schadenverhütung und Schadenforschung der öffentlichen Versicherer e.V.)

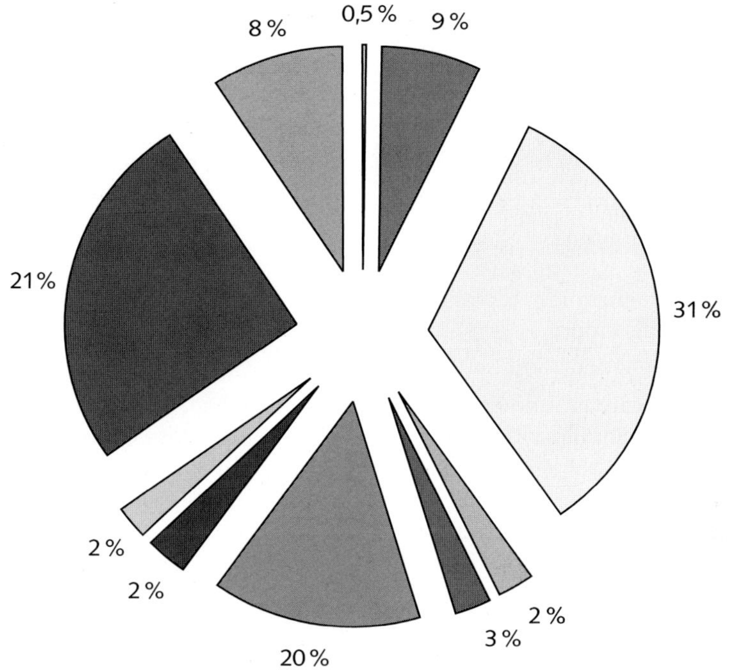

Häufige Schadenursachen 2018:

31 %	Elektrizität (insbesondere Kurzschluss)	3 %	Feuergefährliche Arbeiten
21 %	Sonstiges und unbekannt	2 %	Offenes Feuer
20 %	Menschliches Fehlverhalten	2 %	Explosion
8 %	Überhitzung	2 %	Selbstentzündung
9 %	Brandstiftung	0,5 %	Blitzschlag

Quelle: https://www.ifs-ev.org/schadenverhuetung/ursachstatistiken/brandursachenstatistik/ (10.05.2019)

Seit einigen Jahren werden im Institut für Schadenverhütung und Schadenforschung der öffentlichen Versicherer Statistiken zu den untersuchten Schadenfällen erstellt.

Im Jahre 2018 sind mehr als 1 600 Brandschäden in die Brandursachenstatistik eingegangen. Es sind dies die Schäden, mit deren Untersuchung das IFS beauftragt wurde.

Die meisten der untersuchten Schäden hatten, wie in den Jahren zuvor, eine elektrische Ursache. 31 % der Fälle wurden in diese Kategorie eingeordnet. Menschliches Fehlverhalten spielt hinsichtlich der Anzahl der Schäden mit 20 % ebenso eine große Rolle. Aber auch Brandstiftungen sind sehr häufig als Ursache zu nennen. Immerhin gehen 9 % der Fälle auf das Konto »vorsätzliche Brandstiftung«.

6 a) – Installation von Rauchmeldern (95 % der Brandtoten sind durch Rauchvergiftung gestorben). Die meisten Brände mit Todesopfern ereignen sich in der Nacht. Während des Schlafes wird Brandgeruch nicht wahrgenommen, da auch der Geruchssinn »schläft«.
- Defekte Elektrogeräte nicht mehr benutzen bzw. reparieren lassen
- Elektrogeräte bei Nichtgebrauch stromlos schalten (statt sie im Stand-by-Modus zu betreiben). Angenehmer Nebeneffekt: Stromkostenersparnis.

- Kerzen und offenes Feuer nicht unbeaufsichtigt lassen
- Funktionsfähigen Feuerlöscher vorrätig halten
- Branddecke in der Küche bereithalten, um Fettbrände zu löschen (auf keinen Fall mit Wasser löschen). Branddecken sind in Deutschland noch wenig gebräuchlich, aber z. B. in größeren Baumärkten erhältlich.
- Zündmittel von Kindern fernhalten
- Brennbares Material ist häufig Impulsgeber für eine Brandstiftung. Keller daher entrümpeln bzw. absperren, Sperrmüll oder Altpapier erst kurz vor der Abholung bereitstellen.

b)
- Ständige Kontrolle und Wartung des Wohngebäudes (Dachziegel, Dachfenster, Dachrinnen, Lichtkuppeln, Blitzableiter, Antennen, Schornsteine und -abdeckungen)
- Kontrolle des Baumbestandes
- Bei Sturmwarnung Fenster und Türen schließen, Markisen und außen angebrachte Sonnenrollos oder -lamellen einfahren, lose Gegenstände (z. B. Gartenmöbel) wegräumen.

Lernkontrollen zu D 2 — Seiten 377 – 382

Schadenanlage

1 Hausratversicherung: Ziffer 22 VHB 2016

- Unverzügliche Anzeigepflicht
- Schadenminderungs- und abwehrpflicht
- Sofortige Anzeige von ED, Vandalismus, Raub bei der zuständigen Polizeidienststelle
- Einreichung eines Verzeichnisses der abhanden gekommenen Sachen beim VR und bei der zuständigen Polizeidienststelle (sog. Stehlgutliste)
- Sperrung von abhanden gekommenen Sparbüchern und sperrfähigen Urkunden
- Einleitung eines Aufgebotsverfahrens für abhanden gekommene Wertpapiere
- Vor Freigabe durch VR möglichst keine Veränderung der Schadenstelle vornehmen
- Aufbewahrung von beschädigten Teilen für eine Besichtigung durch den VR
- Gestattung von Untersuchungen durch den VR zur Schadenursache, Schadenhöhe und Umfang der Entschädigungspflicht
- Auskunft- und Belegpflicht

Wohngebäudeversicherung: Ziffer 22 VGB 2016

- Unverzügliche Anzeigepflicht
- Schadenminderungs- und -abwehrpflicht
- Einreichung eines Verzeichnisses der abhanden gekommenen Sachen beim VR und bei der zuständigen Polizeidienststelle
- Vor Freigabe durch VR möglichst keine Veränderung der Schadenstelle vornehmen
- Aufbewahrung von beschädigten Teilen für eine Besichtigung durch den VR
- Gestattung von Untersuchungen durch den VR zur Schadenursache, Schadenhöhe und Umfang der Entschädigungspflicht
- Auskunfts- und Belegpflicht

Unfallversicherung: Ziff. 7 AUB 2017

- Unverzügliche Hinzuziehung eines Arztes
- Befolgung der Anordnungen des Arztes
- Unverzügliche Anzeigepflicht beim VR
- Wahrheitsgemäße Ausfüllung der übersandten Unfallanzeige und unverzügliche Zurücksendung
- Unverzügliche Erteilung von angeforderten sachdienlichen Auskünften
- Pflicht zur ärztlichen Untersuchung, wenn dies der VR fordert
- Entbindung der behandelnden Ärzte von der Schweigepflicht
- Anzeige eines Unfalltodes innerhalb von 48 Stunden
- Verschaffung des Rechtes zur Obduktion durch einen vom VR beauftragten Arzt

Kfz-Versicherung: E. AKB 2015

- Schriftliche Anzeigepflicht innerhalb einer Woche
- Aufklärungspflicht über Schadenumstände
- Schadenminderungspflicht
- Unverzügliche Pflicht zur Anzeige, wenn ein Ermittlungsverfahren eingeleitet oder ein Strafbefehl oder ein Bußgeldbescheid erlassen wird

Kfz-Haftpflichtversicherung: E.2 AKB 2015

- Anzeige innerhalb einer Woche, wenn der Geschädigte an den VN Ansprüche stellt
- Unverzügliche Anzeigepflicht, wenn gegen den VN ein Anspruch gerichtlich geltend gemacht wird
- Einlegung von Rechtsmitteln gegen Mahnbescheide usw., soweit die Weisung des VR zwei Tage vor Fristablauf nicht vorliegt
- Überlassung der Führung des Rechtsstreits dem VR

Kaskoversicherung: E.3 AKB 2017

- Einholung von Weisungen vor Verwertung bzw. Wiederinstandsetzung des Fahrzeugs, soweit dies billigerweise zumutbar ist
- Unverzügliche Anzeige von Entwendungs-, Brand- oder Tierschäden, die 500,00 € übersteigen, bei der Polizei

Autoschutzbrief: siehe E.4 AKB 2017

Fahrerschutz-Versicherung: siehe E.5 AKB 2017

Kfz-Umweltschadenversicherung: siehe E.6 AKB 2017

Besonderheiten bei der Leistungsermittlung

Sachversicherung: Abgrenzung Hausrat/Wohngebäude

2 a) Wohngebäudeversicherung des Vermieters, da die neue Duschabtrennung ein Surrogat darstellt.

b) Hausratversicherung des Wohnungseigentümers (da es sich um einen losen Belag auf bewohnbarem Unterboden handelt).

c) Die serienmäßig produzierten Küchenmöbel gelten als Anbauküche. Auch wenn der Vermieter sie einbringt, zählen sie zur Hausratversicherung des Mieters.

d) Die Holzdecke ist Gebäudebestandteil und in der Wohngebäudeversicherung versichert, es sei denn, der Wohnungseigentümer hat mit der Wohnungseigentümergemeinschaft vereinbart, dass er für die Holzdecke die Gefahr trägt. Für diesen Fall ist sie in der Hausratversicherung versichert (Ziff. 8.3.1 VHB 2016).

e) Die eingespannten Holzpaneele zählen zur Hausratversicherung des Wohnungseigentümers, da sie ohne Zerstörung des Untergrundes beseitigt werden können.

Sachversicherung: Zusammentreffen von Hausrat- und Wohngebäudeversicherung bei bestimmten Leitungswasserschäden

3 Da der Schaden über 1 000,00 € liegt, reguliert und entschädigt der Gebäude-VR den Schaden, obgleich beide VR von ihren VN jeweils in Anspruch genommen wurden.

Der Gebäude-VR führt mit dem Hausrat-VR anschließend einen internen Ausgleich nach § 78 Abs. 2 VVG durch. Die Berechnung eines internen Ausgleichs ist Gegenstand der Aufgabe 5 der Lernkontrollen zu D 4.

Sachversicherung: Versicherungswert und Entschädigung von Wertsachen in der Hausratversicherung

4 Vorbetrachtung:

Bargeld maximal	1 500,00 €
Schmuck, Briefmarken	8 500,00 €
	10 000,00 €
prozentuale Entschädigungsgrenze:	
20 % von 44 000,00 €	8 800,00 €
anzusetzender Schaden	**8 800,00 €**

a) Entschädigung gem. Außenversicherungsschutz max. 10 % von 44 000,00 € **4 400,00 €**

b) Entschädigung max. 20 % der VS + Vorsorge **8 800,00 €**

c) Ermittlung des anzusetzenden VW

Hausrat ohne Wertsachen	45 000,00 €
Wertsachen (20 % von 44 000,00 € VS)	8 800,00 €
anzusetzender VW	53 800,00 €

Emittlung der Unterversicherung für jede Wertsachenposition und Vergleich mit den Entschädigungsgrenzen:

$$\text{Bargeld} = \frac{1800 \cdot 44000}{53800} = 1472{,}12\ €$$ 1 472,12 €

$$\text{Schmuck, Briefmarken} = \frac{8500 \cdot 44000}{53800} =$$ 6 951,67 €

Summe	8 423,79 €
prozentuale Entsch.-Grenze (20 % von 44 000,00 €)	8 800,00 €
Entschädigt werden	**8 423,79 €**

5 a)

VS 55 000,00 € + 10 % Vorsorgebetrag	60 500,00 €
VW des Hausrates ohne Antiquitäten	60 000,00 €
+ VW Antiquitäten (20 % von 60 500)	12 100,00 €
anzusetzender VW	**72 100,00 €**

b)

Sachschaden	18 750,00 €
Aufräumungskosten	800,00 €
anzusetzender Schaden	19 550,00 €

$$E = \frac{19550 \cdot 60500}{72100} =$$ **16 404,65 €**

Kraftfahrtversicherung: Besonderheiten der Entschädigungsberechnung in der Kaskoversicherung

6 a) Wiederbeschaffungswert 15 500,00 € abzüglich 150,00 € Selbstbeteiligung. Keine Neupreisentschädigung, da das Fahrzeug älter als 12 Monate seit Erstzulassung ist (A 2.6.2 AKB 2015).

b) Nach Ablauf eines Monats (gilt nur bei Entwendung); A 2.1.4.3 AKB 2015.

7 Reparaturkosten 12 500,00 € (es liegt noch kein wirtschaftlicher Totalschaden vor) abzüglich 500,00 € Selbstbeteiligung.

Kraftfahrtversicherung: Zusammentreffen von Schadenersatzansprüchen bei Kfz-Haftpflicht- und Kaskoversicherung

8 *Abrechnung des Kfz-Haftpflichtversicherers*

Reparaturkosten	3 150,00 €
Abschleppkosten	130,00 €
Sachverständigenkosten	160,00 €
Mietwagenkosten	240,00 €
Kostenpauschale	20,00 €
	3 700,00 €
abzüglich Mithaftung 40 %	1 480,00 €
Ersatzleistung	**2 220,00 €**

Abrechnung des Kaskoversicherers

Deckungsgleiche Positionen	
Reparaturkosten	3 150,00 €
Abschleppkosten	130,00 €
Sachverständigenkosten	160,00 €
	3 440,00 €
davon 40 %	1 376,00 €
abzüglich Selbstbeteiligung	0,00 €
Ersatzleistung	**1 376,00 €**

9 *Abrechnung des Kaskoversicherers*

Reparaturkosten	3 150,00 €
Abschleppkosten	130,00 €
	3 280,00 €
abzüglich Selbstbeteiligung	300,00 €
Ersatzleistung	**2 980,00 €**

Abrechnung des Kfz-Haftpflichtversicherers

	Deckungsgleiche Positionen	Entschädigung
Reparaturkosten	3 150,00 €	
Abschleppkosten	130,00 €	
Sachverständigenkosten	160,00 €	
	3 440,00 €	
abzüglich Vollkasko-Entsch.	2 980,00 €	460,00 €
	Nicht deckungsgleiche Positionen	
Mietwagenkosten	240,00 €	
Kostenpauschale	20,00 €	
	260,00 €	
abzügl. 40 % wegen Mitverschulden	104,00 €	156,00 €
Ersatzleistung		**616,00 €**

Unfallversicherung: Vorinvalidität und Mitwirkungsanteil als Einflussfaktoren auf die Leistungshöhe

10 a) Hand: 55 %
Auge: 80 % v. 50 % = 40 %
70 % Mitw.-Ant. = 28 %
40 % – 28 % = 12 % **55 % + 12 % = 67 %**

b) 67 % von 75 000,00 € **50 250,00 €**

c) 269 % (25 % + 5 · 25 % + 7 · 17 %) von 75 000,00 € **201 750,00 €**

11 a) Bein: 40 % v. 70 % = 28 %
Arm: 30 % v. 70 % = 21 %
49 % v. 60 000,00 € **29 400,00 €**

b) Bein: 80 % v. 70 % = 56 %
– Vorinvalidität 28 % 28 %
Hand: 20 % v. 55 % = 11 %
39 % v. 60 000,00 € **23 400,00 €**

Schadenbearbeitung und -regulierung

12 »Sehr geehrter Herr Bauer, das Leitungswasser ist bestimmungswidrig ausgetreten, sodass wir Ihnen zunächst grundsätzlich bestätigen können, dass das Ereignis versichert ist.

Versicherungsschutz besteht für die in Ziff. 7 und 8 VHB 2016 genannten Sachen. Die Kosten für die Reparatur der aufgequollenen Sockel Ihrer Möbel werden ebenso ersetzt wie die Kosten für die Erneuerung der von Ihnen eingebrachten Holzdecke. Nach Ziff. 13.8 VHB 2016 sind auch die Kosten für die Reparatur der durch Leitungswasser beschädigten Tapeten und Bodenbeläge versichert. Wir gehen davon aus, dass Ihr Vermieter eine Wohngebäudeversicherung hat, die für diese Kosten ebenfalls aufkommen muss. Bei einer Schadenhöhe ab 1 000,00 € für die beschädigten Tapeten/Bodenbeläge wird dieser Schaden alleine durch den Gebäudeversicherer reguliert. Bitte veranlassen Sie Ihren Vermieter, uns seine Versicherungsgesellschaft und die Versicherungsscheinnummer mitzuteilen, damit wir uns mit der Gesellschaft in Verbindung setzen können. Für die Schadenregulierung bitten wir, die beigefügte Schadenanzeige vollständig auszufüllen und auch die Anschaffungsbelege der vom Schaden betroffenen Sachen bereitzuhalten. Unser für Ihren Wohnort zuständiger Schadenbesichtiger wird den Schaden mit Ihnen gemeinsam feststellen und die voraussichtliche Schadenhöhe ermitteln. Er ruft Sie deshalb zwecks Terminvereinbarung an.«

13 Prüfung, ob und welche Sachen in welcher Versicherung versichert sind:

Sache	Wohngebäude-versicherung	Hausrat-versicherung
Satellitenschüssel	400,00 €	
Dachziegel	125,00 €	
frei stehende Gartenlampe	nicht versichert	nicht versichert
Glas des Wintergartens	300,00 €	
Tisch im Wintergarten		170,00 €
Bodenfliese	50,00 €	nicht versichert
Fenster in Kippstellung	Quotelung wegen grober Fahrlässigkeit 225,00 €	
Gardine		Quotelung wegen grober Fahrlässigkeit 40,00 €
Wasserflecken	nicht versichert (keine unmittelbare-Sturmeinwirkung)	
Schadensumme	**1 100,00 €**	**210,00 €**

Es besteht in beiden Versicherungszweigen eine Unterversicherung.

Entschädigungsberechnung für den Wohngebäudeschaden:
1 100,00 € · 19 000,00 : 20 000,00 — 1 045,00 €

Entschädigungsberechnung für den Hausratschaden:
210,00 € · (48 000,00 + 10 %) : 60 000,00 — 184,80 €

Gesamtentschädigung — 1 229,80 €

Empfehlung, um die Unterversicherungen zukünftig zu vermeiden:

- VS 1914, die der Schadenbesichtiger festgestellt hat, für die Wohngebäudeversicherung vereinbaren.
- Vereinbarung der Klausel PK 7712 in der Hausratversicherung (VS: 105 qm · 650,00 €/qm = 68 250,00 €; ger. auf 68 300,00 €).

Lernkontrollen zu D 3 **Seiten 391 – 392**

Regress

Übergang von Ersatzansprüchen nach dem VVG

1 a) Der VR muss aus dem Krankenversicherungsvertrag 400,00 € an den VN F als Geschädigten leisten. Die Forderung des Geschädigten F an den Schädiger R geht in Höhe dieser Ersatzleistung auf den VR über. Für die nicht durch den VR gedeckten weiteren 400,00 € der Behandlungskosten behält der Geschädigte F seinen Anspruch gegenüber dem Schädiger R.
Nimmt der VR den Schädiger in Regress und leistet der Schädiger an den VR die 400,00 €, ohne zuvor den noch bestehenden Ersatzanspruch des Geschädigten gedeckt zu haben, muss der VR den erhaltenen Betrag an den Geschädigten herausgeben; denn der Regress darf nicht zum Nachteil des VN erfolgen (Differenztheorie; Quotenvorrecht des VN).

b) Soweit der Sohn den Unfall nicht vorsätzlich herbeigeführt hat, kann der VR bei Personen, die mit dem VN in häuslicher Gemeinschaft leben, keinen Regress nehmen.

Mieterregress

2 Grundsätzlich gilt zunächst, dass Frau Dahmen aufgrund der Verschuldenshaftung nach § 823 BGB für die entstandenen Schäden haftpflichtig ist.

a) Versicherungsschutz aus der Gebäudeversicherung des Vermieters:
Frau Dahmen zahlt anteilig über die Nebenkostenabrechnung die Prämie zur Gebäudeversicherung des Vermieters mit. Nach der sog. versicherungsrechtlichen Lösung der BGH-Rechtsprechung ist ein Mieter in diesem Fall bei Verursachung eines Schadens durch **einfache** Fahrlässigkeit vor dem Regress des VR geschützt.
Frau Dahmen muss also nicht befürchten, vom Gebäudeversicherer des Vermieters in Anspruch genommen zu werden. Der Gebäudeversicherer kann allerdings wohl verlangen, dass Frau Dahmen den Gebäudeschaden ihrer Haftpflichtversicherung meldet, damit diese eintritt.
Im Rahmen des Teilungsabkommen »Mieterregress« beteiligt sich die Privat-Haftpflichtversicherung von Frau Dahmen mit 50 % am Gebäudeschaden.

Versicherungsschutz aus der Hausratversicherung von Frau Dahmen:
Die Hausratversicherung muss die Schäden an der Wohnungseinrichtung von Frau Dahmen ersetzen.

Schäden der übrigen Mieter:
Die Mieter können ihre Schäden von ihrer Hausratversicherung ersetzt verlangen, soweit eine solche besteht.
Die jeweilige Hausratversicherung wird dann wiederum Regress bei Frau Dahmen bis zur Höhe des Zeitwertschadens nach § 86 VVG nehmen. Da Frau Dahmen eine Haftpflichtversicherung hat, wird diese letztlich die Regressansprüche begleichen.
Für den Schaden des nicht hausratversicherten Mieters über 900,00 € wird Frau Dahmen nur bis zum Zeitwert einstehen müssen, diesen aber an ihre Haftpflichtversicherung zur Begleichung weiterreichen.

b) Versicherungsschutz aus der Gebäudeversicherung des Vermieters:
Frau Dahmen ist von Ersatzansprüchen nach der sog. versicherungsrechtlichen Lösung der BGH-Rechtsprechung nicht vollständig befreit, da keine einfache

sondern **grobe** Fahrlässigkeit gegeben ist. Das Teilungsabkommen »Mieterregress« kommt auch nicht zum Tragen, wenn Frau Dahmen keine Privat-Haftpflichtversicherung hat.

Der Gebäudeversicherer des Vermieters kann also nach § 86 VVG bei Frau Dahmen Regress nehmen. Die Höhe des Regresses bestimmt sich nach dem Grad des Verschuldens von Frau Dahmen (Quotelung). Basis für den Regressanspruch ist allerdings nur der Zeitwertschaden.

Versicherungsschutz aus der Hausratversicherung von Frau Dahmen:
Es gilt das zu a) Gesagte.

Schäden der übrigen Mieter:
Frau Dahmen wird bei fehlender eigener Privat-Haftpflichtversicherung in jedem Falle für die Schäden der Mieter bis zum Zeitwert einstehen müssen, sei es direkt, wie bei dem nicht hausratversicherten Mieter oder über den Umweg des Regresses der Hausratversicherungen, die den Schaden begleichen.
Die Quotelung kommt nicht zum Tragen, da Frau Dahmen keinerlei Versicherungsansprüche aus den Hausratversicherungen der übrigen Mieter hat.

Feuerhaftungsversicherung

3
- Auf dem Versicherungsgrundstück des VN ist ein nach den AFB versichertes Schadenereignis eingetreten.
- Infolge dieses Schadenereignisses sind die Sachen eines Dritten zerstört oder beschädigt worden oder abhanden gekommen.
- Der VN wird aufgrund gesetzlicher Haftpflichtbestimmungen privatrechtlichen Inhalts von dem Dritten in Anspruch genommen.

Regress in der Kfz-Versicherung

4 Der VR ist dem VN gegenüber wegen der vorsätzlichen Verletzung einer Obliegenheit vor Eintritt des Versicherungsfalles (Verletzung einer Pflicht beim Gebrauch des Fahrzeuges) leistungsfrei (E 7.1 AKB 2015). Bei grob fahrlässiger Obliegenheitsverletzung durch den VN ist der VR berechtigt, die Leistung nach dem Grad des Verschuldens zu kürzen (sog. Quotelung). Die Leistungspflicht bleibt bestehen, soweit keine Kausalität gegeben ist (E 7.2 AKB 2015). Gegen den Mieter als mitversicherte Person kann kein Rückgriff für an den Geschädigten erbrachte Leistungen genommen werden, da die Umstände für die Leistungsfreiheit nicht in seiner Person liegen (F 3 AKB 2015).

Lernkontrollen zu D 4	**Seiten 396–397**

Haftung bei Mehrfachversicherung

1 Die Wohngebäudeversicherung über 30 000 M VS bei der Proximus Versicherung ist mit dem Tode des Erblassers im Rahmen der Erbfolge auf die Erben übergegangen. Die Erben sind zur Vertragsfortsetzung verpflichtet und haben kein außerordentliches Kündigungsrecht.

Das ordentliche Kündigungsrecht können sie zum Ende des laufenden 4. Versicherungsjahres wahrnehmen, da der Vertrag bei der Südstern über eine 3-jährige Dauer abgeschlossen wurde und die 3 Jahre vergangen sind.
Durch den Abschluss einer Wohngebäudeversicherung bei der Proximus Versicherung ist eine unbewusste Mehrfachversicherung entstanden. Die Erbengemeinschaft als VN kann deshalb die in § 79 (1) VVG dargestellte Vorgehensweise von der Proximus Versicherung verlangen. Im Beispielsfall kann sie verlangen, dass der bei der Proximus geschlossene Vertrag unter entsprechender Prämienreduzierung mit sofortiger Wirkung auf den Teilbetrag herabgesetzt wird, der durch den Vertrag bei der Proximus Versicherung nicht gedeckt ist, also auf 10 000 M VS 1914. Die Herabsetzung der VS wird zu dem Zeitpunkt wirksam, zu dem die Erklärung dem VR zugeht.

2 a) VR A: 750 000 · 1 250 000 : 1 500 000 **= 625 000,00 €**

VR B: 750 000 · 1 000 000 : 1 500 000 **= 500 000,00 €**

b) VR B an VN: 750 000 – 625 000 **= 125 000,00 €**

Verteilung im Innenverhältnis nach Maßgabe des Vertrages:

Verteilungsgrundlage	Vt-Schlüssel	Schadenanteil
VR A 625 000	5	416 666,67 €
VR B 500 000	4	333 333,33 €
	9	750 000,00 €

VR B an VR A: 333 333,33 – 125 000,00 **= 208 333,33 €**

3 a) Versicherer A

gesamtschuldn.: 275 000 · 500 000 : 800 000 **= 171 875,00 €**

b) Versicherer B
gesamtschuldn.: 275 000 · 600 000 : 800 000 **= 206 250,00 €**

c) Verteilung im Innenverhältnis nach Maßgabe des Vertrages

Verteilungsgrundlage	Vt-Schlüssel	Schadenanteil
VR A 171 875 bzw. 500 000	5	125 000,00 €
VR B 206 250 bzw. 600 000	6	150 000,00 €
	11	275 000,00 €

VR B an VN: 275 000 Schaden
– 171 875 ges. Haftung von A **= 103 125,00 €**

VR B an VR A: 171 875 (gezahlt durch VR A)
– 125 000 (zu zahlen durch A) **= 46 875,00 €**

4 a) 50 % von 840,00 € = **420,00 €**

b) 840 – 420 = **420,00 €**

c) Verteilung im Innenverhältnis nach Maßgabe des Vertrages:
A müsste 420,00 € und B 840,00 € ohne Doppelversicherung zahlen.

Verteilungsgrundlage		Vt-Schlüssel	Schadenanteil
VR A	420	1	280,00 €
VR B	840	2	560,00 €
		3	840,00 €

VR B muss 120,00 € an VR A zum Ausgleich zahlen.

Abrechnung gem. § 78 Abs. 2 VVG beim Zusammentreffen von Hausrat- und Wohngebäudeversicherung wegen versicherter Nässeschäden

5 a) Der Gebäude-VR hätte vertragsmäßig ohne Bestehen der anderen Versicherung 4 300,00 € – Selbstbehalt des VN 500,00 € = 3 800,00 € zu entschädigen.

Der Hausrat-VR hätte vertragsmäßig ohne Bestehen der anderen Versicherung 4 300,00 € – 860,00 € (20 % Unterversicherung) = 3 440,00 € zu entschädigen.

b) Vorbemerkung: Die Unterversicherung beim Mieter und dere Selbstbehalt beim Vermieter kommen aufgrund der Mehrfachen Versicherung für diesen speziellen Schadensfall nicht zum Tragen, sodass der gesamte Schaden ersetzt wird.

Der Wohngebäude-VR zahlt 3 800,00 € an den Vermieter (Vertragspartner der Wohngebäudeversicherung) und der Hausrat-VR 500,00 € an den Mieter (Vertragspartner der Hausratversicherung).

Denkbar ist auch, dass der Mieter seine Ersatzansprüche aus der Hausratversicherung an den Vermieter abtritt, sofern dieser allein die Reparatur veranlasst. Ansonsten müssen sich Vermieter und Mieter wegen der verauslagten Reparaturkosten untereinander ausgleichen.

c) Abrechnung des Schadens von 4 300,00 € im Innenverhältnis gem. § 78 (2) VVG:

VR	Verteilungs- grundlage	Verteilungs- schlüssel	Schaden- anteil
Wohngebäude-VR	3 800,00 €	95	2 256,91 €
Hausrat-VR	3 440,00 €	86	2 043,09 €

d) Der Hausrat-VR muss noch 2 043,09 € – 500,00 € = 1 543,09 € an den Wohngebäude-VR zahlen.

Probe: 3 800,00 € – 1 543,09 € = 2 256,91 € Schadenanteil des Wohngebäude-VR

Lernkontrollen zu D 5 **Seiten 407 – 408**

Mitversicherung

1 a)

VR	Anteil	VS €	Prämie o. VersSt	VersSt	Prämie m. VersSt
A	25 %	975 000,00	2 242,50	426,08	2 668,58
B	18 %	702 000,00	1 614,60	306,77	1 921,37
C	12 %	468 000,00	1 076,40	204,52	1 280,92
D	40 %	1 560 000,00	3 588,00	681,72	4 269,72
E	5 %	195 000,00	488,50	85,22	533,72
		3 900 000,00	**8 970,00**	**1 704,31**	**10 674,31**

b) Provisionsanspruch Makler: 3 % von 8 970,00 € = **269,10 €**
Anspruch jeder beteiligten Gesellschaft:
Prämienanteil
– 2,1 % Führ.-Provision (vom Prämienanteil o. VersSt)
– 3,0 % Maklerprovision (vom Prämienanteil o. VersSt)

A 5,1 % v. 2 242,50 = **2 464,53 €**
B 5,1 % v. 1 614,60 = **1 774,46 €**
C 5,1 % v. 1 076,40 = **1 183,00 €**
D –
E 5,1 % v. 448,50 = **492,93 €**

c) $\frac{780\,000 \cdot 3\,900\,000}{4\,500\,000} = 676\,000{,}00$ €

A 25 % = **169 000,00 €**
B 18 % = **121 680,00 €**
C 12 % = **81 120,00 €**
D 40 % = **270 400,00 €**
E 5 % = **33 800,00 €**

Rückversicherung

2 Die Rückversicherung ist die Versicherung des vom VU (Erst-VR) übernommenen Risikos. Dabei nimmt der Erst-VR beim Rück-VR insbesondere für solche Risiken Rückdeckung, die wegen ihrer Größe und Gefährlichkeit die finanzielle und wirtschaftliche Leistungsfähigkeit des Erst-VR übersteigen würden.
Durch Rückversicherung ist es dem Erst-VR möglich, auch solche Risiken zu zeichnen, die wegen ihrer Größe und Gefährlichkeit den Betrag sonst übersteigen würden, den er nach seiner finanziellen und wirtschaftlichen Leistungsfähigkeit tragen kann.

3 Bei der Mitversicherung bestehen Rechtsbeziehungen zwischen jedem VR und VN, bei der Rückversicherung nur zwischen Erst-VR und VN. Bei Eintritt eines Versicherungsfalles ist also nur der Erst-VR gegenüber dem VN leistungspflichtig, bei der Mitversicherung erwirbt der VN dagegen unmittelbare Ansprüche gegenüber jedem Mitversicherer.

Summenrückversicherung

4 a)

	Prämie	Schaden
Erst-VR	300,30 €	25 190,00 €
Rück-VR	245,70 €	20 610,00 €
	546,00 €	45 800,00 €

b)

	Beitrag	Schaden
Erst-VR	219,30 €	3822,50 €
Rück-VR	179,40 €	3127,50 €
	398,70 €	6950,00 €

c)

Erst-VR	71,20 €	43681,00 €
Rück-VR	58,20 €	35739,00 €
	129,40 €	79420,00 €

5 Zeichnungsgrenze des Erst-VR: 5250000,00 €

		VS	Anteil	Schaden
a)	Erst-VR	75000,00 €	3	55800,00 €
	Rück-VR	275000,00 €	11	204600,00 €
		350000,00 €	14	260400,00 €
b)	Erst-VR	60000,00 €		27600,00 €
	Rück-VR	– €		– €
		60000,00 €		27600,00 €
c)	Erst-VR	120000,00 €	4	101200,00 €
	Rück-VR	450000,00 €	15	379500,00 €
		570000,00 €	19	480700,00 €

6 a) Selbstbehalt 40000 + 6 Maxima (= 240000) = **280000,00 €**

b) 12,5 % Beteiligung ≙ 280000,00 € Deckung
100,0 % ≙ Gesamtrisiko **2240000,00 €**

c) 12,5 % von 900000,00 € = **112500,00 €**

d)

	Anteil	Schadenbeteiligung
Erst-VR	1	16071,43 €
Rück-VR	6	96428,57 €
	7	112500,00 €

7 a) Quotenexcedentenvertrag:
Selbstbehalt 60000 + 5 facher Excedent = 360000,00 €
360000 entspricht 80 %; 100 % = **450000,00 €**

b)

Quotenaufteilung	Quote 80 %	Quote 20 %
VS 320000,00:	Erst-VR 256000,00 €	Rück-VR 64000,00 €
Selbstbehalt und Excedent		
VS 256000,00:	Erst-VR **60000,00 €**	Rück-VR 196000,00 €
		260000,00 €

c) Schaden 96000,00 €

	Summenanteil	Anteil	Schaden
Erst-VR	60000,00 €	3	18000,00 €
Rück-VR	260000,00 €	13	78000,00 €
	320000,00 €	16	96000,00 €

Schadenrückversicherung

8	a) Schadendeckung 600 000,00 €	30 %	≙	600 000,00 €
		100 %	≙	**2 000 000,00 €**
	b) Schadenexcedent 200 000 – 10 % (= 20 000) =			**180 000,00 €**
9	Schadendeckung 450 000,00 €;	40 %	≙	450 000,00 €
		100 %	≙	1 125 000,00 €
				1 125 000 € von 4,5 Mio. € = **25 %**

10 Priorität 75 % von 120 570 000,00 € = 90 427 500,00 €
Excedent 45 % von 120 570 000,00 € = 54 256 500,00 €
144 684 000,00 €

a) 185,430 Mio. – 144,684 Mio. = 40,746 Mio. nicht gedeckt durch RV
144 684 000 – 90 427 500 = **54 256 500,00 €**, die Rück-VR zahlen muss.

b) 114 310 780 – 90 427 500 = **23 883 280,00 €**

c) 152,684 Mio. – 144,684 Mio. = 8 Mio. nicht gedeckt durch RV
14 4684 000 – 90 427 500 = **54 256 500,00 €**, die Rück-VR zahlen muss.

Sonderformen

11 Die Maßnahme des Rück-VR durch Abgabe von Teilen des von ihm übernommenen Rückversicherungsgeschäfts an einen dritten VR (Rück-VR), um sein Wagnis zu begrenzen und auszugleichen.

12 Zusammenschluss mehrerer VU (Erst- und Rück-VR) zur gemeinsamen Deckung großer und risikoreicher Versicherungszweige oder Wagnisse (z. B. Deutsche Kernreaktor-Versicherungsgemeinschaft, Pharma-Rückversicherungsgemeinschaft). Der VN kontrahiert hier nur mit einem VR, der das Risiko dann nach Maßgabe des Poolvertrages in den Pool einbringt. Jedes Poolmitglied ist mit einer bestimmten Quote beteiligt. Die Prämien werden abzüglich einer Einbringungsprovision an den Pool abgeführt, der auch die Schadenregulierung durchführt. Überschüsse und Verluste verteilen sich auf die Mitglieder entsprechend ihrer Quote.

E Finanzprodukte

Lernkontrollen zu E 2	Seiten 464–466

Kontokorrentkonten

1 Ein Kontokorrentkonto ist notwendig für die Teilnahme am bargeldlosen Zahlungsverkehr (z. B. Gutschrift von Gehalt, Rente oder Sozialleistungen, Einzug von Miete, Versicherungsbeiträgen, Strom, Gas, Wasser, Kartenzahlungen). Es bietet außerdem Schutz vor Verlust und Diebstahl, da weniger Bargeld benötigt wird. Sofern ein Dispositionskredit eingeräumt ist, kann man durch das Kontokorrentkonto flexibler verfügen und finanzielle Engpässe durch kurzfristige Kreditnutzung überbrücken.

2 Die Bank ist zum einen gesetzlich dazu verpflichtet, z. B. durch das Geldwäschegesetz und die Abgabenordnung, damit Steuerhinterziehung sowie kriminelle Aktivitäten erschwert werden. Auch die devisen- und steuerrechtliche Stellung des Kontoinhabers kann anhand einer Identifizierung vorgenommen werden.

Die Bank hat aber auch ein Eigeninteresse an der Identitätsfeststellung, um einerseits die Geschäftsfähigkeit zu überprüfen und um sich andererseits vor betrügerischen Aktivitäten zu schützen.

3 amtlicher Lichtbildausweis (Personalausweis oder Reisepass mit aktueller Meldebescheinigung), bei Minderjährigen: Geburtsurkunde, Kinderausweis.

4 Das Kreditinstitut muss den Kunden ausdrücklich auf die AGB als Vertragsbestandteil des Kontovertrags hinweisen.
Der Kunde muss die AGB in zumutbarer Weise zur Kenntnis nehmen können.
Der Kunde muss die AGB durch eine Unterschrift auf dem Kontovertrag anerkennen.

SCHUFA

5 aus Sicht der Bank: Entscheidungshilfe bei Vertragsabschlüssen, da die SCHUFA Informationen über die Zahlungsfähigkeit des Kunden liefert

aus Sicht der Kunden: Schutz vor Überschuldung

6 Das Gegenseitigkeitsprinzip sagt aus, dass nur die Vertragsunternehmen der SCHUFA Informationen von der SCHUFA erhalten, wenn sie selbst auch Informationen an die SCHUFA liefern.

7 Der Scoring-Wert ist ein Wahrscheinlichkeitswert, der anhand der bei der SCHUFA gespeicherten Daten errechnet wird. Er gibt die Wahrscheinlichkeit dafür an, dass der Kunde in Zukunft seine Zahlungsverpflichtungen erfüllen kann.

Grundlagen zum Zahlungsverkehr

8
- einheitliche Zahlungsverkehrsvordrucke (z. B. Format, Farbe, Aufteilung der Felder),
- Zahlungsverkehrsabkommen zwischen den beteiligten Banken,
- Gironetze zur Abwicklung der Zahlungen zwischen verschiedenen Banken bzw. Clearingstellen für Banken ohne Zugang zu den Gironetzen,
- SEPA mit IBAN und BIC im Euro-Raum

Überweisungen

9 Eine normale Überweisung wird einmalig erteilt, z. B. um eine Rechnung zu bezahlen.

Ein Dauerauftrag ist eine regelmäßig wiederkehrende Überweisung in gleicher Höhe (z. B. zum Bezahlen der monatlichen Miete). Der Auftrag muss nur einmalig unter Angabe von Ausführungsrhythmus und Betrag erteilt werden.

10 Zugang beim ausführenden Kreditinstitut (Süddeutsche Handelsbank): Freitag, 09.08.2019 (da die Überweisung nach der Cut-off-Zeit abgegeben wurde)
Samstag, 10.08.2019 und Sonntag, 11.08.2019 sind keine Geschäftstage

Montag, 12.08.2019 = erster Geschäftstag nach Eingang

Dienstag, 13.08.2019 = zweiter (übernächster) Geschäftstag nach Eingang

Spätestens am Dienstag, 13.08.2019 muss der Geldeingang bei der Bank von Frieda Müller erfolgen.

11
- mangelnde Kontodeckung,
- keine Unterschrift auf dem Überweisungsbeleg bzw. mangelnde Autorisierung im Onlinebanking,
- fehlende bzw. offensichtlich falsche Angaben auf dem Überweisungsauftrag (z. B. falsche IBAN)

Lastschriften

12 a) Zahlungspflichtiger:
- muss keine Zahlung veranlassen
- kann Fristen nicht versäumen
- kann Zahlung durch Widerspruch rückgängig machen
- spart eventuell Gebühren (z. B. für Überweisungen)

Zahlungsempfänger:
- kann den Zahlungstermin selbst bestimmen
- bessere Planung der Zahlungseingänge
- Entlastung des Forderungsmanagements
- kostengünstig

b) Voraussetzungen für den Einzug von SEPA-Basis-Lastschriften:
- Zahlungsempfänger hat mit seiner Bank eine Inkassovereinbarung getroffen
- Frau Meier muss die Sonderbedingungen für Zahlungen mittels Lastschrift bei ihrer Bank anerkennen
- Frau Meier muss der Versicherungsgesellschaft ein SEPA-Basis-Lastschrift-mandat erteilen

c) Ein Zahlungsavis (oder auch Pre-Notification) ist die Vorankündigung der bevorstehenden Abbuchung durch den Zahlungsempfänger. Sie muss spätestens 14 Tage vor dem Fälligkeitstermin erfolgen. Der Zahlungspflichtige kann sich somit auf die Belastung einstellen und dafür sorgen, dass sein Konto eine ausreichende Deckung aufweist. Für den Zahlungsempfänger besteht der Vorteil darin, dass die Wahrscheinlichkeit sinkt, dass die Lastschrift mangels Deckung nicht eingelöst wird.

d) Wenn Frau Meier trotz Zahlungsavis nicht genügend Geld oder Kreditrahmen auf dem Konto zur Verfügung hat, kann ihre Bank die Lastschrift noch bis zu 5 Arbeitstage nach der Fälligkeit zurückgeben.

Frau Meier könnte außerdem bis zu acht Wochen nach der Belastung der Lastschrift widersprechen, auch ohne Angabe von Gründen.

Kartenzahlungen

13

Electronic-Cash-Verfahren	SEPA-ELV-Verfahren
– Zahlung erfolgt online mittels Eingabe der PIN – Online-Autorisierungsanfrage – Händler erhält eine Zahlungsgarantie – teures Verfahren für den Händler	– Zahlung erfolgt offline durch Erteilung eines Lastschriftmandats mittels Unterschrift – Händler hat keine Zahlungsgarantie – günstiges Verfahren für den Händler

14 – Karte sofort nach Erhalt unterschreiben,
- PIN und Karte getrennt voneinander aufbewahren (am besten: PIN nach Erhalt vernichten),
- unverzügliche Meldung bei Verlust bzw. Diebstahl der Karte

15 Die Charge Card ist in der Bankenpraxis die häufigste Art der Kreditkarte. Die Umsätze eines Monats werden hierbei gesammelt und einmal monatlich dem Verrechnungskonto (meistens Girokonto des Kunden) belastet.

16 a) Falsch. Herr Weise trägt das Risiko bei Verlust oder Missbrauch seiner Bankkarte sogar in vollem Umfang, sofern er grob fahrlässig gehandelt hat.

b) Falsch, der Rechnungsbetrag wird dem Konto zeitnah (spätestens nach ein paar Tagen) belastet.

c) Falsch, da beim Electronic-Cash-Verfahren die PIN erforderlich ist. Er kann nur noch mittels SEPA-ELV-Verfahren bezahlen.

d) Richtig.

Online Banking

17 Vorteile:

- bequem und zeitsparend für den Nutzer, da man nicht zur Bank gehen muss
- Unabhängigkeit von den Öffnungszeiten der Bank
- Kostenersparnis aus Sicht der Bank (weniger Mitarbeiter, weniger Zeitaufwand)

Gefahren des Online Bankings:

- Phishing (Verschaffung von Zugangsdaten zu fremden Konten, z. B. durch Mails)
- Trojaner (Schadsoftware, die Zahlungsvorgänge manipuliert)
- Sicherheitslücken durch nicht ausreichend verschlüsseltes WLAN oder in Banking Apps sowie unzureichend geschützte Smartphones bzw. Tablets

Geldwäschegesetz

18 Die Bestimmungen nach dem Geldwäschegesetz dienen dazu, die Banken bei der Bekämpfung von organisierter Kriminalität und Terrorismus in die Pflicht zu nehmen. Die Verantwortung der Banken liegt hierbei in der Überwachung von finanziellen Transaktionen, um die Finanzierung von kriminellen und terroristischen Aktivitäten zu vermeiden und aufzudecken.

19 »Smurfing« bezeichnet das Verteilen einer größeren finanziellen Transaktion auf mehrere kleine Vorgänge, um die illegale Herkunft zu verschleiern bzw. die Überwachungssysteme der Banken zu umgehen.

Lernkontrollen zu E 3 **Seiten 471–472**

Anlage auf Konten

1 Bei beiden Konten handelt es sich um täglich fällige Einlagen. Unterschiede sind jedoch:

- Das Kontokorrentkonto ist für den Zahlungsverkehr geeignet, das Tagesgeldkonto hingegen nicht.
- Verfügungen sind auf dem Kontokorrentkonto z. B. durch Barauszahlung an der Kasse oder am Geldautomaten oder per Kartenzahlung möglich. Beim Tagesgeldkonto muss das Geld zuvor auf ein Referenzkonto übertragen werden. Bar- und Kartenverfügungen sind nicht möglich.
- Das Kontokorrentkonto kann (sofern ein Dispositionskredit eingeräumt wurde) auch debitorisch geführt werden. Ein Tagesgeldkonto funktioniert nur auf Guthabenbasis.
- Für das Kontokorrentkonto fällt im Regelfall eine Kontoführungsgebühr an. Tagesgeldkonten sind kostenlos.

2 Wenn bei Abschluss eines Festgeldes die automatische Prolongation, also Verlängerung, vereinbart wurde, wird das Festgeld bei Fälligkeit automatisch um die gleiche Laufzeit verlängert, wenn der Kunde bis zur Fälligkeit keine andere Weisung erteilt. Dabei können die Zinsen auf dem Festgeldkonto verbleiben und mit verzinst werden oder die Zinsen werden bei Fälligkeit ausgezahlt und nur der Ursprungsbetrag verlängert. Bei Verlängerung des Festgeldes gilt für den nächsten Anlagezeitraum immer der aktuelle Zinssatz zum Zeitpunkt der Verlängerung.

3 a) Die Bank kann diese Gelder nicht als Spareinlage nach RechKredV annehmen, da Spareinlagen nicht für den Zahlungsverkehr geeignet sind.

b) Auch dieses Geld kann nicht als Spareinlage angenommen werden, da es nicht unbefristet ist. Herr Hennig möchte für einen festen Zeitraum anlegen. Zudem wäre auch die Kündigungsfrist von mindestens 3 Monaten in diesem Zeitraum nicht einhaltbar.

c) Die Wohnungsbau GmbH ist eine Kapitalgesellschaft. Sie ist auch weder gemeinnützig noch kirchlich und es handelt sich auch nicht um Mietkautionen. Somit ist die Annahme der Gelder als Spareinlage nicht möglich, da Spareinlagen nicht von Kapitalgesellschaften angenommen werden dürfen, sofern die genannten Ausnahmen nicht vorliegen.

d) Das monatliche Sparen ist bei Spareinlagen möglich. Ein Dauerauftrag auf das Sparkonto ist möglich und gilt nicht als Zahlungsverkehr. Umgekehrt ist ein Dauerauftrag vom Sparkonto nicht möglich.

e) Der Deutsche Caritasverband ist ein Unternehmen, aber mit gemeinnützigem Zweck. Deshalb darf die Bank in diesem Ausnahmefall die Gelder als Spareinlage annehmen.

4 a) progressive Postenmethode = Zinsen werden bis zum Jahresende im Voraus berechnet

25.03.–31.12. = 6 Tage + 9 Monate = 276 Tage

Zinsen (Z) = 10 500,00 € · 0,10 · 276 : 36 000 = 8,05 €

b) Zinskorrektur vom 04.08. bis 31.12. = 27 Tage + 4 Monate = 147 Tage

Zinsen (Z) = 3 800,00 € · 0,10 · 147 : 36 000 = 1,55 €

c) Es fallen Vorschusszinsen für 1 800,00 € an, da 2 000,00 € pro Kalendermonat vorschusszinsfrei verfügt werden können.

Der Zinssatz muss durch 4 geteilt werden, da die Vorschusszinsen ¼ des Habenzinssatzes betragen, d. h. 0,10 : 4 = 0,025 %

Zinsen (Z) = 1 800,00 € · 0,025 · 90 : 36 000 = 0,11 €

5 a) 28.02 Kündigung, 01.03 Kündigung wird wirksam, ab 01.06. ist der Betrag für einen Monat verfügbar, d. h. bis zum Ablauf des 30.06.

Herr Siegert ist somit in der Verfügungsfrist und die Bank kann den Wunsch des Kunden uneingeschränkt erfüllen.

b) Insgesamt möchte Frau Baumert 2 300,00 € abheben. Sie hat Anspruch auf eine Auszahlung in Höhe von insgesamt 2 345,91. Die Bank muss den Wunsch der Kundin auf Auszahlung von 1 200,00 € demnach voll erfüllen.

c) 24.03. Kündigung, 25.03. Kündigung wird wirksam,

ab 25.06. ist der Betrag für einen Monat verfügbar, d. h. bis zum Ablauf des 24.07.

Max Weber ist somit zu spät, da am 10.08. die Verfügungsfrist bereits abgelaufen ist. Er könnte 2 000,00 € sofort abheben und den Restbetrag ab dem 01.09. abheben. Somit erhält er den gewünschten Betrag schneller, als wenn er erneut kündigen würde.

6 Die drei Bestandteile des Magischen Dreiecks der Geldanlage sind: Rentabilität, Verfügbarkeit und Sicherheit.

Ein häufiger Zielkonflikt besteht zwischen der Sicherheit und der Rentabilität einer Geldanlage. Eine sichere Geldanlage ist oft nicht so rentabel, eine rentable Anlageform ist häufig mit einem höheren Risiko verbunden. Ein gutes Beispiel dafür sind Aktien.

7

	Kontokorrent-konten	**Tagesgeld-konten**	**Festgelder**	**Spareinlagen**
Sicherheit	sehr hoch	sehr hoch	sehr hoch	sehr hoch
Rentabilität	sehr gering	gering	je länger die Laufzeit, desto höher	gering
Verfügbarkeit	sehr hoch	sehr hoch	gering bis sehr gering	hoch

Anmerkung zur Tabelle:

Bei Festgeldern ist die Einschätzung stark von der Laufzeit abhängig. Je länger die Laufzeit, desto rentabler ist das Festgeld. Allerdings ist bei längerer Laufzeit die Verfügbarkeit nicht mehr gegeben.

Lernkontrollen zu E 4.1 und E 4.2	Seite 482

Seite 482

Grundlagen zu Wertpapieren

1 **Einzelurkunden:** Es gibt für jede Einheit der gewählten Stückelung (z. B. für jede einzelne Aktie) eine separate Urkunde in Papierform. Der Anleger erhält diese Urkunde als Nachweis für den Rechtsanspruch aus dem Wertpapier. Er benötigt die Urkunde, um seine Ansprüche geltend zu machen.

Sammelurkunden: Die Rechte mehrerer Anleger werden in einer Urkunde zusammengefasst und zentral durch eine Wertpapiersammelbank verwahrt (Clearstream Banking AG). Der Anleger hat ein Depotkonto bei einer Bank, auf dem seine Ansprüche elektronisch verbucht werden. Er benötigt zur Geltendmachung seiner Ansprüche die Urkunde nicht in körperlicher Form.

2 **Wertrechte** verzichten ganz und gar auf eine Urkunde. Sie sind derzeit nur für Anleihen zugelassen und werden nur bei Bundeswertpapieren eingesetzt. Die Ansprüche des Anlegers werden elektronisch in seinem Depotkonto verbucht und zusätzlich in einem Schuldbuch verzeichnet (z. B. Schuldbuch des Bundes).

Schuldverschreibungen

3 Der Emittent der Anleihe ist die Deutsche Lufthansa AG.

Man kann die Anleihe in Stückelungen á 1 000,00 € erwerben und muss pro 1 000,00 € einen Preis von 1 023,00 € bezahlen (Emissionskurs = Ausgabepreis, hier 102,3 % bezogen auf den Nennwert).

Am 15.09.2026 erhält der Anleger jeweils 1 000,00 € pro Anleihe zurück (Rückzahlung erfolgt zum Nennwert). Gesamtfällig heißt, dass alle Anleihen durch den Emittenten zum Fälligkeitstermin insgesamt zurückgezahlt werden.

Während der Laufzeit erhält der Anleger jeweils am 15.09. nachträglich die jährlichen Zinsen in Höhe von 32,65 € pro Anleihe mit einem Nennwert von 1 000,00 €, da die Nominalverzinsung 3,265 % p. a. beträgt und sich auf den Nennwert bezieht.

Die Lufthansa AG kann ab dem 15.09.2023 die Anleihe vorzeitig kündigen, also zurückzahlen. Der Anleger hat bei Kündigung keinen Anspruch mehr auf die Zinsen, die in der Restlaufzeit noch angefallen wären.

4 Die Nominalverzinsung ist sehr stark abhängig von der Bonität des Emittenten. Hat ein Emittent eine nicht so gute Bonität, so muss er im Vergleich zu anderen Emittenten mit besserer Bonität einen höheren Zinssatz bieten, damit die Anleger bereit sind, ihm das Geld zu leihen. Deshalb gilt: je schlechter die Bonität (bei Emission), desto höher ist der Nominalzins einer Anleihe.

5 drei Risikofaktoren:

- lange Restlaufzeit
- niedriger Nominalzins
- fester Zinssatz

6 Die Verzinsung ist bei beiden im Regelfall fest und die Zinsen werden jährlich nachträglich ausgezahlt. Beide Anleihen sind börsengehandelt und können mit jedem Nennbetrag erworben werden. Lediglich die Laufzeit unterscheidet sich: Bundesanleihen laufen 10 oder 30 Jahre, Bundesobligationen ca. 5 Jahre.

7 Sie erklären Ihrem Kunden Herrn Busch, dass Argentinien aufgrund des schlechten Ratings diesen hohen Nominalzins zahlen muss, damit Anleger überhaupt bereit sind, diese Anleihen zu kaufen. Es besteht ein erhöhtes Bonitäts- bzw. Emittentenrisiko, z. B. Ausfall der Zinszahlungen, Ausfall der Rückzahlung, Zwangsverlängerung bei Fälligkeit der Anleihe. Da die Anleihe auf USD lautet, besteht außerdem ein Währungsrisiko, d. h. der Wechselkurs USD zu Euro kann sich zu Ungunsten von Herrn Busch verändern.

8 Die vier Arten von Pfandbriefen sind:
- Hypothekenpfandbriefe
- Schiffspfandbriefe
- Flugzeugpfandbriefe
- öffentliche Pfandbriefe

9 Pfandbriefe sind gesetzlich mit bestimmten Sicherheitsmerkmalen ausgestattet. Diese sind:
- Deckungskongruenz, d. h. dass die Verbindlichkeiten aus Pfandbriefen jederzeit durch die Vermögenswerte, die der Absicherung dienen, gedeckt sein müssen.
- Deckungsregister: Hier werden die Vermögenswerte, die der Absicherung dienen, eingetragen und die Deckung durch einen Treuhänder der BaFin überwacht.
- Insolvenzvorrecht: Im Insolvenzfall fallen die zur Absicherung dienenden Vermögenswerte nicht in die Insolvenzmasse. Stattdessen werden diese vorrangig zur Befriedigung der Ansprüche der Pfandbriefgläubiger verwendet.

Lernkontrollen zu E 4.3 Seite 489

Arten von Aktien

1 Nennwertaktie: Aktie, auf der der Nennwert abgedruckt ist (mind. 1,00 € oder ein Vielfaches davon), d. h. der Anteil, mit dem der Aktionär am Grundkapital seiner AG beteiligt ist.

Stückaktie: Sie weist keinen Nennwert auf der Urkunde aus. Ihr Anteil am Grundkapital bestimmt sich lediglich nach der Zahl der ausgegebenen Aktien. Alle Stückaktien verkörpern denselben Anteil an der AG.

2
- Recht auf Teilnahme an der Hauptversammlung
- Recht auf Gewinnbeteiligung
- Recht auf Anteil am Liquidationserlös
- Bezugsrecht
- Auskunftsrecht
- Stimmrecht in der Hauptversammlung

3 Vorzugsaktien gewähren ihrem Besitzer bestimmte Vorteile gegenüber Stammaktionären in Bezug auf die Aktionärsrechte. In Deutschland sind kumulative, stimmrechtslose Vorzugsaktien üblich, d. h. der Aktionär erhält Vorteile in Bezug auf die Gewinnbeteiligung (z. B. höhere Dividende, Nachzahlungsanspruch bei ausgefallener Dividende). Im Gegenzug haben Vorzugsaktionäre im Regelfall kein Stimmrecht in der Hauptversammlung.

4 Inhaberaktien sind durch Einigung und Übergabe übertragbar.

Namensaktien müssen neben Einigung und Übergabe bei der Übertragung ein Indossament tragen. Die AG führt bei Namensaktien ein Aktienregister. Darin wird jeder Aktionär mit Namen, Geburtsdatum und Anschrift geführt. Bei einer Übertragung muss das Aktienregister umgeschrieben werden.

Kapitalerhöhungen

5 a) BV = 12 Mio. € : 8 Mio. € = 12 : 8 = 3 : 2

b) $\text{voraussichtlicher Kurs} = \frac{3 \cdot 37{,}50\,€ + 2 \cdot 35{,}00\,€}{(3 + 2)} = 36{,}50\,€$

c) $BR = \frac{37{,}50\,€ - 35{,}00\,€}{\left(\frac{3}{2} + 1\right)} = 1{,}00\,€$

d) 330 : 3 · 2 = **220 junge Aktien**

e) Im Fall einer Kapitalerhöhung werden junge Aktien ausgegeben. Den Altaktionären werden diese Aktien zuerst zum Kauf angeboten, da sie somit die Möglichkeit haben, ihren prozentualen Anteil am Unternehmen beizubehalten. Anderenfalls könnten sich die Mehrheitsverhältnisse (und somit auch die Stimmrechtsverhältnisse) verschieben.

Da bei einer Kapitalerhöhung der Kurs der Aktie sinkt (Verwässerungseffekt), bietet das gesetzliche Bezugsrecht zudem einen finanziellen Ausgleich.

Chancen und spezielle Risiken von Aktien

6 Mit einer Aktienanlage hat man die Möglichkeit, sich am Erfolg einer Aktiengesellschaft zu beteiligen. Erwirtschaftet die AG hohe Gewinne, so ist man zum einen über die Dividende am Gewinn der AG beteiligt und zum anderen steigt auch der Kurs der Aktie durch solche positiven Unternehmenszahlen. Auch ein kurzfristiger Erfolg durch einen Verkauf zu einem höheren Kurs ist möglich.

7 Aktienkurse weisen eine erhöhte Volatilität, d. h. höhere Kursschwankungen, auf. Sie werden dabei von verschiedenen Einflüssen bewegt. Ein Risikofaktor liegt in der AG selbst. Wenn die AG nicht gut läuft (z. B. rückläufiger Gewinn, schwächerer Umsatz) oder es negative Unternehmensnachrichten gibt (z. B. wie bei VW im Abgasskandal), sinkt der Kurs der Aktie zum Teil erheblich. Aber auch Faktoren außerhalb des Unternehmens können den Kurs zum Teil stark sinken lassen, wie z. B. im Rahmen der Finanzkrise.

Ein weiteres Risiko liegt bei Aktien in der Dividendenzahlung. Das Dividendenrisiko sagt aus, dass die Dividende ganz oder teilweise entfallen kann, z. B. in Verlustjahren.

Lernkontrollen zu E 4.4 und E 4.5 — Seiten 508–510

Fondsprinzip und rechtliche Grundlagen

1 Beteiligt sind: der Anleger, die Kapitalverwaltungsgesellschaft (KVG) mit dem Fondsmanager sowie die Verwahrstelle.

Anleger: vertrauen der KVG ihr Geld zur Anlage an, durch die Vielzahl von Anlegern entsteht ein größerer Pool an Geld (= Fondsvermögen)

KVG: verwaltet das Fondsvermögen im Sinne der Anleger, d. h. der Fondsmanager wählt geeignete Anlageinstrumente aus und überwacht diese und passt sie gegebenenfalls an veränderte Marktsituationen an. Die KVG muss sich dabei an gesetzliche Vorschriften (v. a. KAGB) und an Vorgaben durch das festgelegte Fondsprofil halten.

Verwahrstelle: verwahrt das Geld der Anleger sowie die Anlageinstrumente des Fonds in speziellen, gesperrten Treuhandkonten und -depots. Außerdem überwacht sie die KVG im Hinblick auf die Einhaltung gesetzlicher Anforderungen.

Anleger hat das Recht auf:

- ordnungsgemäße Verwaltung seines Geldes
- Anteil am Sondervermögen (Fonds) nach Bruchteilen
- Ertragsbeteiligung
- Informationen (z. B. Jahresbericht, Wesentliche Anlegerinformationen)
- Rückgabe der Fondsanteile an die KVG
- anteiligen Liquidationserlös bei Auflösung des Fonds.

2 Offene Investmentfonds basieren auf dem Prinzip der Risikostreuung. Dieses Prinzip arbeitet nach dem Motto »nicht alle Eier in einen Korb legen«. Durch die Verteilung des angelegten Geldes (z. B. Anlage in verschiedene Länder, Regionen, Branchen oder Arten von Anlageinstrumenten) wird das Risiko verringert, da Wertverluste bei einem Anlageinstrument durch Wertsteigerungen eines anderen Anlageinstruments ausgeglichen oder abgefedert werden können.

Fondsarten

3 OGAW-Sondervermögen: OGAW = Organismus für gemeinsame Analgen in Wertpapieren, auch »richtlinienkonforme Fonds«

Für sie gelten bestimmte gesetzliche Anforderungen in Bezug auf die Wertpapiere und Finanzinstrumente, in die sie investieren dürfen. So sind z. B. keine Edelmetalle oder Edelmetallzertifkate erlaubt. Auch Leerverkäufe sind nicht möglich.

AIF-Sondervermögen: AIF = Alternative Investment Funds, also alle Fonds, die keine OGAW-Sondervermögen sind

Sie können grundsätzlich auch in Anlageobjekte investieren, die für OGAW-Sondervermögen ausgeschlossen sind.

4

Aktien	Aktienfonds
– Totalverlust bei Konkurs der AG möglich – Aktionärsrechte wie Teilnahme an der Hauptversammlung und Stimmrecht – setzt ein gewisses Startkapital voraus, da oft nur als Einmalanlage möglich (Aktiensparpläne sind bisher eher noch die Ausnahme) – höhere Gewinnchance	– Totalverlust wird durch Risikostreuung verhindert – Aktionärsrechte werden durch die KVG wahrgenommen – schon mit kleinen Anlagebeträgen möglich (z. B. ab 25,00 € monatlich) – durch die Risikostreuung ist das Gewinnpotential insgesamt geringer

5 Grundsätzlich gilt:

- Mindesthaltedauer: 24 Monat nach Kauf
- Kündigungsfrist: 12 Monate (unwiderrufliche Rückgabeerklärung)

Für Altbestände gelten noch abgeschwächte Anforderungen:

- Kauf der Anteile vor dem 01.01.2013: keine Mindesthaltedauer, für 30 000,00 € pro Kalenderhalbjahr ist eine Rückgabe ohne Rückgabeerklärung möglich
- Kauf der Anteile nach dem 01.01.2013, aber vor dem 22.07.2013: Mindesthaltedauer gilt, für 30 000,00 € pro Kalenderhalbjahr ist eine Rückgabe ohne Rückgabeerklärung möglich

6

Mischfonds	Dachfonds
– beide Fondsarten haben die Zielstellung, die Risikostreuung noch weiter auszubauen – Mischung verschiedener Anlageinstrumente – Angebot an verschiedenen Risikomischungen je nach Anlegermentalität (z. B. konservativ, ausgewogen, risikobewusst/wachstumsorientiert)	
– investiert überwiegend in einzelne Anlageinstrumente (v. a. Aktien, Anleihen, Geldmarktinstrumente) – Kostenstruktur ähnlich wie bei Aktien- und Rentenfonds – Investition in offene Immobilienfonds ist möglich	– investiert in andere Investmentfonds (v. a. Aktienfonds, Rentenfonds, Geldmarktfonds) – oft höhere laufende Kosten durch Kosten auf Dachfonds- und auf Zielfondsebene – Investition in offene Immobilienfonds ist verboten

7

ausschüttend	thesaurierend
– erwirtschaftete Erträge (abzüglich der Kosten) werden einmal jährlich an die Anteilseigner ausgezahlt – Anleger kann über den ausgeschütteten Betrag frei verfügen – Fondsvermögen sinkt um den ausgeschütteten Betrag	– erwirtschaftete Erträge (abzüglich der Kosten) werden nicht ausgezahlt, sondern verbleiben im Fondsvermögen – Geld wird innerhalb des Fonds in neue Anlageinstrumente investiert – Fondsvermögen bleibt zunächst gleich hoch, wächst aber danach schneller durch reinvestierte Erträge (Zinseszinseffekt)

Kosten und Anteilspreisberechnung

8

Kosten, die der Anleger direkt zahlt:	
Ausgabeaufschlag	– einmalig bei Kauf der Anteile – Deckung der Vertriebskosten
Rücknahmeabschlag (nur selten)	– Einmalige Gebühr bei Rücknahme der Fondsanteile – oft bei Fonds mit fester Laufzeit (z. B. Garantiefonds)
Depotgebühren	– Gebühren für die Verwahrung und Verwaltung von Fondsanteilen
Kosten, die auf Fondsebene entstehen und dem Fondsvermögen entnommen werden:	
Verwaltungsgebühren	– Deckung der Kosten des Fondsmanagements und der Fondsverwaltung – Vergütung der Arbeitsleistung des Fondsmanagements für Auswahl und Anpassung der Anlageinstrumente – Deckung der Verwaltungskosten (z. B. Erstellung der Jahresberichte etc.) – Abdeckung von Bestandsvergütungen für den Vertrieb
weitere laufende Kosten	– Entgelt für die Verwahrstelle (Verwahrung des Fondsvermögens in getrennten Konten und Depots) – Wirtschaftsprüferkosten – Rechtsberatungskosten

andere (versteckte) Kosten	– v. a. Transaktionskosten für Kauf und Verkauf der Anlageinstrumente
Performance Fee (nur bei manchen Fonds)	– zusätzliche »Bonuszahlung« für den Fondsmanager, wenn bestimmte Leistungen erreicht wurden

9 a) Tabelle (Lösungen ergänzt):

Nennwert in €	Emittent	Kurs in %	Kurswert in €
25 000,00	A	97,5	24 375,00
35 000,00	B	96,0	33 600,00
9 500,00	C	103,8	9 861,00
18 000,00	D	101,75	18 315,00
31 500,00	E	98,6	31 059,00
	sonstige Emittenten	–	478 500,00

Summe aller Kurswerte (Tabelle)	595 710,00 €
+ Bankguthaben des Fonds	125 000,00 €
– Verbindlichkeiten des Fonds:	37 500,00 €
= Inventarwert des Fonds	**683 210,00 €**

b) 683 210,00 € : 67 600 = **10,11 €**

c) 10,11 € · 1,035 = **10,46 €**

10 Switch = Anleger investiert ab der nächsten Zahlung in einen anderen Fonds, bisher erworbene Fondsanteile verbleiben im bisherigen Fonds

Shift = Umschichtung der bisherigen Anteile in einen neuen Fonds (kompletter Fondswechsel)

Investmentsparen und staatliche Förderung

11 a) Tabelle (Lösungen wurden ergänzt):

		Strategie 1		Strategie 2	
Monat	Ausgabepreis €	Anteile	Anlagebetrag	Anteile	Anlagebetrag
1	50,00	2,000	100,00	2,000	100,00
2	40,00	2,000	80,00	2,500	100,00
3	45,00	2,000	90,00	2,222	100,00
4	60,00	2,000	120,00	1,667	100,00
5	65,00	2,000	130,00	1,538	100,00
	Summe	10,000	520,00	9,927	500,00
	ø Ausgabepreis		52,00		50,37

b) Strategie 2 ist besser für Herrn Pludra. Aufgrund des festen Anlagebetrages agiert Herr Pludra automatisch antizyklisch, d. h. er kauft bei hohem Ausgabepreis weniger Anteile und bei niedrigem Ausgabepreis mehr Anteile. Im Durchschnitt sinkt dadurch sein Ausgabepreis. Dies nennt man den Cost Average Effekt.

12 a) Herr Sommer könnte zum einen (hier naheliegend) die Arbeitnehmersparzulage für das Beteiligungssparen erhalten, da er unter der Einkommensgrenze von 20 000,00 € liegt. Für die Arbeitnehmersparzulage beim Bausparen ist sein Einkommen zu hoch (18 950,00 € liegt über der Grenze von 17 900,00 €).

Eine weitere Möglichkeit wäre die Wohnungsbauprämie beim Bausparen, da hier die Einkommensgrenze sogar noch höher liegt als beim Beteiligungssparen (25 600,00 €).

b) Arbeitnehmersparzulage (Beteiligungssparen):

- Der Arbeitgeber muss die Sparbeiträge überweisen.
- Herr Sommer muss mindestens 6 Jahre lang einzahlen und die Sperrfrist von 7 Jahren ab dem 01.01. des Jahres der ersten Einzahlung einhalten.
- Herr Sommer muss beim Finanzamt im Rahmen der Einkommensteuererklärung die Zulage beantragen.

Wohnungsbauprämie (Bausparen):

- Er muss den Vertrag mindestens bis zur Zuteilung laufen lassen.
- Herr Sommer muss die Gelder wohnwirtschaftlich nutzen.
- Er muss die Wohnungsbauprämie bei seiner Bausparkasse beantragen.

c) jährliche Sparleistung = (20,00 € + 15,00 €) · 12 = 420,00 €
Arbeitnehmersparzulage (Beteiligungssparen): 20 % auf max. 400,00 € Sparleistung pro Jahr

→ 400,00 € · 0,2 = 80,00 € pro Sparjahr

Wohnungsbauprämie (Bausparen): 8,8 % auf max. 512,00 € Sparleistung pro Jahr

→ 420,00 € · 0,088 = 36,96 € pro Sparjahr

d) Für beide Fördermöglichkeiten gilt: Vorzeitige Verfügungen sind prämienunschädlich bei

- völliger Erwerbsunfähigkeit des Sparers
- ein Jahr ununterbrochener Arbeitslosigkeit des Sparers (zum Zeitpunkt der Verfügung).

Lernkontrollen zu E 5 Seiten 526–527

Verbraucherdarlehen

1 a)

Merkmale	Ratenkredit	Dispositionskredit
Laufzeit	12 bis 96 Monate	unbefristet
Besicherung	üblich: Lohn- und Gehaltsabtretung, ggf. andere Sicherheiten	ohne (blanko)
Höhe	bis zu 80 000,00 € je nach Bank	üblich bis zum 3-fachen des Nettogehaltes

b) Der **Dispositionskredit** eignet sich vor allem für Kunden, die ihr Minus mit hohen Raten schnell ausgleichen können oder nur einige Wochen überbrücken müssen, bis zum Beispiel ein größerer Betrag aus einem Sparvertrag oder fest angelegtes Geld frei wird oder der nächste Gehaltseingang kommt.

Vorteile: sofortige Verfügbarkeit, Ausweitung des persönlichen Liquiditätsvolumens/höhere Flexibilität, bequeme Überbrückung kurzfristiger Engpässe in der Haushaltskasse, Freiraum für spontane Wünsche oder unerwarteten Geldbedarf (z. B. Reparaturen)

Nachteile: Es ist meist die teuerste Art von Kredit. Es besteht die Gefahr, dass man sich an ein Leben mit Schulden gewöhnt.

Bei Laufzeiten von mehr als einem Jahr sollte die Kundin ihre Anschaffungen in jedem Fall über einen Ratenkredit finanzieren. Auch größere Summen, wie z. B. für die Anschaffung eines Neuwagens, lassen sich über einen Ratenkredit finanzieren.

Vorteile: auch höhere Beträge sind möglich, überschaubare Kreditbelastung, Verschuldung wird zu festen monatlichen Terminen wieder abgebaut

Nachteile: für einen gewissen Zeitraum steht weniger frei verfügbares Einkommen zur Verfügung

2 a) **Kreditfähigkeit:** bezeichnet die rechtliche Möglichkeit, einen Kreditvertrag rechtswirksam abzuschließen. Sie setzt die Geschäftsfähigkeit des Kreditnehmers voraus.

Kreditwürdigkeit: Hier geht es um die finanzielle Leistungsfähigkeit des Kunden, also die sogenannte Bonität. Es geht um die Einschätzung, ob die Kundin aufgrund ihrer Einkommens- und Vermögenslage aus heutiger Sicht in der Lage ist, die Kreditverpflichtungen in der Zukunft zu erfüllen.

b) Arbeitsvertrag, die letzten drei Gehaltsabrechnungen, evtl. Unterlagen von Fremdbanken (andere Kredite, Vermögenswerte), Selbstauskunft

Zudem erstellen Sie gemeinsam mit der Kundin eine Haushaltsrechnung, um das frei verfügbare Einkommen zu ermitteln.

3

Gehalt	1 500,00
– Miete (warm)	450,00
– Lebenshaltungskosten	450,00
– Kfz-Kosten	200,00
– Hausrat/ Haftpflicht	10,00
– Riester-Sparplan	50,00
– Fitnessstudio	25,00
= frei verfügbares Einkommen	**315,00**

Anmerkungen: Bei den Lebenshaltungskosten wird die Pauschale angesetzt, da dies der Mindestbetrag ist, den die Bank für ein Haushaltsmitglied berechnet. Auch beim Kfz wird die Pauschale angesetzt, da es ein kleines, gebrauchtes Auto ist und hier sonst keine Angaben gemacht werden.

4 Das Scoring ist ein bankinternes Verfahren zur Beurteilung der Kreditwürdigkeit von Kreditnehmern. Es basiert auf mathematisch-statistischen Werten. Die Daten des Kunden werden aufgrund der vorliegenden Informationen mit Punkten bewertet. Der sich ergebende Scoring-Wert gibt eine Entscheidungshilfe für oder gegen die Kreditvergabe.

5 a) Netto-Darlehensbetrag,
Zinssatz (nominal und effektiv),
Laufzeit,
Höhe und Fälligkeit der Raten,
gesamter Rückzahlungsbetrag/Gesamtbetrag

b) Der Kreditnehmer hat das Recht, innerhalb einer bestimmten Frist den Kreditvertrag zu widerrufen, d. h. ihn wieder rückgängig zu machen.

Frist für den Widerruf: 14 Tage nach ordnungsgemäßem und schriftlichem Hinweis auf das Widerrufsrecht und Aushändigung der Vertragsunterlagen (rechtzeitige Absendung genügt)

Bei fehlender oder falscher Widerrufsbelehrung kann das Widerrufsrecht noch Jahre nach dem Abschluss des Kreditvertrags ausgeübt werden. Es erlischt nicht automatisch.

Bei fehlenden Pflichtangaben im Kreditvertrag beginnt die Widerrufsfrist erst bei Nachholen der Pflichtangaben in Ergänzung zum Kreditvertrag. Die Widerrufsfrist verlängert sich in diesem Fall auf einen Monat.

c) Sie kann den Kredit jederzeit teilweise oder vollständig zurückzahlen. Die Bank kann ein Vorfälligkeitsentgelt verlangen (max. 1 % des vorzeitig zurückgezahlten Betrags).

Absicherung der Kreditrückzahlung

6 Abstrakte Sicherheiten bestehen unabhängig von der zugrunde liegenden Forderung, während akzessorische Sicherheiten an die zugrunde liegende Forderung gekoppelt sind. Das bedeutet, dass akzessorische Sicherheiten mit Entstehen der Forderung dem Kreditgeber automatisch zustehen und dieser Anspruch sich in seiner Höhe immer nach der aktuellen Höhe der Forderung richtet. Erlischt die Forderung, erlischt auch automatisch die Sicherheit. Bei abstrakten Sicherheiten gilt dieser Zusammenhang nicht.

7 Eine Sicherungszweckerklärung dient bei abstrakten Sicherheiten der Herstellung einer Verbindung zwischen der Sicherheit und der Kreditforderung, da diese rechtlich nicht automatisch besteht (siehe Aufgabe 6). Auf diese Weise wird sichergestellt, dass die Sicherheit tatsächlich nur dann durch die Bank verwertet werden kann, wenn der Kredit nicht mehr ordnungsgemäß zurückgezahlt wird.

8 Die Lohn- und Gehaltsabtretung kann durch den Arbeitsvertrag des Kreditnehmers ausgeschlossen sein.
Zudem ist nicht das gesamte Gehalt abtretbar. Das Kreditinstitut muss also den pfändbaren Teil des Arbeitseinkommens nach den Richtlinien der ZPO beachten.
Eine Lohn- und Gehaltsabtretung erfolgt im Regelfall in stiller Form, d. h. der Arbeitgeber erfährt nichts von der Abtretung, solange der Kredit ordnungsgemäß zurückgezahlt wird.

9 Kfz verlieren durch Zeitablauf und vor allem durch Nutzung schnell an Wert. Die Bank muss den geschätzten Wertverlust in die Werthaltigkeitsprüfung einbeziehen und die Kreditlaufzeit darauf abstimmen.
Die Bank verlangt den Abschluss einer Vollkaskoversicherung, damit die Werterhaltung des Kfz auch im Schadensfall gewährleistet ist. Die Bank achtet auf regelmäßige Zahlung der Kfz-Versicherung, lässt sich einen Sicherungsschein von der Versicherung ausstellen und die Ansprüche aus der Versicherung abtreten.
Die Bank verlangt die Aushändigung der Zulassungsbescheinigung Teil II, um einen Weiterverkauf des Kfz während der Kreditlaufzeit zu vermeiden. Weiterhin zeigt sie die Aushändigung der Zulassungsbescheinigung Teil II auch dem Straßenverkehrsamt an, um das Ausstellen einer Zweitschrift zu vermeiden.

F Anlage in Finanzprodukten

Lernkontrollen zu F 2 **Seiten 556–557**

1 Zum einen sind diese Informationen zwingend im Rahmen einer Anlageberatung einzuholen. Für Finanzanlagenvermittler ist dies in der Finanzanlagenvermittlerverordnung (FinVermV) geregelt. Ohne diese Informationen darf der Berater keine Anlageempfehlung aussprechen.

Die Beantwortung der Fragen nach den Vermögensverhältnissen und den bisherigen Erfahrungen liegt aber auch im Interesse von Herrn Stiller. Nur so ist eine gute, individuelle und kundengerechte Beratung möglich.

Der Berater muss die einzelnen Produktmerkmale auch aus der Sicht des jeweiligen Kunden bewerten können. Erst nach Einholung der erforderlichen Informationen kann der Berater unter Berücksichtigung der individuellen Rahmenbedingungen des Kunden (Familienverhältnisse, Einkommens- und Vermögensverhältnisse, Anlageziele und Risikoneigung, Erfahrungen und Kenntnisse) eine geeignete Empfehlung aussprechen.

2 **Sicherheit:** Bei Schuldverschreibungen gibt es eine vertragliche Rückzahlungsverpflichtung am Ende der Laufzeit. Es gibt jedoch keine Rückzahlungsgarantie. Grundsätzlich gilt: Je sicherer die Rückzahlung erscheint, desto geringer ist der Zinsertrag. Die Sicherheit kann anhand von Ratings eingeschätzt werden.

Rentabilität: Bei festverzinslichen Anleihen ist der Zinssatz pro Jahr vertraglich festgelegt. Zusätzlich sind Kursgewinne möglich, sofern das Marktzinsniveau während der Laufzeit sinken sollte. Dadurch würde der Kurs der Anleihe steigen und der Anleger könnte durch den Verkauf der Anleihe einen Kursgewinn erzielen. Sollte das Marktzinsniveau während der Laufzeit der Anleihe jedoch steigen, wird die Anleihe weniger attraktiv und der Kurs sinkt.

Liquidität: Börsengehandelte Anleihen können börsentäglich verkauft werden. Es besteht jedoch das Risiko eines Verlustes durch den Verkauf, da der aktuelle Kurs bei Verkauf durch mehrere Faktoren beeinflusst wird, vor allem durch das Marktzinsniveau.

Die von der Kollegin erwähnte Anleihe hat eine sehr hohe Nominalverzinsung im Verhältnis zum aktuell herrschenden Niedrigzinsniveau. Das deutet auf ein erhöhtes Risiko hin. Vermutlich hat die genannte Anleihe ein hohes Bonitätsrisiko. Frau Erhard muss hinsichtlich ihrer Anlageziele Abstriche machen, da sie nicht alle von ihr gewünschten Ziele mit einer Anlage erreichen kann.

Merkmale der Proximus Invest Produkte

3 a) Es handelt sich um einen Aktienfonds mit globaler Ausrichtung. Er investiert breit gestreut in inländische und ausländische Aktien. Aktuell legt der Fonds ca. 20 % in deutsche Aktien und 80 % in ausländische Aktien, davon 40 % in Fremdwährung an. Zusätzlich kann der Fonds auch Derivate einsetzen.

b) Der Risikoindikator liegt bei 6 (von 7). Dies bedeutet, der Fonds weist eine erhöhte Volatilität (Schwankungsbreite) auf. Außerdem besteht ein Währungsrisiko, da der Fonds auch in Fremdwährungen anlegt. Das Risiko ist insgesamt relativ hoch und ist somit für risikofreudige Anleger geeignet.

c) Die Fondsanteile können börsentäglich zum Rücknahmepreis an die KVG zurückgegeben werden.

d) Herr Liepke muss ein Wertpapierdepot bei einer Bank (z. B. Süddeutsche Handelsbank AG) eröffnen, soweit er noch kein Depotkonto besitzt. Die Verwahrstelle des Fonds ist die Süddeutsche Handelsbank AG. Sie verwahrt und verwaltet das gesamte Fondsvermögen.

e) Beim Kauf von Investmentanteilen erhält der Kunde eine Kaufabrechnung und eine Bestätigung für den Eingang der Anteile auf seinem Wertpapierdepot.

f) Beim Erwerb wird ein Ausgabeaufschlag von 4,25 % erhoben. Die jährlichen Kosten betragen derzeit ca. 2,01 %. Diese Kosten können jedoch von Jahr zu Jahr anders ausfallen. Zusätzlich entstehen noch Transaktionskosten für den Kauf und Verkauf von Wertpapieren durch den Fondsmanager der Proximus Invest GmbH. Diese sind vorab nicht abzuschätzen.

4 Der PROXIMUS Bond Invest ist als sicherheitsorientierte Anlage für Frau Siepen geeignet.

Es handelt sich um einen Rentenfonds. Die Anlagepolitik des Fonds liegt in der Erwirtschaftung eines mittel- bis langfristigen Wertzuwachses durch Vereinnahmung laufender Zinserträge sowie durch mögliche Kursgewinne der enthaltenen Anleihen. Um dies zu erreichen, investiert der Fonds überwiegend in Unternehmensanleihen mit guter und sehr guter Bonität sowie in Bankschuldverschreibungen. Somit ist das Bonitätsrisiko relativ gering. Auch die Kursschwankungen des Fonds sind relativ gering. Der Risikoindikator liegt bei 3 (von 7).

Lernkontrollen zu F 3 — Seiten 572–574

Anlage in Anleihen

1 a) Handelstag = Do., 12.09.18
+ 2 Börsentage = Erfüllungsvaluta = Mo., 16.09.18
– 1 Kalendertag = Stückzinsvaluta = So., 15.09.18

Stückzinsen vom 15.03.18 bis 15.09.18 (beide Tage zählen mit) = 185 Tage

$$\text{Stückzinsen} = \frac{15\,000{,}00 \cdot 4{,}625 \cdot 185}{100 \cdot 365} = 351{,}63\ €$$

Die **Abrechnung** für Herrn Runiger (Käufer) sieht wie folgt aus:

Kurswert	14 625,00 €
+ Stückzinsen	351,63 €
= ausmachender Betrag	14 976,63 €
+ Provision (0,5 % von 14 625,00 €)	73,13 €
+ Courtage (0,75 ‰ von 15 000,00 €)	11,25 €
= Belastung	**15 061,01 €**

b) $$\text{Stückzinsen} = \frac{15\,000{,}00 \cdot 4{,}625}{100} = 693{,}75\ €$$

Herr Runiger erhält zum nächsten Zinstermin die Zinsen für ein ganzes Jahr, unabhängig davon, wann er die Anleihe gekauft hat. Deshalb musste er beim Kauf Stückzinsen zahlen.

2 Nebenrechnung:

Die Restlaufzeit vom 05.12.2018 (Erfüllungsvaluta) bis zum 04.06.2022 beträgt genau 3 Jahre und 6 Monate = 3,5 Jahre.

$$\text{Rendite} = \frac{[2{,}75 + \frac{(100 - 102{,}35)}{3{,}5}]}{102{,}35} \cdot 100 = 2{,}03\ \%\ \text{p.a.}$$

3 a)

$$\text{Rendite} = \frac{[1{,}25 + \frac{(100 - 98{,}45)}{5}]}{98{,}45} \cdot 100 = 1{,}58\ \%\ \text{p.a.}$$

b) Haltedauer = 3 Jahre und 2 Monate = 3 + 2/12 = 3,1667 Jahre

$$\text{Rendite} = \frac{[1{,}25 + \frac{(96{,}30 - 98{,}45)}{3{,}1667}]}{98{,}45} \cdot 100 = 0{,}58\ \%\ \text{p.a.}$$

Anlage in Aktien

4 Anlagedauer: 1 Jahr

Kapitaleinsatz = 100 Aktien · 530,00 € = 53 000,00 €

Verkaufserlös = 100 Aktien · 570,00 € = 57 000,00 €

→ Kursgewinn = 57 000,00 € – 53 000,00 € = 4 000,00 €

Dividendenerträge während der Anlagedauer:

12,00 € je Aktie → 100 Aktien · 12,00 € = 1 200,00 €

Gesamterfolg während der Anlagedauer:

Kursgewinn	4 000,00 €
+ Dividendenerträge	1 200,00 €
= Gesamtertrag in einem Jahr	5 200,00 €

Anwendung der Renditeformel:

$$\text{Rendite} = \frac{5\,200{,}00 \cdot 100}{53\,000{,}00} = \mathbf{9{,}81\ \%\ p.a.}$$

5 a) Kapitaleinsatz = 30 · 87,00 € = 2 610,00 €

Verkaufserlös = 30 · 98,00 € = 2 940,00 €

→ Kursgewinn = 330,00 €

Dividendenerträge = (5,00 € + 4,00 €) · 30 = 270,00 €

$$\text{Jahresertrag} = \frac{600{,}00\ €}{2{,}75} = 218{,}18\ €\ \text{(gerundet)}$$

$$\text{Rendite} = \frac{218{,}18\ € \cdot 100}{2\,610{,}00} = \mathbf{8{,}36\ \%\ p.a.}$$

b) Kapitaleinsatz = 5 · 512,00 € = 2 560,00 €
Verkaufserlös = 5 · 487,00 € = 2 435,00 €
→ Kursverlust = 125,00 €
Dividendenerträge = (12,00 € + 12,00 €) · 5 = 120,00 €

$$\text{Jahresverlust} = \frac{-5{,}00\ €}{2{,}5} = -2{,}00\ €$$

$$\text{Rendite} = \frac{-2{,}00\ € \cdot 100}{2\,560{,}00} = \mathbf{0{,}08\ \%\ p.a.}$$

6 a) $$\text{Dividendenrendite} = \frac{1{,}00\ € \cdot 100}{45{,}00\ €} = 2{,}22\ \%$$

b) $$\text{KGV} = \frac{45{,}00\ €}{2{,}60\ €} = 17{,}31$$

c) Der Gesamtertrag je Aktie ist der gesamte Gewinn des Unternehmens durch die Aktienanteil geteilt. Darin inbegriffen ist auch der Teil des Gewinns, der als Rücklage im Unternehmen verbleibt. Die Gesamtausschüttung je Aktie hingegen zeigt nur den ausgeschütteten Teil des Gesamtgewinns (auch geteilt durch die Aktienanzahl). Im Regelfall ist somit die Dividende je Aktie kleiner als das Ergebnis je Aktie.

7 a)

	Vital AG	**Medika AG**
KGV	10,16	12,03
Dividendenrendite	4,40 %	2,75 %

b) Wenn man nur diese beiden Kennzahlen im Vergleich betrachtet, sollte Frau Ellerbeck die Vital AG Aktie kaufen, da sie ein kleineres KGV und eine höhere Dividendenrendite aufweist. Ein niedrigeres KGV ist vorteilhaft, da es bei der Vital AG nicht so lange dauert, bis der Kapitaleinsatz durch die (erwarteten) Gewinne der AG wieder erwirtschaftet wird. Die höhere Dividendenrendite bedeutet eine bessere Verzinsung des eingesetzten Kapitals durch ausgeschüttete Gewinne.

c)

$$\text{Ertragswert (Vital AG)} = \frac{6{,}26\ €}{10} \cdot 100 = 62{,}60\ €$$

$$\text{Ertragswert (Medika AG)} = \frac{5{,}62\ €}{10} \cdot 100 = 56{,}20\ €$$

Rendite von Investmentvermögen

8 Rücknahmepreis bei Kauf der Anteile: 26,35 € je Anteil

Anlagedauer: 6,75 Jahre
Rücknahmepreis bei Rückgabe der Anteile nach 6,75 Jahren: 34,00 € je Anteil
erhaltene Ausschüttungen für 6,75 Jahre insgesamt: 9,20 € je Anteil

Die Rendite kann wie folgt errechnet werden:

Der Anleger hat 26,35 € investiert. Er erhält insgesamt 34,00 € + 9,20 € zurück. Sein Gesamtgewinn je Anteil liegt somit bei 43,20 € – 26,35 € = 16,85 €. Pro Jahr entspricht das 2,50 €.

$$\text{Rendite} = \frac{2{,}50\ € \cdot 100}{26{,}35\ €} = 9{,}49\ \%\ \text{p.a.}$$

9 Die BVI-Methode ist eine einheitliche Methode zur Renditeberechnung von Investmentfonds. Sie gibt genau vor, welche Kosten in die Renditeberechnung einbezogen werden. Auf diese Weise ist die Vergleichbarkeit zwischen verschiedenen Fonds von verschiedenen Fondsgesellschaften gewährleistet.

Außerdem werden thesaurierende und ausschüttende Fonds nach der BVI-Methode gleich behandelt. Bei ausschüttenden Fonds wird rechnerisch unterstellt, dass der ausgeschüttete Betrag direkt wieder ins Fondsvermögen reinvestiert wird.

Basisrisiken von Wertpapieren

10 Die Konjunktur verläuft in verschiedenen Phasen. Die einzelnen Konjunkturphasen beeinflussen die Kurse von Wertpapieren. So entwickeln sich Aktienkurse oft ähnlich der Konjunktur, allerdings mit einem zeitlichen Vorlauf. Die Auswirkungen der Konjunktur unterscheiden sich je nach der Art von Wertpapieren. Die Konjunkturentwicklung sollte deshalb beim Zeitpunkt für Kauf und Verkauf von Wertpapieren (Timing) berücksichtigt werden.

Die Inflation schmälert die Rendite einer Geldanlage, da das ausgezahlte Geld bei Fälligkeit bzw. Verkauf eines Wertpapiers durch die Inflation während der Anlagedauer an Kaufkraft verloren hat. Geldwerte wie Anleihen sind davon besonders betroffen. Aktien können als Sachwerte einen teilweisen Inflationsschutz bieten, da Unternehmen von steigenden Preisen profitieren (höhere Gewinne) und sich dies im Aktienkurs niederschlagen wird. Die Inflation sollte als renditemindernder Faktor bei der Geldanlageentscheidung berücksichtigt werden.

Lernkontrollen zu F 4 — Seiten 585–586

Organisation und Funktion von Wertpapierbörsen

1 Gütermärkte sind zu nahezu allen Zeiten (Online-Handel) zugänglich und über unendlich viele Orte verteilt. Die Wertpapierbörse ist jedoch auf einen bestimmten Zeitraum beschränkt (Börsentage, Handelszeiten) und ist räumlich konzentriert, da der Handel an einem bestimmten Ort stattfindet (z. B. Frankfurt am Main/Xetra-Handel). Gütermärkte sind nicht oder fast nicht staatlich reguliert, die Wertpapierbörsen hingegen sehr stark. An der Wertpapierbörse kann nur ein eng begrenzter Teilnehmerkreis handeln. Der Gütermarkt ist grundsätzlich für jeden offen. Zudem handelt es sich bei den Wertpapieren, die an der Wertpapierbörse gehandelt werden, nicht um physisch vorhandene Werte. Güter hingegen sind im Regelfall körperlich vorhanden.

2 Wertpapierbörsen fördern den Handel bzw. die Übertragbarkeit von Wertpapieren dadurch, dass es einen zentralen Ort gibt, an dem Anbieter und Nachfrager zusammenkommen. Für Unternehmen wird die Kapitalbeschaffung erheblich erleichtert, da über die Börse eine Vielzahl von potentiellen Investoren erreichbar ist. Wertpapierbörsen bieten zudem den Vorteil einer objektiven Preisbildung, die sich aus Angebot und Nachfrage ergibt. Dieser Preis wird veröffentlicht und ist somit transparent. Durch die Beobachtung der Preisentwicklung der gehandelten Wertpapiere können Rückschlüsse auf die wirtschaftliche Entwicklung bestimmter Branchen, Länder oder Regionen gezogen werden. Die Börse wird deshalb auch oft als »Wirtschaftsbarometer« bezeichnet.

3 An einer Wertpapierbörse dürfen nur zugelassene Marktteilnehmer handeln. Die Zulassung erfolgt auf Antrag. Zugelassene Marktteilnehmer sind Börsenhändler (meist Vertreter von Kreditinstituten), vereidigte Börsenmakler und freie Makler bzw. Broker.

Auftragserteilung und Ausführung

4 a) Eine Stop-Loss-Order ist eine Verkaufsorder, die erst wirksam wird, wenn ein bestimmter unterhalb des aktuellen Börsenkurses liegender Kurs (= Stop-Marke) erreicht oder unterschritten wird.

b) Eine limitierte Order ist ein Kauf- oder Verkaufsauftrag, der mit einem Preislimit versehen ist. Bei einer Kauforder gibt das Limit den Kurs an, zu dem der Käufer maximal bereit ist zu kaufen. Bei einer Verkaufsorder gibt das Limit den Kurs an, den ein Verkäufer mindestens durch den Verkauf erzielen will.

c) Eine Good-till-cancelled-Order bezieht sich auf die Gültigkeit der Order. Der Auftrag soll so lange gültig sein, bis er vom Auftraggeber gelöscht wird.

5 Eine limitierte Order gilt bis zum letzten Handelstag des Monats (Ultimo). Wird der Auftrag am letzten Handelstag des Monats erteilt, gilt sie bis zum letzten Handelstag des Folgemonats.

Eine unlimitierte Order (bestens oder billigst) gilt nur für den Handelstag, an dem sie erteilt wurde.

Preisbildung im Xetra-Handel

6 a)

möglicher Kurs	Käufe (Stück)	Verkäufe (Stück)	möglicher Umsatz (Stück)
93,00	720	245	245
94,00	720	325	325
95,00	**490**	**590**	**490**
96,00	390	780	390
97,00	330	780	330

Der Auktionspreis liegt bei 95,00 €.

b)

Kurswert	100 Stück · 95,00 €	9 500,00 €
+ Provision	0,5 % von 9 500,00 €	47,50 €
+ Börsenentgelt	0,75 ‰ von 9 500,00 €	7,13 €
= Belastung		9 554,63 €

c) Die Feststellung des Auktionspreises erfolgt zum Meistausführungsprinzip, d. h. zu dem Kurs, zu dem der höchstmögliche Umsatz in Stück erzielt werden kann. Die Reihenfolge der Orderausführung sieht folgendermaßen aus:

Käufe:

1. alle billigst-Orders — 250 Stück
2. alle über dem Auktionspreis limitierten Orders (60 Stück zu 96,00 €, 80 Stück zu 97,00 €) — 140 Stück
3. hier: alle Orders, die zum Auktionspreis limitiert sind — 100 Stück

Verkäufe:

1. alle bestens-Orders — 125 Stück
2. alle unter dem Auktionspreis limitierten Orders (80 Stück zu 94,00 €, 120 Stück zu 93,00 €) — 200 Stück
3. hier: teilweise die Orders, die zum Auktionspreis limitiert sind (von 265 Stück zu 95,00 €) — 165 Stück

7 a) Es ist kein Matching möglich, da das höchste Kauflimit (58,00 €) unter dem niedrigsten Verkaufslimit (59,00 €) liegt. Es gibt auch keine unlimitierten Orders.

b) Die Kauforder wird zunächst mit der Verkaufsorder mit dem niedrigsten Limit gematcht.

Kauf 60 Stück (Limit: 60,00 €) mit Verkauf 60 Stück (Limit: 59,00 €)

Danach folgt ein Matching mit der Verkaufsorder mit dem nachfolgend niedrigsten Limit, da im ersten Matching nur ein Teil der Kauforder ausgeführt werden konnte.

Kauf 40 Stück (Limit: 60,00 €) mit Verkauf 40 Stück (Limit: 60,00 €)

c) Eine unlimitierte Verkaufsorder wird zuerst mit dem höchstmöglichen Kauflimit gematcht.

Verkauf 160 Stück (bestens) mit Kauf 160 Stück (Limit: 58,00 €)

Danach folgt ein Matching mit der Kauforder mit dem nachfolgend höchsten Limit, da im ersten Matching nur ein Teil der Verkaufsorder ausgeführt werden konnte.

Verkauf 40 Stück (bestens) mit Kauf 40 Stück (Limit: 57,00 €)

d)

Kaufaufträge		**Verkaufsaufträge**	
Limit in €	Stückzahl	Limit in €	Stückzahl
57,00	150	60,00	90
56,00	200	61,00	300

Lernkontrollen zu F 5 — Seiten 601 – 602

Abgeltungsteuer

1 Die Abgeltungsteuer ist eine Steuer, die Anlageinstitute von den Kapitalerträgen der Anleger abziehen und an das Finanzamt abführen. Damit ist die Steuerschuld für den jeweiligen Anleger abgegolten, d. h. er muss seine Kapitalerträge nicht mehr in der Einkommensteuer angeben. Die Abgeltungsteuer (auch: Kapitalertragsteuer) beträgt 25 %. Dazu kommen noch der Solidaritätszuschlag und gegebenenfalls die Kirchensteuer, die jeweils von der Abgeltungsteuer berechnet werden.

2 Der Sparerpauschbetrag ist der Betrag, bis zu dem die Kapitaleinkünfte steuerfrei vereinnahmt werden können. Er beträgt 801,00 € für Ledige und 1602,00 € für zusammen veranlagte Eheleute. Um den Steuerabzug zu vermeiden, muss der Steuerpflichtige einen Freistellungsauftrag bei seinem Anlageinstitut stellen.

3 Eine Nichtveranlagungsbescheinigung wird vom Finanzamt auf Antrag ausgestellt, wenn das jährliche zu versteuernde Einkommen voraussichtlich unter dem Steuerfreibetrag von 9168,00 € für Ledige bzw. unter 18336,00 € (gültig für 2019) für zusammen veranlagte Verheiratete liegt. Die betragsmäßig nicht beschränkte Bescheinigung ist für das aktuelle und zwei weitere Jahre gültig. Durch Vorlage dieser Bescheinigung bei einem Anlageinstitut kann der Steuerabzug vermieden werden.

Verrechnungsmöglichkeiten

4

Datum	Aktien-VVD	AVVD	Sparer-pausch-betrag	Bemes-sungs-grundlage	Steuern	Gut-schrift
AB	150,00	300,00	801,00			
25.02.	150,00	0,00	301,00	0,00	–	800,00
20.04.	150,00	0,00	0,00	99,00	24,75 KESt 1,36 Soli	373,89
01.06.	150,00	315,00	801,00	99,00	+ 24,75 KESt + 1,36 Soli	Steuern 26,11
15.06.	300,00	315,00	801,00	–	–	–
10.08.	0,00	0,00	0,00	584,00	146,00 KESt 8,03 Soli	1 845,97

Besteuerung von Investmentfonds

5 Auf Ebene des Investmentfonds werden bestimmte Erträge mit 15 % Körperschaftsteuer versteuert. Diese steuerpflichtigen Erträge sind Gewinnanteile (z. B. Dividenden) und Erträge aus inländischen Immobilien (Einkünfte aus Vermietung und Verpachtung, Veräußerungsgewinne).

6 Bei ausschüttenden Fonds werden die Ausschüttungen bei Zufluss steuerpflichtig. Da bei thesaurierenden Fonds keine Ausschüttungen erfolgen, werden die Erträge über eine Vorabpauschale besteuert. Dabei wird eine fiktive Ertragsentwicklung zugrunde legt.

7 Beim Verkauf von Fondsanteilen unterliegt der gesamte Veräußerungsgewinn der Besteuerung. Dieser ergibt sich aus der Differenz aus dem Verkaufserlös und den Anschaffungskosten. Gezahlte Vorabpauschalen werden vor der Steuerberechnung davon abgezogen.

Grundlagen zum Erbrecht

8

Testament	Erbvertrag
• beide werden genutzt, um letztwillige Verfügungen zu treffen (z. B. Abweichungen von der gesetzlichen Erbfolge)	
• einseitige Willenserklärung • Verfasser muss mindestens das 16. Lebensjahr vollendet haben • Verfassen ist ohne Notar möglich • Verwahrung ist je nach Art des Testaments überall möglich	• Vertrag (= mindestens zwei übereinstimmende Willenserklärungen) • derjenige, der die letztwilligen Verfügungen trifft, muss unbeschränkt geschäftsfähig sein • zwingend vor einem Notar zu schließen • Verwahrung durch Notar oder Amtsgericht

9 Ein Vermächtnis ist die Zuwendung eines einzelnen Gegenstandes ohne weitere Verpflichtungen für den Vermächtnisnehmer durch eine letztwillige Verfügung des Erblassers. Der Vermächtnisnehmer wird nicht Erbe, er hat lediglich einen Herausgabeanspruch gegenüber den Erben. Ein Beispiel für ein Vermächtnis ist ein Mann, der seinem besten Freund seine Schallplattensammlung vermacht, weil sie diese früher immer gemeinsam gehört haben.

Erbschaft- und Schenkungsteuer

10	41 000,00 €	Hausrat
	12 000,00 €	andere Güter
	10 300,00 €	Nachlassverbindlichkeiten (Pauschale)
	500 000,00 €	Freibetrag (Ehegatte/eingetragener Lebenspartner)
	256 000,00 €	Versorgungsfreibetrag
	819 300,00 €	

11 Grundsätzlich unterliegt die Erbschaft einer Immobilie der Erbschaftsteuer. Steuerfrei kann eine Immobilie nur an den Ehepartner bzw. den eingetragenen Lebenspartner oder an die Kinder und Stiefkinder sowie an die Enkelkinder des Erblassers vererbt werden. In diesem Fall muss der Erblasser die Immobilie vor seinem Tod selbst genutzt haben und auch der Erbe muss nach dem Tod die Immobilie selbst für mindestens 10 Jahre bewohnen. Bei Kindern des Erblasser ist die Steuerfreiheit auf eine Wohnfläche von 200 qm beschränkt. Enkelkinder können Immobilien nur steuerfrei erben, wenn das Elternteil, das Kind bzw. Stiefkind des Erblassers ist, nicht mehr lebt.

12 Kreditinstitute müssen im Todesfall eines Kunden alle Vermögenswerte des Erblassers an das Finanzamt melden, sofern der Gesamtwert mehr als 5 000,00 € beträgt. Die Meldefrist beträgt einen Monat nach Kenntnis des Todesfalls. Schließfächer sind immer zu melden.

Lernkontrollen zu F 6 — Seite 611

Geschlossene Investmentvermögen

1 **Liquidität:**

Anbieter und Fondsgesellschaft sind grundsätzlich nicht verpflichtet, die Anteile an einem geschlossenen Immobilienfonds zurückzunehmen. Sie sind zudem nur sehr eingeschränkt handelbar oder an Dritte übertragbar. Es gibt eine feste Laufzeit von mehreren Jahren (ohne Kündigungsrecht).

Auch ein offener Immobilienfonds hat eine eingeschränkte Verfügbarkeit, da seit 2013 eine Mindesthaltedauer von 24 Monaten sowie eine Kündigungsfrist von 12 Monaten gelten. Diese Fonds haben jedoch keine feste Laufzeit.

Chancen:

Die Ertragschancen sind abhängig von der Anlagepolitik des Fonds. Grundsätzlich gilt der Immobilienmarkt als relativ stabil. Der geschlossene Immobilienfonds investiert in eine oder wenige Immobilien und die Erträge werden im Vorfeld geplant. Es bestehen oft langfristige Mietverträge mit Geschäftspartnern. Zudem wird die Immobilie zum Laufzeitende oft mit einem Gewinn verkauft.

Der offene Immobilienfonds erwirtschaftet recht stabile, jedoch nicht sehr hohe Erträge, die aktuell zwischen 3 und 4 % p. a. liegen. Die Ertragschancen sind eingeschränkt.

Risiken:

Ein geschlossener Immobilienfonds kann stark von objektbezogenen Risiken getroffen werden (z. B. Leerstand, Veränderungen im Umfeld der Immobilie, die den Wert maßgeblich gefährden). Durch die fehlende Risikostreuung ist das Risiko relativ hoch. Auch ein hoher Anteil an Kreditfinanzierung ist stark risikobehaftet.

Ein offener Immobilienfonds hat aufgrund der Risikostreuung ein überschaubares und somit relativ geringes Risiko. Dennoch sind im Rahmen der Immobilienkrise in den USA auch namhafte europäische Immobilienfonds aufgelöst worden.

2 Investitionsgegenstände sind z. B.: Immobilien, Infrastrukturprojekte, Schiffe, Flugzeuge, Medienprojekte, Beteiligungen an Unternehmen.

3 Die Grundidee ist identisch. Die KVG sammelt über Vertriebsstellen Geld von Anlegern ein und investiert dieses Geld für die Anleger in Vermögenswerte, um daraus Erträge zu erzielen. Beteiligt sind bei beiden Fondsarten die KVG, die Vertriebsstellen, die Anleger sowie die Verwahrstelle. Bei geschlossenen Fonds gibt es darüber hinaus noch den Initiator (Produktanbieter) des Fonds und eine oder mehrere Banken als Fremdkapitalgeber.

offene Fonds	geschlossene Fonds
• Verwahrstelle übernimmt die Kontrollfunktion • Erstellung eines von der BaFin geprüften Verkaufsprospekts und der Wesentlichen Anlegerinformationen	
• strategische Arbeit wie Analyse und Auswahl der Vermögenswerte liegt bei der KVG (Fondsmanagement) • rechtliche Regelungen durch die Anlagebedingungen • nur begrenzte Kreditaufnahme möglich (bei OGAW-Fonds) • Anleger erwirbt einen Bruchteil am Sondervermögen	• strategische Arbeit wie Auswahl des Investitionsobjekts, Kalkulation des Projektes etc. liegt beim Initiator • rechtliche Regelungen durch einen Gesellschaftsvertrag • unbegrenzte Kreditaufnahme möglich • Anleger erwirbt eine unternehmerische Beteiligung (meist als Kommanditist einer KG)

Stille Beteiligung

4 Die stille Gesellschaft ist eine reine Innengesellschaft. Bei ihrer Gründung entsteht kein gemeinschaftliches Gesellschaftsvermögen, vielmehr geht die Einlage des stillen Gesellschafters (= stille Beteiligung) in das Vermögen des »tätigen Gesellschafters« (das Gesetz nennt ihn »Inhaber eines Handelsgeschäfts«) über.

Als reine Innengesellschaft wird die stille Gesellschaft nicht in das Handelsregister eingetragen (deshalb auch »still«). Sie führt auch keine Firma.

Gegenüberstellung der typischen und atypischen stillen Beteiligung

Typische stille Beteiligung	Atypische stille Beteiligung
Grundtypus nach Handelsrecht	Besondere gesellschaftsrechtliche Vereinbarung
Beteiligung am Gewinn (gegebenenfalls auch am Verlust), keine Beteiligung am Geschäftswert oder an stillen Reserven	neben Gewinn- und Verlustbeteiligung auch Beteiligung am Geschäftswert und an stillen Reserven; Anspruch auf ein Auseinandersetzungsguthaben bei Liquidation
keine Beteiligung an der Geschäftsführung	regelmäßig auch Beteiligung an der Geschäftsführung
steuerlich: Einkünfte aus Kapitalvermögen	steuerlich: Einkünfte aus Gewerbebetrieb

5 Die »Mezzanine-Finanzierung« ist eine Mischform zwischen Eigen- und Fremdkapital. Die stille Beteiligung ist dabei eigenkapitalähnlich aufgrund der Gewinn- und Verlustbeteiligung. Es bestehen jedoch (zumindest bei der typischen stillen Beteiligung) keine Stimm- oder Einflussrechte des Kapitalgebers. Zudem ist die Beteiligung oft befristet. Die letzten genannten Merkmale ähneln eher einer Fremdkapitalfinanzierung.

Anteile an Genossenschaften

6

Kriterien	Genossenschaftsanteile	Typische stille Beteiligung
a) Art der Geldanlage	• Mitgliedschaft in einer Genossenschaft • Anteil ist kein Wertpapier, sondern eine Quittung • erhöht das Eigenkapital der Genossenschaft	• i. d. R. Darlehen an den Inhaber eines Handelsgeschäfts • wird nicht als Fremdkapital ausgewiesen
b) Rechte des Anlegers	• Mitgliedschaftsrechte (Stimmrecht, aktives und passives Wahlrecht) • Inanspruchnahme von vertraglichen Sonderrechten • Dividende (bei Beschluss)	• Gewinnbeteiligung • Kontrollrechte (z. B. jährliche Bilanzprüfung)
c) Liquidität der Anlage	• nicht liquide: Anteile sind nicht handelbar • Kündigungsrecht (Frist unterschiedlich) • eventuell Übertragungsrecht an Dritte	• nicht liquide: Beteiligung nicht handelbar • eventuell Übertragungsrecht mit Zustimmung der anderen Gesellschafter • Kündigungsrecht, wenn vertraglich vereinbart
d) Risiken aus der Beteiligung	• unternehmerisches Risiko (bis Totalverlust) • eventuelle Nachschusspflicht • bei Beteiligung an Genossenschaftsbanken geringeres Risiko, da Institutssicherung durch deren Verband besteht	• unternehmerisches Risiko (bis Totalverlust) • Produkt des grauen Kapitalmarkts (kaum reguliert) • hohe Kosten

G Versicherungsmarkt

Lernkontrollen zu G 1 **Seiten 580 – 581**

Bedürfnisse – Versicherungsprodukte

1 Die **Maslowsche Bedürfnispyramide** ist ein Modell des US-amerikanischen Psychologen Abraham Maslow zur Beschreibung der Bedürfnis- und Motivationsstruktur von Menschen. Die verschiedenen Bedürfnisse bilden hierbei die Stufen der Pyramide und bauen aufeinander auf.

Erst dann, wenn die Bedürfnisse der untersten Stufe (körperlicher Grundbedürfnisse) einer gedachten Pyramide erfüllt sind, treten die Bedürfnisse der nächsten Stufe in den Vordergrund.

Die elementaren Grundbedürfnisse sind nach Maslow die körperlichen Grundbedürfnisse wie Atmen, Essen, Trinken, Schlafen, Wärme. Es folgt das *Sicherheitsbedürfnis* (Unterkunft, Schutz vor Gefahr, ...). Soziale Anerkennung und Beziehungen (Liebe und Zuneigung, Zugehörigkeit zu bestimmten Personenkreisen, soziale Rolle, Sexualität) bilden die dritte Stufe. Die nächsten Stufen enthalten die Bedürfnisse nach einer individuellen Entwicklung, Selbstverwirklichung und Sinnfindung in Form von Selbstbewusstsein, Aufmerksamkeit, Lob und Ruhm ...

Die ersten drei Stufen werden als **Defizitbedürfnisse** bezeichnet. Wenn diese Bedürfnisse befriedigt sind, wird nichts mehr darüber hinaus unternommen (wenn ein Mensch z. B. satt oder ausgeschlafen ist, wird er nichts mehr essen wollen bzw. nicht mehr schlafen können). Bei der vierten und fünften Stufe handelt es sich um **Wachstumsbedürfnisse.** Diese Bedürfnisse (z. B. Bedürfnis nach Kreativität) bleiben in der Regel dauerhaft bestehen.

Das Bedürfnis nach Sicherheit folgt nach der **Maslowschen Bedürfnispyramide** unmittelbar auf die Grundbedürfnisse wie Ernährung und Wohnen. Die Befriedigung von Sicherheitsbedürfnissen spielt somit eine wesentliche Rolle im menschlichen Leben. Versicherungen tragen zur Befriedigung derartiger Bedürfnisse bei, indem sie ihren Kunden durch den Verkauf von entsprechendem Versicherungsschutz (finanzielle) Sicherheit bzw. Risikominderung bieten.

Ökonomisches Prinzip

2 Das ökonomische Prinzip liegt folgenden Sachverhalten zugrunde:
(a) = Minimalprinzip
(c) = Maximalprinzip
(d) = Minimalprinzip

3 Maximalprinzip: Mit einer Tankfüllung eine möglichst weite Strecke zurücklegen.
Minimalprinzip: Für eine bestimmte Strecke möglichst wenig Benzin verbrauchen.

4 Schülerindividuelle Antworten

Güterarten

5

Materielle Güter (Waren, Sachgüter)				Immaterielle Güter (Dienstleistungen)	
Konsumgüter		**Produktionsgüter** (Kapitalgüter)		**Konsumgüter** (1) (7)	**Produktionsgüter** (6)
Gebrauchsgüter (2)	Verbrauchsgüter (4)	Gebrauchsgüter (Investitionsgüter) (5)	Verbrauchsgüter (3)		

Investitionen

6 a) (1) Anlageinvestitionen (Bauinvestitionen)
(2) Anlageinvestitionen (Ausrüstungsinvestitionen)
(3) Lagerinvestitionen (Vorratsveränderungen)
(4) Ersatzinvestitionen (in Höhe der Abschreibung)

b) Bruttoinvestitionen

250 Mrd. € + 170 Mrd. € + 11 Mrd. € + 350 Mrd. €	781 Mrd. €
– Ersatzinvestitionen	350 Mrd. €
= Nettoinvestitionen	431 Mrd. €

Lernkontrollen zu G 2 **Seiten 654 – 662**

Nachfrage

1 a)

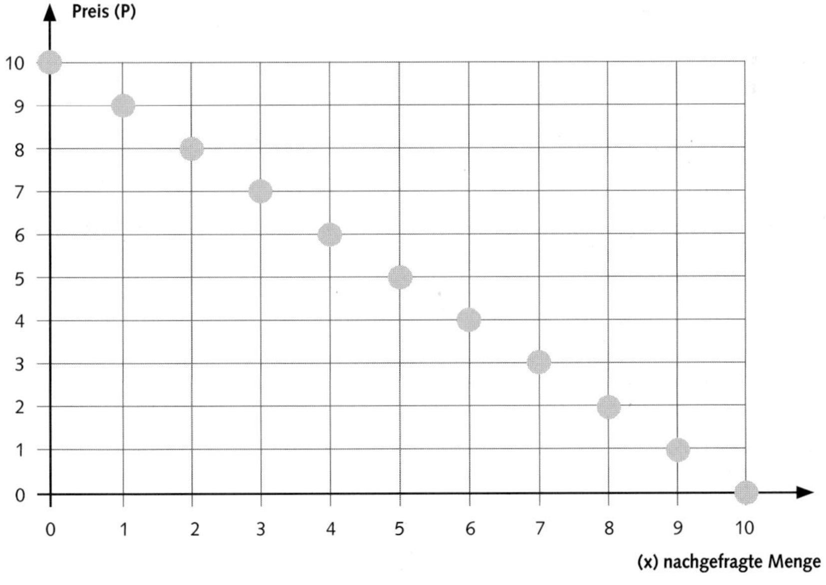

b) Es liegen sehr viele Preis-Mengen-Kombinationen vor, zwischen denen keine Lücken und Sprungstellen bestehen.

c) Die Kurve hat eine negative Steigung (–1), weil sich Preis und Mengen gegenläufig entwickeln: Je höher der Preis, desto geringer die nachgefragte Menge und umgekehrt.

2 Fall b) Werbung führt zur Zunahme der Nachfrage bei Gut 1.

Fall c) Eine Einkommenserhöhung kann zur Zunahme der Nachfrage bei Gut 1 führen. In diesem Fall handelt es sich bei Gut 1 um ein superiores Gut (Nichtsättigungsgut). Nimmt die Nachfrage nach einem Gut bei zunehmendem Einkommen ab (z. B. wenn bei einer Einkommenserhöhung die Nachfrage nach Margarine sinkt, weil die Haushalte Margarine durch Butter ersetzten) handelt es sich um ein inferiores Gut.

Fall d) Wenn Gut 2 das Gut 1 ergänzt (= Gut 2 ist ein Komplementärgut), kann eine Preissenkung bei Gut 2 zur Zunahme der Nachfrage bei Gut 1 führen (z. B. Preissenkung bei Benzin kann zu einer Zunahme der Nachfrage nach Autos führen). Wenn hingegen das Gut 2 das Gut 1 ersetzt (= Gut 2 ist ein Substitutionsgut), kann eine Preissenkung bei Gut 2 zu einer Abnahme der Nachfrage nach Gut 1 führen (z. B. Preissenkung für Butter kann zu einer Abnahme der Nachfrage nach Margarine führen).

Fall e) siehe Erläuterung zu d); wenn es sich bei Gut 3 um ein Substitutionsgut zu Gut 1 handelt, kann eine Preiserhöhung bei Gut 3 zu einer Zunahme der Nachfrage nach Gut 1 führen.

Fall f) Eine Erhöhung der Verbraucherzahl führt zur Zunahme der Nachfrage.

Preiselastizität der Nachfrage

3 a) steigt,
Unelastische Nachfrage, Mengensenkung geringer als Preiserhöhung, Produkt aus Preis und Menge steigt.

b) steigt,
Elastische Nachfrage, Mengenerhöhung größer als Preissenkung, Produkt aus Preis und Menge steigt.

c) sinkt,
Elastische Nachfrage, Mengensenkung größer als Preiserhöhung, Produkt aus Preis und Menge sinkt.

d) sinkt,
Unelastische Nachfrage, Mengenerhöhung kleiner als Preissenkung, Produkt aus Preis und Menge sinkt.

Angebot

4 a)

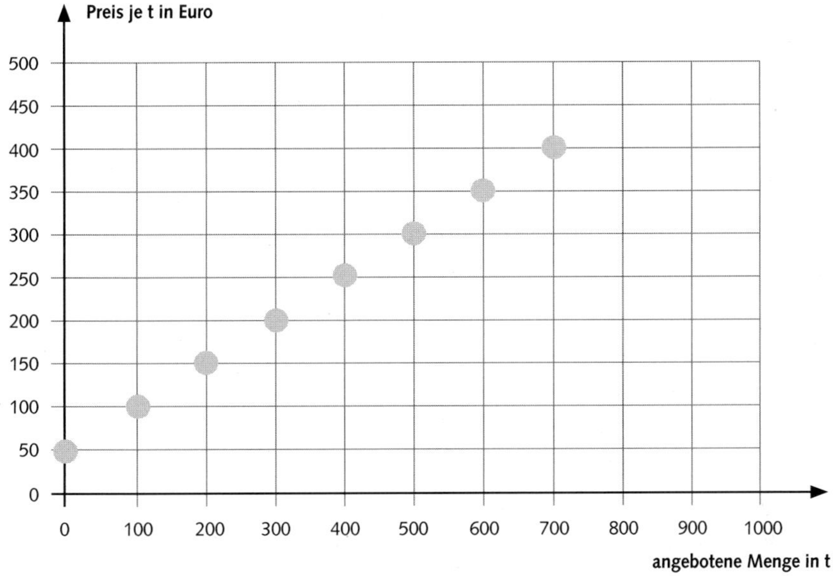

b) Es liegen sehr viele Preis-Mengen-Kombinationen vor, zwischen denen keine Lücken und Sprungstellen bestehen.

c) Der Preis von 50,00 € je t deckt nicht die Kosten je t (Stückkosten).

d) Bei einem höheren Preis lohnt sich für den einzelnen Betrieb i. d. R. eine größere Angebotsmenge. (Ob das tatsächlich so ist, hängt vom Verlauf der Kosten bei einer Ausdehnung der Angebotsmenge ab.) Für die Gesamtangebotskurve gilt: Je höher der Preis, umso mehr Produzenten können ihre Stückkosten decken und treten als Anbieter am Markt auf. Die angebotene Menge steigt also bei steigendem Preis. Die Kurve hat eine positive Steigung, weil sich Preis und Mengen gleichgerichtet entwickeln: Je höher der Preis, desto höher die angebotene Menge und umgekehrt.

5 Fall b) Eine Kostenerhöhung bewirkt eine Linksverschiebung der Angebotskurve, da Grenzanbieter vom Markt ausscheiden.

Fall d) Schlechte Absatz- und Gewinnerwartungen führen zu einer Linksverschiebung der Angebotskurve, da die Produktion eingeschränkt wird.

Vollkommene und unvollkommene Märkte

6 a) Es handelt sich um einen unvollkommenen Markt. Das kann u. a. durch Präferenzen (z. B. aufgrund von Werbung) oder durch unvollständige Markttransparenz bedingt sein. Konsumenten können die Qualität der Produkte schlecht beurteilen. Ihre Kaufentscheidungen werden daher eher durch den Bekanntheitsgrad, die Werbung und andere Faktoren bestimmt.

b) Erhöhung der Markttransparenz

c) Erhöhung der Markttransparenz, Abbau von Kundenbindungen (Präferenzen) und damit Abbau von Marktunvollkommenheiten

d) Die Marktform der Börse stellt eine Besonderheit dar. Sie ist die in der Realität anzutreffende Marktform, die dem Modell eines vollkommenen Marktes sehr nahe kommt. Ein Markt wird als vollkommen bezeichnet, wenn die folgenden Bedingungen erfüllt sind:
- homogene Güter
- keine Präferenzen
- vollständige Markttransparenz

Nur auf einem vollkommenen Markt bildet sich ein einheitlicher Preis, zu dem alle Käufe und Verkäufe getätigt werden.

Preisbildung beim Polypol

7 a) (1) d), (2) e), (3) b), (4) f), (5) c), (6) a)

b) (1) 30 GE (2) 15 GE (3) 45 GE (4) 30 GE
(5) alle Preise über 30 GE
(6) alle Preise unter 30 GE
(7) 30 GE

Preisbildung an einer Börse

8 a)

Angebot					
Preis je t	**A**	**B**	**C**	**D**	**Marktnachfrage**
60	–	–	–	80	80
100	–	–	60	80	140
120	–	20	60	80	160
180	40	20	60	80	200

Nachfrage					
Preis je t	**E**	**F**	**G**	**H**	**Marktnachfrage**
60	60	20	40	80	200
100	–	20	40	80	140
120	–	–	40	80	120
180	–	–	–	80	80

Der Makler legt einen Preis von 100 € fest (Gleichgewichtspreis). Bei diesem Preis wird die größtmögliche Menge umgesetzt (140 t). Angebotene und nachgefragte Menge sind bei diesem Preis gleich groß.

b)

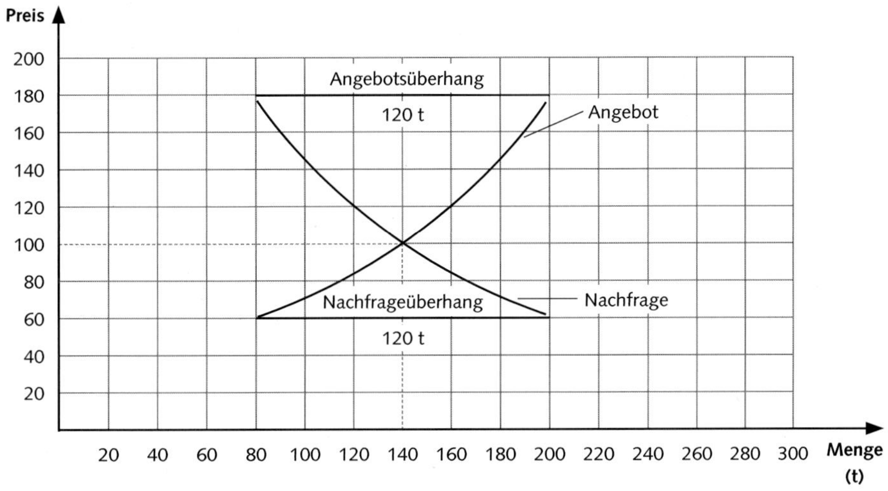

c) Die Gleichgewichtsmenge beträgt 140 t. Dies ist die größte Menge, die bei den vorliegenden Angebots- und Nachfrageplänen umgesetzt werden kann.

d) Der Makler muss den Preis festlegen, bei dem die meisten Aufträge (größte Menge) ausgeführt werden können (Meistausführungsprinzip). Bei einem Preis von 180 € werden nur 80 t umgesetzt. Angebot: 200 t; Nachfrage: 80 t; Angebotsüberhang (Nachfragelücke): 120 t

e) Begründung wie 4.
Angebot: 80 t; Nachfrage: 200 t; Nachfrageüberhang (Angebotslücke): 120 t

f) Käufer G war Bereit 120 € je Tonne zu bezahlen. Tatsächlich muss er nur 100 € je Tonne zahlen. Sein Vorteil beträgt 40 t · 20 € = 800 €

g) Verkäufer D wollte mindestens 60 € je Tonne erlösen. Tatsächlich erzielt er 100 € je Tonne. Sein Vorteil beträgt 80 t · 40 € = 3 200 €

h)

neue Nachfrage					
Preis je t	**E**	**F**	**G**	**H**	**Marktnachfrage**
60	80	40	60	100	280
100	–	40	60	100	200
120	–	–	60	100	160
180	–	–	–	100	100

Der Makler legt einen Preis von 120 € fest (Gleichgewichtspreis). Die neue Gleichgewichtsmenge beträgt 160 t.

i)

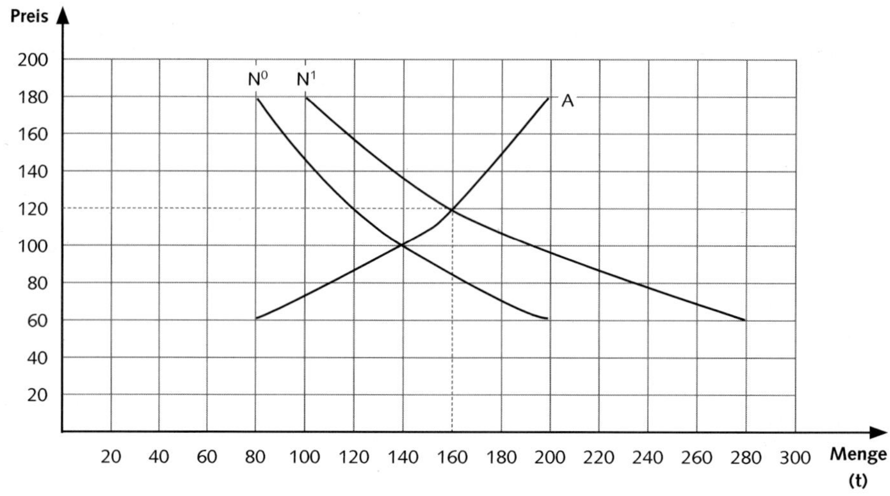

Preisbildung auf dem Markt für Speiseeis

9

Mehr Schüler und Schülerinnen: Zahl der Nachfrager steigt.	Zunahme der Nachfrage für italienische Eiskugeln: Rechtsverschiebung der Nachfragekurve; Preis steigt und Menge steigt.
Preis für »Eis am Stiel« (= Substitutionsgut) sinkt.	Abnahme der Nachfrage für italienische Eiskugeln: Linksverschiebung der Nachfragekurve; Preis sinkt und Menge sinkt.
Gewerbeaufsichtsamt schließt einige Eisdielen. Zahl der Anbieter nimmt ab.	Abnahme der Angebote für italienische Eiskugeln: Linksverschiebung der Angebotskurve; Preis steigt und Menge sinkt.
Kosten steigen. Einige Eisdielen können ihre Kosten nicht mehr decken.	Abnahme der Angebote für italienische Eiskugeln: Linksverschiebung der Angebotskurve; Preis steigt und Menge sinkt.

Preiskartell – Angebotsmonopol

10 a) Der Erlös ist bei einem Preis von 1,50 und einer Menge von 5 000 Kugeln am höchsten.

b)

Preis je Kugel	3,00	2,70	2,40	2,10	1,80	1,50	1,20	0,90	0,60	0,30	0,00
Menge in Stück	0	1 000	2 000	3 000	4 000	5 000	6 000	7 000	8 000	9 000	10 000
Erlös	0	2 700	4 800	6 300	7 200	7 500	7 200	6 300	4 800	2 700	0
Fixkosten	2 500	2 500	2 500	2 500	2 500	2 500	2 500	2 500	2 500	2 500	2 500
var. Kosten	0	400	800	1 200	1 600	2 000	2 400	2 800	3 200	3 600	4 000
Gewinn	–2 500	–200	1 500	2 600	3 100	3 000	2 300	1 000	–900	–3 400	–6 500

Der Gewinn ist mit 3 100 € bei einem Preis von 1,80 € und einer Menge von 4 000 Stück am größten.

c) Polypol: Gleichgewichtspreis: 1,20 € Gleichgewichtsmenge: 6 000 Kugeln
Monopol: Monopolpreis: 1,80 €, Monopolomenge: 4 000 Kugeln
Beim Monopol ist die Marktversorgung schlechter und der Preis höher als beim Polypol.

Oligopol

11 Auf dem Lebensmittelmarkt herrscht unter den Einzelhandelsketten ein Verdrängungswettbewerb.

Ziel der Anbieter ist es, die jeweiligen Konkurrenten vom Markt zu verdrängen, um sich eine monopolartige Stellung mit entsprechenden Gewinnmöglichkeiten zu verschaffen.

Auf dem Benzinmarkt liegt ein Parallelverhalten der Anbieter vor. Ein Anbieter verändert den Preis und alle anderen folgen in kurzen Zeitabständen nach. Ziel ist es, den Preiswettbewerb auszuschalten und den Gewinn zu erhöhen.

12 Fall 1:

a) Unabhängig davon, ob B die Strategie SB1 oder SB2 wählt, ist es für A in jedem Fall besser, SA2 (Niedrigpreisstrategie) zu wählen. Sein Vorteil gegenüber der Hochpreisstrategie beträgt in beiden Fällen 50 GE. Er wird also auf jeden Fall Strategie SA2 wählen.

b) Unabhängig davon, ob A die Strategie SA1 oder SA2 wählt, ist es für B in jedem Fall besser, SB2 (Niedrigpreisstrategie) zu wählen. Sein Vorteil gegenüber der Hochpreisstrategie beträgt in beiden Fällen 50 GE. Er wird also auf jeden Fall Strategie SB2 wählen.

c) Wenn beide die Niedrigpreisstrategie (SA2/SB2) wählen, ändert sich der Gewinn nicht.

d) Die Nachfrager sind begünstigt, weil das Produkt zu einem niedrigen Preis angeboten wird.

Fall 2:

a) Wählt A die Strategie 1 (= Einhaltung der Kartellabsprache), dann verhält sich B rational, wenn er die Strategie 2 (= Umgehung der Kartellabsprache) wählt. Wählt A dagegen Strategie 2 (= Umgehung der Kartellabsprache), ist es für B ebenfalls besser, die Kartellabsprache zu umgehen. Entsprechendes gilt für B. Bei jeder Entscheidung von A ist es für B besser, die Kartellabsprache zu umgehen. Es wird sich daher die Strategiekombination SA2/SB2 ergeben.

b) Bei dieser Kombination, bei der jeder der beiden die Kartellvereinbarung unterläuft, um seinen individuellen Gewinn zu maximieren, ist der Gewinn für jeden Einzelnen aber geringer als bei gemeinsamer Gewinnmaximierung. Der Gewinn könnte bei kollektiv-rationalem Verhalten für jeden Anbieter 110 GE betragen. Da aber beide ihren individuellen Gewinn auf 120 GE erhöhen möchten, ergibt sich letztlich für jeden von beiden lediglich ein Gewinn von 100 GE.

c) Das Kartell ist wirkungslos. Die Nachfrager haben einen Vorteil.

Asymmetrische Information – Adverse Selektion – Moral Hazard

Hinweis: Zur Einführung in die Problemstellung der Aufgaben 13 bis 15 eignet sich das am Ende dieses Kapitels im Lösungsbuch abgedruckte Experiment.

13 a) Der Versicherungsnehmer kennt selbst sein tatsächliches Fahrverhalten genau (angepasste Geschwindigkeit oder Geschwindigkeitsübertretungen). Die Versicherung kann bei ihrer Prämienkalkulation immer nur das durchschnittliche Fahrverhalten zugrunde legen. Es liegt eine asymmetrische Information zulasten des Versicherers vor.

b) **Adverse Selektion:** Negativauslese zulasten des Versicherers
Es kann zu einer schlechten Risikoauswahl kommen, weil die Versicherungsnehmer bereits vor Vertragsabschluss besser als der Versicherer über die Höhe des zu versichernden Risikos und die Schadenseintrittswahrscheinlichkeit informiert sind und diese Informationen gegenüber dem Versicherer verheimlichen. Im vorliegenden Fall werden vornehmlich solche Autofahrer die Versicherung abschließen wollen, denen häufig Geschwindigkeitsübertretungen angelastet werden. Folglich steigen die Versicherungsprämien, da die Kalkulation des Versicherers auf der Basis durchschnittlicher Autofahrer nicht kostendeckend ist. Als Folge werden die »guten Risiken« (Autofahrer ohne häufige Geschwindigkeitsübertretungen) die Versicherung kündigen.

c) **Moral Hazard:** Verhaltensänderung nach Vertragsabschluss
Auf Versicherungsmärkten entsteht das Problem des Moral Hazard, wenn durch den Abschluss eines Versicherungsvertrages die Schadenseintrittswahrscheinlichkeit steigt, weil der Versicherungsnehmer seine Sorgfalt und Bemühungen zur Schadensvermeidung verringert.
Im vorliegenden Fall wird bei den Versicherungsnehmern die Bereitschaft, Geschwindigkeitsvorschriften zu beachten, deutlich abnehmen. Das muss in der Prämienkalkulation des Versicherers berücksichtigt werden und führt zu höheren Prämien.

d) Durch die Einführung einer Selbstbeteiligung kann der Versicherer seine eigenen Interessen mit denen der Versicherten in Einklang bringen. Um die Zahlung der Selbstbeteiligung zu vermeiden, werden die Versicherten ihr Fahrverhalten den Verkehrsregeln anpassen oder größere Anstrengungen unternehmen, sich nicht erwischen zu lassen. Das ist auch im Interesse des Versicherers.

14 a) Moral Hazard: siehe Aufg. 13 c)
Restaurantrechnungsproblem: Die Ursache liegt im sog. Trittbrettfahrerproblem: Jeder versucht einen Nutzen zu erzielen und Vorteile in Anspruch zu nehmen, ohne sich in angemessenem Umfang an den Kosten beteiligen zu wollen.

Schülerindividuelle Lösung

b) Jeder versucht, die bestmögliche Leistung der Krankenversicherung für sich in Anspruch zu nehmen, da für diese Leistung auch andere Versicherte bezahlen müssen.

c) Für solche Krankheiten müssten die Behandlungskosten von den betreffenden Personen selbst in vollem Umfang übernommen werden.

15 a) **Kombination $S_{E2}/S_{Ü2}$**

Gesamtkosten: 10 · 150 =	1 500
Kosten pro Person:	150
Nutzen pro Person	120
– Kosten pro Person	150
Nettonutzen pro Person	– 30

Jedes Versicherungsmitglied hat eine Nettonutzenminderung von 30.

Kombination $S_{E2}/S_{Ü1}$

Gesamtkosten: 9 · 100 + 1 · 150 =	1 050
Kosten pro Person	105
Nutzen des E	120
– Kosten des E	105
= Nettonutzen des E	+ 15

E hat einen Nettonutzenzuwachs von 15.

Nutzer der Ü jeweils	100
– Kosten der Ü jeweils	105
Nettonutzen jedes Ü	– 5

Alle Ü haben eine Nettonutzenminderung von 5.

		Inanspruchnahme der medizinischen Versorgung durch die übrigen Versicherten Ü (= Übrigen)	
		normal ($S_{Ü1}$)	erhöht ($S_{Ü2}$)
Inanspruchnahme der medizinischen Versorgung durch den Versicherten E (= Einzelner)	normal (S_{E1})	0 0	– 25 – 45
	erhöht (S_{E1})	– 5 15	– 30 – 30

Beispiel:

Bei Strategiekombination ($S_{E1}/S_{Ü2}$) beträgt die Nutzenminderung von E 45 und die von Ü 25. Die Gesamtkosten betragen 1450 (9 · 150 + 1 · 100). Jedes der 10 Versicherungsmitglieder muss davon vereinbarungsgemäß $\frac{1}{10}$, also 145 zahlen. Der Nutzen des E beträgt aber nur 100, d. h., er hat einen Nutzenverlust von 45. Der Nutzen von Ü beträgt jeweils 120, d. h., alle übrigen Versicherungsmitglieder haben jeweils einen Nutzenverlust von 25.

b) $S_{E1}/S_{Ü2}$: Normale medizinische Inanspruchnahme. Kosten entsprechen dem Nutzen (Äquivalenzprinzip).

c) $S_{E2}/S_{Ü1}$: E nimmt die medizinische Versorgung übermäßig in Anspruch. Die dadurch entstehenden Mehrkosten werden auf alle Versicherten gleichmäßig umgelegt. E erzielt dadurch einen Nettonutzenzuwachs von 15 auf Kosten der Ü.

d) Für den Einzelnen E ist es – unabhängig davon, wie die Übrigen Ü reagieren – in jedem Fall besser, die Strategie 2 (= erhöhte Inanspruchnahme der medizinischen Versorgung) zu wählen. Wenn die Ü Strategie 1 wählen, ergibt sich für E ein Nettonutzenzuwachs von 15. Wenn Ü dagegen Strategie 2 wählen, ergibt sich für E zwar eine Nettonutzenminderung von 30. Würde E aber die andere Alternative (Strategie 1) und Ü Strategie 2 wählen, würde die Nettonutzenminderung für E 45 (also mehr als bei S_{E2}) betragen.
Jeder Einzelne wird versuchen, seinen Nettonutzen zu maximieren (bzw. den Nutzenverlust zu minimieren), und die Strategie 2 (Erhöhte Inanspruchnahme der medizinischen Versorgung) wählen.

e) Das führt zu Strategiekombination $S_{E2}/S_{Ü2}$, die für alle Versicherten mit einem Nettonutzen von – 30 verbunden ist, weil die durch die übermäßige Inanspruchnahme des Gesundheitssystems entstehenden zusätzlichen Kosten pro Person von 50 pro Person höher sind als der dadurch entstehende zusätzliche Nutzen von 20 pro Person.
Moral Hazard *(moralische Versuchung)* beschreibt die Gefahr einer Verhaltensänderung nach vermeintlichem Wegfall des Risikos. Der Begriff beschreibt den Umstand, dass mit versicherten Risiken weniger verantwortungsbewusst umgegangen wird (z. B. Autofahrer gehen nach Abschluss einer Versicherung ein höheres Risiko beim Autofahren ein, gegen Diebstahl versicherte Fahrräder werden weniger sorgfältig gesichert).
Ein Moral Hazard droht, wenn es einen Widerspruch gibt zwischen dem, was für die Allgemeinheit (für das Kollektiv), und dem, was für das Individuum vernünftig ist, wenn also ein Widerspruch zwischen kollektiver Rationalität und individueller Rationalität vorliegt.
Im Gesundheitswesen droht ein Moral Hazard, wenn eine höhere Instanz, z. B. eine Regierung, eine Kollektivrationalität (z. B. Pflichtversicherung in der gesetzlichen Krankenversicherung) durchsetzen will, dies aber von den Individuen zugunsten ihrer eigenen Interessen ausgenutzt und damit womöglich unterlaufen wird. Die scheinbar kostenlose Verfügbarkeit von Gesundheitsleistungen verführt z. B. zu unnötigen Arztbesuchen und zur Überbeanspruchung und Verteuerung des Gesundheitssystems. Für die Pflichtversicherten besteht auch kein Anreiz, risikoreiche Hobbys oder eine ungesunde Lebensweise einzuschränken, da im Bedarfsfall die Solidargemeinschaft der gesetzlichen Krankenversicherung für die Behandlungskosten aufkommt. Gegen das Moral-Hazard-

Argument wird geltend gemacht, dass Gesundheitsleistungen nicht wie andere Konsumgüter betrachtet werden können. Insbesondere der voraussichtliche Nutzen der Leistung könne vom Patienten kaum im Voraus eingeschätzt werden. Es sei daher gesundheitspolitisch kontraproduktiv, Patienten von Arztbesuchen abschrecken zu wollen.

Experiment im Klassenzimmer zum Thema Moral Hazard

– Hinweise für den Lehrer/die Lehrerin –

Zeitbedarf: 15 Minuten

Durchführung

(1) Einteilung in Gruppe 1 und 2 (z. B. linke und rechte Hälfte des Klassenzimmers).

(2) Die beiden Gruppen sollen etwa gleich groß sein.

(3) Spielunterlagen an die beiden Gruppen getrennt austeilen. Die eine Gruppe soll die Aufgabenstellung der anderen Gruppe nicht kennen.

(4) Experiment ohne Nennung des Unterschieds zwischen beiden Gruppen erklären.

(5) Münze werfen (Das Experiment kann aber auch ohne tatsächliches Werfen einer Münze durchgeführt werden.)

(6) Entscheidungen einsammeln und die Ergebnisse nach Gruppe 1 bzw. 2 ordnen

(7) Im Plenum erläutern, wodurch sich die Aufgabenstellung der Gruppe 1 von der der Gruppe 2 unterschieden hat.

Lösung und Besprechung

Theoretisch müssten Mitglieder der Gruppe 2 die risikofreudigeren Entscheidungen getroffen haben. Es ist denkbar, dass dies nicht der Fall ist, sofern die risikoaversen Personen zufällig in der Gruppe 2 stärker vertreten sind.

Warum entscheidet Gruppe 2 risikofreudiger?

Weil sie versichert ist.

Sind zufällig die Risikofreudigen in der Gruppe 2?

Nein, die Rahmenbedingungen sind entscheidend.

Was bedeutet dies konkret für die Versicherung?

Dass die Schadensumme bei den Versicherten im Durchschnitt grösser ist als bei Nichtversicherten.

Anregungen und Hinweise

Folgende Fragen können in diesem Zusammenhang diskutiert werden:

Welche Maßnahmen treffen Versicherer, um zu verhindern, dass man sich risikoreicher verhält, wenn man versichert ist?

- Selbstbehalt
- Bonus-/Malussystem
- Null-Promille-Klausel
- ...

Auf welche Situationen lässt sich das Phänomen des Moral Hazard übertragen?

- Verkehrssicherheit: Autolenker in einem Auto mit Airbag (= Versicherung) übertreten die Höchstgeschwindigkeit öfter als solche in einem Auto ohne Airbag.
- Exportrisikogarantie (Bürgschaft) der Regierung: Führt zu risikoreicheren Geschäften.
- Eigene Beispiele der Schülerinnen und Schüler ...

Abschluss

Die Schülerinnen und Schüler haben erfahren, dass Moral Hazard ein Konzept ist, das das eigene Verhalten erklärt.

Fließender Übergang oder bewusste Überleitung zu einer Unterrichtstunde zum Thema Moral Hazard (z. B. Aufgaben 13 bis 15 in Abschnitt G 2).

Beschreibung des Experiments für Gruppe 1

Moral Hazard Experiment – Gruppe 1

Ausgangslage

Das »Versichert-Sein« hat volkswirtschaftliche Kosten.

Absicht

Sie treffen Entscheidungen, die als Ausgangsbasis für eine Diskussion dienen, um die volkswirtschaftlichen Kosten zu verstehen.

Rahmenbedingungen

Jeder arbeitet für sich. Die Ergebnisse werden anschließend eingesammelt.

Auftrag

Sie haben bereits 1 000 € für eine Wette eingezahlt.

Sie können aber jetzt noch bestimmen, auf welche der Kombinationen A, B, C oder D sie setzen.

In jedem Fall wird eine Münze geworfen. Je nachdem, ob Sie A, B, C oder D gewählt haben, kommt es zu folgenden Auszahlungen bei Kopf bzw. bei Zahl.

Wette	Auszahlung bei Kopf	Auszahlung bei Zahl
A	1 100 €	900 €
B	1 200 €	800 €
C	1 300 €	700 €
D	1 400 €	600 €

Für welche Wette (A, B, C oder D) entscheiden Sie sich?

Notieren Sie den entsprechenden Buchstaben hier: _____

Jetzt wird eine Münze geworfen. Kopf oder Zahl? _____

Kopiervorlage

Beschreibung des Experiments für Gruppe 2

Moral Hazard Experiment – Gruppe 2

Ausgangslage

Das »Versichert-Sein« hat volkswirtschaftliche Kosten.

Absicht

Sie treffen Entscheidungen, die als Ausgangsbasis für eine Diskussion dienen, um die volkswirtschaftlichen Kosten zu verstehen.

Rahmenbedingungen

Jeder arbeitet für sich. Die Ergebnisse werden anschließend eingesammelt.

Auftrag

Sie haben bereits 1 000 € für eine Wette eingezahlt.

Sie können aber jetzt noch bestimmen, auf welche der Kombinationen A, B, C oder D sie setzen.

In jedem Fall wird eine Münze geworfen. Je nachdem, ob Sie A, B, C oder D gewählt haben, kommt es zu folgenden Auszahlungen bei Kopf bzw. bei Zahl.

Wette	Auszahlung bei Kopf	Auszahlung bei Zahl
A	1 100 €	900 €
B	1 200 €	800 €
C	1 300 €	700 €
D	1 400 €	600 €

Sie sind versichert für den Fall, dass das Wettbüro Ihnen weniger als 1 000 € ausbezahlt. Die Differenz zu 1 000 € wird Ihnen zurückerstattet, jedoch maximal 300 €

Für welche Wette (A, B, C oder D) entscheiden Sie sich?

Notieren Sie den entsprechenden Buchstaben hier: _____

Jetzt wird eine Münze geworfen. Kopf oder Zahl? _____

Kopiervorlage

Lernkontrollen zu G 3 Seite 672

Wirtschaftsordnung

1 Planung

In einer Marktwirtschaft werden die Entscheidungen, welche Güter in welchem Umfang produziert und konsumiert werden sollen, von den Produzenten und Konsumenten eigenständig getroffen (= **dezentrale Planung**). Die Produktions- und Konsumentscheidungen der Wirtschaftseinheiten sind dabei abhängig von den Preisen auf den Güter- und Faktormärkten.

Koordination

Abstimmung der Pläne durch den Preis: Es wäre reiner Zufall, wenn die einzelwirtschaftlichen Pläne der Produzenten und Konsumenten von vornherein so übereinstimmen würden, dass alle Produzenten zu den von ihnen geplanten Preisen ihre gesamte Produktion absetzten könnten und alle Konsumenten zu den von ihnen akzeptierten Preisen die erwartete Gütermenge erhalten würden. In Wirklichkeit müssen Produzenten und Konsumenten ihre Pläne laufend ändern. Möchten beispielsweise die Konsumenten zu einem bestimmten Preis weniger Güter kaufen als die Produzenten auf Grund ihrer Produktionspläne hergestellt haben, werden die Produzenten den Preis senken. Zu diesem niedrigeren Preis sind einige Konsumenten zusätzlich bereit, diese Güter – abweichend von ihrem ursprünglichen Konsumplan – zu kaufen.

Anreiz

Die Steuerung einer Marktwirtschaft durch einen sich frei am Markt bildenden Preis kann nur funktionieren, wenn die Anbieter miteinander in Wettbewerb stehen. Ein funktionierender Wettbewerb schafft bei den Produzenten Anreize zur Leistungsverbesserung und erzwingt Anpassungen an veränderte Konsumentenwünsche, da auf diese Weise die Gewinnerzielungsmöglichkeiten steigen. Für die Produzenten stellen Gewinne einen Leistungsanreiz dar, während Verluste einer Bestrafung für unwirtschaftliches Verhalten gleichkommen.

Kontrolle

Die dezentrale Planung der Wirtschaftseinheiten setzt Privateigentum an Konsum- und Produktionsgütern voraus. Mit privaten Eigentumsrechten geht aber die Gefahr einer wirtschaftlichen Machtkonzentration einher. Der Wettbewerb zwischen den Produzenten stellt diesbezüglich ein wirksames System zur Machtkontrolle dar. Bei funktionierendem Wettbewerb ist es ausgeschlossen, dass ein Produzent auf Dauer eine unangemessen hohe Marktmacht innehat, da die Mitbewerber seine Produkte und Produktionsverfahren nachahmen und den von ihm verlangten Preis unterbieten. Da sich in einer Wettbewerbswirtschaft Konsumenten und Produzenten bei der Suche nach eigenen Vorteilen ständig gegenseitig beobachten und überwachen, beinhaltet der Wettbewerb nicht nur einen Leistungsanreiz, sondern gleichzeitig auch eine wirksame Leistungskontrolle für wirtschaftliches Verhalten.

2 (1) Signal- oder Informationsfunktion

Preiserhöhungen signalisieren, dass das Angebot für die vorliegende Nachfrage zu gering ist. Preissenkungen signalisieren, dass das Angebot für die vorliegende Nachfrage zu hoch ist. Der Preis dient als Knappheitsindikator.

(2) Lenkungs- oder Allokationsfunktion

Indem die Produzenten ihre Produktionsmenge an die veränderte Knappheitssituation auf den Gütermarkt anpassen, werden gleichzeitig die Produktionsfaktoren in die Bereiche gelenkt, in denen nach den Preisänderungen die größten Gewinne zu erwarten sind. Dadurch ist gewährleistet, dass die Produktionsfaktoren jeweils in ihrer produktivsten Verwendung eingesetzt werden.

(3) Verteilungs- und Zuteilungsfunktion

Da die Preise auf den Faktormärkten die Einkommen für die Inhaber der Produktionsfaktoren darstellen, ergeben sich daraus auch Veränderungen für die Einkommens- und Vermögensverteilung **(= Verteilungsfunktion).**

Auf der Nachfrageseite teilen die Preise das Angebot den Nachfragern zu, die bereit sind, den Marktpreis zu akzeptieren **(= Zuteilungsfunktion).**

(4) Planabstimmungs- oder **Ausgleichsfunktion**

Die Wechselwirkungen zwischen Angebot, Nachfrage und Preis, die eine Koordination der Wirtschaftspläne von Produzenten und Konsumenten herbeiführen, werden als Preismechanismus bezeichnet und stellen das Steuerungsinstrument einer Marktwirtschaft dar. Dieser Anpassungsprozess, der ständige Preis-, Produktions- und Nachfrageänderungen beinhaltet, setzt sich so lange fort, bis die Pläne der Produzenten und Konsumenten aufeinander abgestimmt sind

(5) Anreizfunktion

Produzenten und Konsumenten werden durch den Preis zu wirtschaftlichem Handeln und zur Berücksichtigung der Knappheitsverhältnisse auf den Güter- und Faktormärkten veranlasst. Über den Preis erzielen leistungsfähige Marktteilnehmer ein entsprechendes Einkommen und werden belohnt.

(6) Auslesefunktion

Nichtleistungsfähige oder nichtleistungswillige Marktteilnehmer werden dagegen über den Preis mit einer Einkommensminderung bis hin zur Verdrängung vom Markt bestraft.

Wettbewerb ist die Voraussetzung für das Wirksamwerden des Preismechanismus und die Erfüllung der Preisfunktionen.

Freie Marktwirtschaft – Soziale Marktwirtschaft

3 Siehe Abb. im Buch Abschnitt G 3.2.2

Staatliche Eingriffe in den Versicherungsmarkt

4 Gründe:

- Marktunvollkommenheiten (inhomogene Versicherungsprodukte, fehlende Markttransparenz u. a.)
- asymmetrische Informationsverteilung
- Besonderheiten der Versicherungsprodukte (u. a. immaterielle Konsumgüter, auf die Zukunft bezogener Bedarf, low-interest-Produkt) können dazu führen, dass allgemein als notwendig erachtete Versicherungen von der Bevölkerung nicht freiwillig abgeschlossen werden.

Maßnahmen:

- Die Anbieter unterliegen besonderen Wettbewerbsregeln und einer staatlichen Überwachung (**Versicherungsaufsicht**). Die staatliche Versicherungsaufsicht gilt sowohl für die Zulassung zum Geschäftsbetrieb als auch hinsichtlich der laufenden Kontrollen.
- Regulierende Markteingriffe des Staates: Informationspflichten, Schutzvorschriften (z. B. zwingende Vorschriften im Versicherungsvertragsgesetz) sowie Preisregulierungen und Überschussverwendungsrichtlinien
- Versicherungspflicht (z. B. Kfz-Haftpflicht)
- Pflichtversicherung im Rahmen der Sozialversicherung
- Steuerliche Begünstigung von Beiträgen und Leistungen bestimmter Versicherungsarten

Lernkontrollen zu G 4 Seiten 682 – 684

Konzern – Fusion – Trust

1 Gesetz gegen Wettbewerbsbeschränkungen

a) Gem. § 18 (1) AktG handelt es sich um einen Konzern, wenn ein herrschendes und ein oder mehrere abhängige Unternehmen unter der einheitlichen Leitung des herrschenden Unternehmens zusammengefasst sind.
Diese Voraussetzung ist bei der vorgegebenen Unternehmensverbindung erfüllt.

b) Muttergesellschaft: Badische Chemiewerke AG
Tochtergesellschaften: Chemische Werke Ahrens AG, Jörger Elektrographit GmbH
Schwestergesellschaften: Chemische Werke Ahrens AG, Jörger Elektrographit GmbH
Eine »Verschachtelung« liegt vor, wenn die Badische Chemiewerke AG über ihre Beteiligung an der Verwaltungsgesellschaft für Chemiewerte GmbH an der Badischen Stickstoff AG beteiligt sind.

c) Eine Holdinggesellschaft (Dachgesellschaft) übernimmt lediglich Aufgaben der Verwaltung (Leitung) und die Finanzierung. In der vorliegenden Struktur übernimmt die Verwaltungsgesellschaft für Chemiewerte GmbH die Funktion einer Holdinggesellschaft.

d) Horizontaler Zusammenschluss: Badische Chemiewerke AG und Chemische Werke
Ahrens AG (gleicher Wirtschaftsbereich: Chemieprodukte)
Vertikaler Zusammenschluss: Jörger Elektrographit GmbH und Badische Chemiewerke AG (vor- und nachgelagerte Stufen: Kohleerzeugnisse sind Ausgangsstoff für die Gewinnung von Farben)
Anorganischer Zusammenschluss: Badische Chemiewerke AG und Heilbronner Sperrholzfabrik GmbH (Tätigkeit in unterschiedlichen Wirtschaftsbereichen)

e)
- überhöhte Preisfestsetzung durch Ausnutzung von Marktmacht
- Verhinderung von Investitionen durch fehlenden Wettbewerb
- Entstehung politischer Macht bei großen »systemrelevanten« Unternehmen

2 a) Erforderlich wäre lediglich noch ein leitendes Organ (= Vorstand), ein beschließendes Organ (= Hauptversammlung) und ein kontrollierendes Organ (= Aufsichtsrat). Damit entfallen die Organe bei GmbH: Geschäftsführer und Gesellschafterversammlung und eventuell ein Aufsichtsrat, bei den Aktiengesellschaften: Vorstand, Aufsichtsrat, Hauptversammlung.

b)

	Konzern	**Trust**
rechtliche Selbstständigkeit	bleibt erhalten	geht verloren
wirtschaftliche Selbstständigkeit	geht verloren	geht verloren

c) Das Unternehmen ist marktbeherrschend, soweit es
1. ohne Wettbewerber ist oder keinem wesentlichen Wettbewerb ausgesetzt ist (§ 19 (2) Nr. 1 GWB) oder
2. eine im Verhältnis zu seinen Wettbewerbern überragende Marktstellung hat (§ 19 (2) Nr. 2 GWB);

d) Bei der Verschmelzung würde die neu zu gründende AG die Chemieunternehmen übernehmen (= Zusammenschluss nach § 37 (1) Nr. 1 GWB).
Der Zusammenschluss ist vor dessen Vollzug beim Bundeskartellamt anzumelden (§ 39 (1) GWB).
Zur Anmeldung sind alle am Zusammenschluss beteiligten Unternehmen verpflichtet, d. h. neu zu gründende AG sowie Veräußerer (§ 39 (2) GWB)

Kartellarten

3 **Hinweis:** Das Gesetz gegen Wettbewerbsbeschränkungen verzichtet ab der 7. GWB-Novelle auf die früher übliche Benennung einzelner Kartellarten (Rationalisierungskartell, Strukturkrisenkartell etc.), weil das bis zur Novellierung geltende Anmelde- und Genehmigungsverfahren durch eine Selbsteinschätzung der Unternehmen mit einer nachträglichen Kontrollmöglichkeit durch die Kartellbehörden ersetzt wurde. Seit der 7. GWB-Novelle gibt es keine anmelde- bzw. genehmigungspflichtigen Kartelle mehr. Trotzdem werden in den Aufgaben und Lösungen die Begriffe beibehalten, weil damit der beabsichtigte wirtschaftliche Zweck einer Kartellvereinbarung zum Ausdruck kommt.

	Beispiele	**Bezeichnung**	**Regelung im Gesetz gegen Wettbewerbsbeschränkungen**		
			verbotenes Kartell	**erlaubtes Kartell**	**Begründung**
a)	Drei Hersteller von Teerfarben beschließen, für ihre Produkte einheitliche Preise zu verlangen.	Preiskartell	x		Verhinderung von Wettbewerb (§ 1 GWB)
b)	Die Hersteller von Kunstdünger vereinbaren, bei Lieferungen an den Großhandel einheitlich 20 % Rabatt zu gewähren.	Rabattkartell	x		Einschränkung von Wettbewerb (§ 1 GWB)
c)	Zwei Straßenbauunternehmen treffen eine Vereinbarung, wonach sich jedes Unternehmen nur in einem ihm zugewiesenen Gebiet an öffentlichen Ausschreibungen beteiligt.	Gebietskartell	x		Einschränkung von Wettbewerb (§ 1 GWB)
d)	Hersteller von Büromöbeln vereinbaren einheitliche Lieferungsbedingungen.	Konditionenkartell		x	Keine Beeinträchtigung des Wettbewerbs (§ 2 (1) GWB)

	Beispiele	Bezeichnung	Regelung im Gesetz gegen Wettbewerbsbeschränkungen		
			verbotenes Kartell	erlaubtes Kartell	Begründung
e)	Die Hersteller von Läufern aus Kokosmaterial vereinbaren, dass nur noch Punktmustergewebe mit einem Gewicht von 2 000 g je m^2 mit einer Toleranz von ±5 % hergestellt werden sollen.	Normen- und Typenkartell		x	Keine Beeinträchtigung des Wettbewerbs (§ 2 (1) GWB)
f)	Sechs Energieversorgungsunternehmen, die auf dem Gebiet der Kernenergie tätig sind, wollen sich gemeinsam an Uranminen beteiligen, sowie Vorräte zentral lagern.	Rationalisierungskartell		x	Erlaubt, falls Verbraucher an dem entstehenden Gewinn (Preisvorteil) angemessen beteiligt werden (§ 2 (1) GWB); in diesem Fall keine Beeinträchtigung des Wettbewerbs
g)	Zwei Hersteller von Stromkabeln treffen eine Vereinbarung, wonach sich jedes Unternehmen auf die Herstellung von Kabeln bestimmter Stärke (z. B. 5 · 1,5 mm^2) spezialisiert. Die Unternehmen beliefern sich gegenseitig mit den Kabelstärken, die sie nicht selbst produzieren.	Spezialisierungskartell		x	Erlaubt, falls Verbraucher an dem entstehenden Gewinn (Preisvorteil) angemessen beteiligt werden (§ 2 (1) GWB); in diesem Fall keine Beeinträchtigung des Wettbewerbs
h)	Die beiden Hersteller von Stromkabeln (vgl. Zi. 7) beabsichtigen, zum Vertrieb ihrer Produkte eine Absatz-GmbH zu gründen, an der beide je zur Hälfte beteiligt sind.	Absatzsyndikat		x	Erlaubt, falls Verbraucher an dem entstehenden Gewinn (Preisvorteil) angemessen beteiligt werden (§ 2 (1) GWB); in diesem Fall keine Beeinträchtigung des Wettbewerbs
i)	Deutsche Hersteller von Herrenoberhemden klagen zunehmend über rückläufi ge Umsätze. Als Ursache dafür nennen sie Billigprodukte aus Südasien. Sie beabsichtigen daher, ihre Kapazi täten innerhalb der nächsten 2 Jahre um 20 % zu reduzieren. Gleichzeitig soll eine Umstellung ihrer Produktion auf andere Produkte bzw. auf höhere Qualitäten vorgenommen werden.	Strukturkrisenkartell		x	Keine Beeinträchtigung des Wettbewerbs (§ 2 (1) GWB)
j)	Vier Hersteller von Leichtbauplatten (alles kleinere und mittlere Unternehmen) haben eine Verein barung getroffen, wonach Aluminiumschienen gemeinsam beschafft werden können. Ziel dieser Vereinbarung ist die Ausnutzung von Mengen rabatt	Mittelstandskartell		x	Keine wesentliche Beeinträchtigung des Wettbewerbs; Wettbewerbsfähigkeit kleinerer oder mittlerer Unternehmen wird dadurch gefördert (§ 3 GWB)

Wettbewerbspolitik

4 Die Wettbewerbsordnung ist das Grundelement der Wirtschaftsordnung der Sozialen Marktwirtschaft. Ohne Wettbewerb kann der Preis die ihm in einer Marktwirtschaft zugeschriebenen Funktionen nicht erfüllen. Während das Grundgesetz die Verfassung der politischen Ordnung (parlamentarische Demokratie) darstellt, soll das GWB im wirtschaftlichen Bereich die Handlungs- und Entschließungsfreiheit gewährleisten und zur Realisierung einer guten Marktversorgung durch freien Leistungswettbewerb beitragen. Das GWB konnte 1957 nur gegen erheblichen Widerstand des Bundesverbandes der deutschen Industrie (BDI) erlassen werden.

5 a) Es handelt sich um ein Preiskartell. Ziel ist es, den Preiswettbewerb bei Vitaminpräparaten einzuschränken bzw. aufzuheben.

b) Signal-/Informationsfunktion: Der vom Kartell festgelegte Preis (Monopolpreis) spiegelt nicht unbedingt den Grad der tatsächlichen Güterknappheit wider. Vielmehr kann der autonom festgesetzte Kartellpreis mit einer künstlichen Angebotsverknappung (Zuteilung von Produktionsquoten) einhergehen.

Lenkungs-/Allokationsfunktion: Der hohe Monopolpreis führt zwar möglicherweise dazu, dass neue Konkurrenten auftreten. Er lenkt aber die Produktionsfaktoren nicht in die Bereiche, in denen sie am produktivsten eingesetzt werden.

Anreiz- und Auslesefunktion: Wegen fehlender Konkurrenz ist das Kartell (Kollektivmonopol) nicht gezwungen, möglichst effizient zu wirtschaften. Es besteht keine Gefahr, durch den Preis für unwirtschaftliches Verhalten bestraft (sanktioniert) zu werden. Das Kartell kann versuchen, Kostenerhöhungen durch Preiserhöhungen auf die Nachfrager zu überwälzen.

Die Ausgleichs-/Planabstimmungsfunktion ist dagegen auch beim Monopolpreis erfüllt. Auch der Monopolpreis kommt durch Angebot und Nachfrage zustande (Gleichgewichtspreis). Es gibt zu diesem Preis keinen Nachfrage- oder Angebotsüberhang. Allerdings ist die Marktversorgung der Nachfrager schlechter als beim Polypol (höherer Preis und geringere Menge).

c) Je größer die Zahl der Kartellmitglieder ist, umso größer ist die Wahrscheinlichkeit, dass einige Kartellmitglieder sich zusätzliche Vorteile durch (heimliche) Erhöhung der Produktionsmenge und deren Verkauf zu einem niedrigeren Preis verschaffen wollen. Durch diese individuelle Gewinnmaximierung wird die Kartellvereinbarung unterlaufen und das Kartell ist wirkungslos.

d) Durchsetzung des Kartellpreises (Aufgrund der großen Marktmacht der Anbieter können Abnehmer, die den überhöhten Kartellpreis nicht akzeptieren wollen, boykottiert werden.), Erhöhung des Marktanteils, Ausschaltung von Konkurrenten.

e) Schülerindividuelle Antwort

6 a) Zwischen den Handelsketten herrscht intensiver Wettbewerb mit zunehmender Konzentrationstendenz. Hohe Abhängigkeit der Hersteller vom Handel. Es liegt in diesem Fall ein Nachfrageoligopol vor. Aufgrund ihrer hohen Marktmacht sind die Lebensmittelketten zuweilen in der Lage, den Herstellern die Preise zu diktieren und ggf. bestimmte Produkte zu boykottieren. Die Zahl der Hersteller nimmt ab.

b) Nein. Ein hoher Konzentrationsgrad deutet auf oligopolistische Marktstrukturen hin. Auf diesen Märkten herrscht häufig intensiver Wettbewerb. Die Marktform der »weiten Oligopole« wird in der Wettbewerbstheorie sogar als diejenige angesehen, bei der die dynamischen Funktionen des Wettbewerbs am besten erfüllt werden können (Konzept der optimalen Wettbewerbsintensität von E. Kantzenbach). Häufig ist aber auf oligopolistischen Märkten der Preiswettbewerb zugunsten von Qualitätswettbewerb und Werbung verringert (z. B. Autobranche).

7 a) Kostensenkung durch Rationalisierung (Synergieeffekte, Fixkostendegression), erhöhte Forschungsinvestitionen und Förderung des technischen Fortschritts, besserer Zugang zu Kapitalmärkten, erhöhte Kreditwürdigkeit

b) Das Bundeskartellamt übt eine Fusionskontrolle aus (GWB § 35–43). Ein Zusammenschluss wird untersagt, wenn zu erwarten ist, dass dadurch eine marktbeherrschende Stellung entsteht oder verstärkt wird. Wenn die Unternehmen aber nachweisen, dass durch den Zusammenschluss auch Verbesserungen der Wettbewerbsbedingungen eintreten und dass diese Verbesserungen die Nachteile der Marktbeherrschung überwiegen, ist eine Genehmigung dennoch möglich.

Lernkontrollen zu G 5 — Seiten 695–697

Wirtschaftskreislauf

1

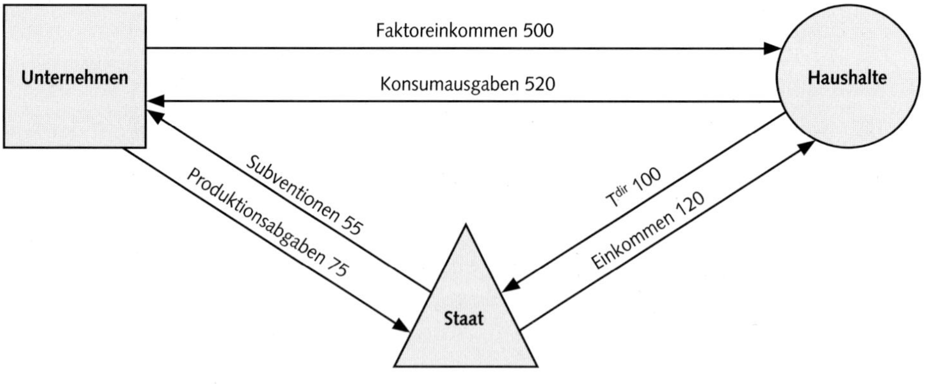

Ermittlung des Inlandsprodukts

2 a)

Gesamtwirtschaftliches Produktionskonto			
Abschr	350	Cpr	1 500
T^{Prod}-Subv	270	CSt	500
Faktorkosten	1 930	Ibr	450
		Ex-Im	100
	2 550		2 550

b) BIP_M: 2 550 GE; NIP_M: 2 550 GE – 350 GE = 2 200 GE; NIP_F: 1 930 GE

c) BIP_M = Cpr + CSt + Ibr + (Ex – Im)
2 550 1 500 500 450 100

d) BIP_M
– Abschreibung
= NIP_M
– Saldo aus Produktions- und Importabgaben – Subventionen
= NIP_F

e) Nominal ist das BIP im Berichtsjahr (01) um 550 GE höher als im Vorjahr (00). Diese Erhöhung kann aber (ganz oder teilweise) darauf zurückzuführen sein, dass lediglich die Güter im Jahr 01 teurer geworden sind und keine Mehrproduktion an Gütern in Höhe von 550 GE vorliegt. Aus der nominalen Erhöhung kann nicht geschlossen werden, ob und ggf. in welchem Umfang sich die Güterversorgung der Bevölkerung verbessert hat. Dazu müsste die in der Erhöhung um 550 GE enthaltene Preiserhöhung für die Güter herausgerechnet werden (reales BIP).

Ermittlung des Volkseinkommens

3 a)

Erwerbs- und Vermögenseinkommen der Inländer aus dem Ausland	400 Mio. GE
– Erwerbs- und Vermögenseinkommen der Ausländer aus dem Inland	450 Mio. GE
= Saldo der Erwerbs- und Vermögenseinkommen	– 50 Mio. GE

Da der Saldo negativ ist, haben die Ausländer im Inland höhere Faktoreinkommen erzielt als die Inländer im Ausland.

b)

Bruttoinlandsprodukt zu Marktpreisen	3 600 Mio. GE
+ Saldo der Erwerbs- und Vermögenseinkommen	– 50 Mio. GE
= Bruttonationaleinkommen	3 550 Mio. GE

c)

Bruttoinlandsprodukt zu Marktpreisen	3 600 Mio. GE
– Abschreibungen	– 330 Mio. GE
= Nettoinlandsprodukt zu Marktpreisen	3 270 Mio. GE

d)

Nettoinlandsprodukt zu Faktorkosten	3 000 Mio. GE
+ Saldo der Erwerbs- und Vermögenseinkommen	– 50 Mio. GE
= Volkseinkommen	2 950 Mio. GE

Das Volkseinkommen ist die Summe der Erwerbs- und Vermögenseinkommen (Faktoreinkommen), die Inländern für die Zurverfügungstellung von Produktionsfaktoren aus dem In- und Ausland zugeflossen sind.

Entstehungs-, Verwendungs- und Verteilungsrechnung

4 Entstehungsrechnung

Die Entstehungsrechnung gibt für eine abgeschlossene Wirtschaftsperiode Auskunft darüber, welche Wirtschaftsbereiche in welchem Umfang zur Entstehung des Bruttoinlandsprodukts beigetragen haben. Die Entstehungsrechnung gibt Einblick in die sektorale Produktionsstruktur einer Volkswirtschaft, indem sie die Beiträge der einzelnen Wirtschaftsbereiche zum Bruttoinlandsprodukt deutlich macht. Durch einen Zeitvergleich lassen sich Veränderungen der Produktionsstruktur (z.B. abnehmende Bedeutung des landwirtschaftlichen und gewerblichen Bereichs bei gleichzeitig stark zunehmender Bedeutung des Dienstleistungssektors) erkennen

Verwendungsrechnung

Die Verwendungsrechnung zeigt, wofür die Güter, aus denen sich das Bruttoinlandsprodukt zusammensetzt, verwendet werden. Die Aufteilung entspricht der rechten Seite des gesamtwirtschaftlichen Produktionskontos.

Verwendungsrechnung: $BIP = C_{pr} + C_{St} + I_{br} + (Ex\text{-}Im)$

Die Entwicklung der Prozentanteile im Zeitvergleich kann Auskunft über wichtige Veränderungen in der Volkswirtschaft geben. So könnte eine Abnahme des prozentualen Anteils des privaten Konsums (= Binnennachfrage) auf eine Konsumschwäche hindeuten.

Verteilungsrechnung

Die Verteilungsrechnung zeigt die Aufteilung des Volkseinkommens auf die beiden Einkommensarten

- Arbeitnehmerentgelt (Bruttolöhne/-gehälter und Sozialbeiträge der Arbeitgeber)
- Unternehmens- und Vermögenseinkommen (Gewinne, Zinsen, Mieten, Pachten)

Der prozentuale Anteil der Arbeitnehmerentgelte am Volkseinkommen wird als Lohnquote bezeichnet.

5 a)

	in Mrd. €	in %
Land- und Fortwirtschaft	23,188	0,8
Produzierendes Gewerbe	947,395	31,0
Dienstleistungen	2082,605	68,2
Bruttowertschöpfung	**3053,188**	**100 %**

b)

	in Mrd. €	in %
Private Konsumausgaben	1776,691	52,4
Staatliche Konsumausgaben	662,185	19,6
Bruttoinvestitionen	717,909	21,2
Außenbeitrag	229,251	6,8
Bruttoinlandsprodukt	**3386,00**	**100 %**

c)

	in Mrd. €	in %
Arbeitnehmerentgelt	1746,041	68,9
Unternehmens- und Vermögenseinkommen	785,303	31,1
Volkseinkommen	**2531,344**	**100 %**

Die Lohnquote beträgt 68,9 %.

Nominales und reales Bruttoinlandsprodukt

6 a) und b)

Entwicklung des nominalen und realen BIP				
Jahr	BIP in jeweiligen Preisen		BIP in Preisen des Jahres 2010	
	Mrd. EUR	Veränderung in %	a) Mrd. EUR	b) Veränderung in %
1	2576,2	4,9	2576,2	4,1
2	2699,1	4,8	2668,7	3,6
3	2749,9	1,9	2678,9	0,4
4	2809,5	2,2	2681,6	0,1
5	2903,8	3,4	2724,5	1,6

7 a)

Land	reales BIP	reales BIP pro Kopf
A	2800 Mrd. US-$	2333 US-$
B	8400 Mrd. US-$	1680 US-$

Das reale BIP von Land B ist dreimal so hoch wie das von Land A.
Da aber die Einwohnerzahl von B mehr als viermal so hoch ist wie die von Land A, ist das reale BIP pro Kopf in Land A erheblich höher.

b) Das BIP ist als Wohlstandsindikator nur sehr eingeschränkt geeignet, da es z. B. keine Aussagen über die Einkommensverteilung, den Bildungsstand, das Gesundheitswesen usw. macht (siehe Aufg. 8).

Kritik am Inlandsprodukt als Wohlstandsindikator

8 Auswirkungen auf das BIP in der **laufenden** Periode

BIP steigt	BIP sinkt	BIP bleibt gleich
a), e), h), l), m), o), p), q)	b), c), k), n)	d), f), g), i), j), r)

Lernkontrollen zu G 6 Seite 707

Magisches Viereck

1 In keinem Jahr wurden alle vier Ziele gleichzeitig erreicht. In den meisten Jahren wurde nur eines oder sogar gar keines der Ziele erreicht.

2 Es handelt sich bei diesen vier Zielen somit um ein »magisches« Viereck, d. h. einige Ziele stehen in Konkurrenz zueinander und können nicht gleichzeitig erreicht werden.

Zielbeziehungen

3 a) **Beschäftigung – Wirtschaftswachstum**
Die Beziehung zwischen den Zielen Wirtschaftswachstum und Vollbeschäftigung gilt grundsätzlich als harmonisch. Mit der Ausweitung der Produktion und der dadurch bedingten Zunahme des realen Bruttoinlandsprodukts (BIP) steigt tendenziell auch die Beschäftigung und umgekehrt.
Es besteht jedoch kein direkter Zusammenhang zwischen Wirtschaftswachstum und Beschäftigung in dem Sinne, dass z. B. 1 % Wachstum zu 1 % mehr Beschäftigung führt. Dies ist u. a. dadurch bedingt, dass die Produktionssteigerung nach einer Phase der Unterbeschäftigung zunächst durch Abbau von Kurzarbeit, Erhöhung der Arbeitsproduktivität und Einführung von Überstunden bewältigt wird.

b) **Beschäftigung – Preisniveaustabilität**
Aus folgenden Gründen kann ein Zielkonflikt zwischen Beschäftigung und Preisniveaustabilität bestehen:

- Bei hohem Beschäftigungsstand können die Arbeitnehmer Lohnsteigerungen leichter durchsetzen als bei Unterbeschäftigung. Werden diese Lohnsteigerungen von den Unternehmen in Form höherer Preise an die Konsumenten überwälzt, kommt es zu Preissteigerungen. Ein höherer Beschäftigungsstand (d. h. eine geringere Arbeitslosenquote) kann demnach durch eine höhere Inflationsrate erkauft werden.
- Ein hoher Beschäftigungsstand geht mit einer hohen gesamtwirtschaftlichen Nachfrage einher, die wiederum eine Sogwirkung auf die Preise entfaltet.

Dieser Konflikt zwischen Beschäftigung und Preisniveaustabilität ist kurzfristig für den Fall einer konjunkturellen Arbeitslosigkeit empirisch nachweisbar. Auf Dauer besteht für die Wirtschaftspolitik aber keine Wahlmöglichkeit zwischen Inflation und Arbeitslosigkeit, da eine Verbesserung der Beschäftigungssituation langfristig nicht durch eine höhere Preissteigerungsrate erkauft werden kann.

c) **Wirtschaftswachstum – Umweltschutz**
Wirtschaftswachstum erhöht die Umweltbelastung, da grundsätzlich jede Mehrproduktion zu einem erhöhten Ressourcenverbrauch, zu vermehrten Emissionen und zu einem zusätzlichen Verkehrsaufkommen führt. Andererseits können Maßnahmen zum Umweltschutz umso leichter finanziert werden, je höher das Wirtschaftswachstum und damit das Volkseinkommen ist.

d) **Wirtschaftswachstum – gerechte Einkommens- und Vermögensverteilung**
Eine Verminderung von Einkommensunterschieden ist leichter, wenn in einer wachsenden Wirtschaft keine gesellschaftliche Gruppe eine Verringerung ihres

bisherigen Einkommens durch Umverteilung befürchten muss, sondern Besserverdienende lediglich geringere prozentuale Einkommenszuwächse erhalten als die Bezieher niedrigerer Einkommen.

e) Preisniveaustabilität – gerechte Einkommens- und Vermögensverteilung
Zwischen Preisniveaustabilität und gerechter Einkommens- und Vermögensverteilung besteht Zielharmonie, weil durch eine Minderung des Geldwertes die Einkommens- und Vermögensverteilung negativ beeinflusst wird.

Lernkontrollen zu G 7 — Seiten 731–733

Preisindex

1

	Basisjahr 00			Jahr 01		Jahr 02	
	Menge pro Jahr	Preis in Euro	Ausgaben in Euro	Preis in Euro	Ausgaben in Euro	Preis in Euro	Ausgaben in Euro
Pizza	48	4,00	192,00	4,50	216,00	4,50	216,00
Kino	24	5,00	120,00	5,50	132,00	6,00	144,00
Transport	96	1,50	144,00	1,50	144,00	2,00	192,00
Jeans	1	60,00	60,00	60,00	60,00	66,00	66,00
Kosmetik	48	2,50	120,00	3,00	144,00	3,00	144,00
Summe			**636,00**		**696,00**		**762,00**

	Basisjahr 00	Berichtsjahr 01	Berichtsjahr 02
Wert des Warenkorbs: $\Sigma p_n \cdot q_0$	636,00 €	696,00 €	762,00 €
Index: $\frac{\Sigma p_n \cdot q_0}{p_0 \cdot q_0} \cdot 100$	100	109,4	119,8

2 a)

	Mengen Basisjahr 00 q_0	Preise in Euro Basisjahr 00 p_0	Preise in Euro Berichtsjahr 01 p_1	Ausgaben in Euro Basisjahr 00 $p_0 \cdot q_0$	Ausgaben in Euro Berichtsjahr 01 $p_1 \cdot q_0$
Nahrungsmittel	300	16,00	21,00	4 800,00	6 300,00
Bekleidung	24	150,00	180,00	3 600,00	4 320,00
Wohnung	12	800,00	960,00	9 600,00	11 520,00
Summe				**18 000,00**	**22 140,00**

Hinweis: Die Verbrauchsmengen im Berichtsjahr (q_1) haben für die Berechnung des Preisindex keine Bedeutung.

	Basisjahr 00	Berichtsjahr 01
Wert des Warenkorbs: $\Sigma p_1 \cdot q_0$	18 000,00 €	22 140,00 €
Index: $\frac{\Sigma p_n \cdot q_0}{p_0 \cdot q_0} \cdot 100$	100	123

b) Wohnungspreise je Zeiteinheit (Monat) im Berichtsjahr 02 : 960 3 1,25 = 1 200,00 €
Wert des Warenkorbs im Berichtsjahr 02:

	Ausgaben in Euro Berichtsjahr 02
Nahrungsmittel	6 300,00
Bekleidung	4 320,00
Wohnung	14 400,00
Summe	25 020,00

	Basisjahr 00	Berichtsjahr 02
Wert des Warenkorbs: $\Sigma\, p_2 \cdot q_0$	18 000,00 €	25 020,00 €
Index: $\frac{\Sigma\, p_n \cdot q_0}{p_0 \cdot q_0} \cdot 100$	100	139

Preisindex Berichtsjahr 01 : 123 Preisindex Berichtsjahr 02 : 139

Preisniveauerhöhung in % (Inflationsrate) = $\frac{139 - 123}{123} \cdot 100 = 13{,}0\,\%$

3

Verbraucherpreisindex in Deutschland, Basisjahr 2010									
Jahr		**2011**	**2012**	**2013**	**2014**	**2015**	**2016**	**2017**	**2018**
Preisindex		102,1	104,1	105,7	106,6	106,9	107,4	109,3	111,4
Veränderung zum Vorjahr	Indexpunkte	2,1	2,0	1,6	0,9	0,3	0,5	1,9	2,1
	in %	2,10	1,96	1,54	0,85	0,28	0,47	1,77	1,92
Kaufkraftindex		97,94	96,06	94,61	93,81	93,55	93,11	91,49	90,00
Veränderung zum Vorjahr	Indexpunkte	2,06	1,88	1,45	0,80	0,25	0,44	1,62	1,49
	in %	– 2,06	– 1,92	– 1,51	– 0,84	– 0,28	– 0,47		– 1,63

4 Das Wägungsschema gibt an, welchen durchschnittlichen Anteil die zwölf Güterarten an den gesamten Konsumausgaben der privaten Haushalte haben. Für jede dieser zwölf Güterarten wird ein Preisindex ermittelt. Für die Ermittlung des VPI (= Gesamtindex) dienen die Ausgabenanteile der zwölf Teilindizes als Gewichtungsfaktoren (VPI = gewogenes arithmetisches Mittel der zwölf Teilindizes).
Durch die Aktualisierung des Wägungsschemas werden Änderungen des Konsumverhaltens der privaten Haushalte im Zeitablauf berücksichtigt. Ohne eine solche regelmäßige Anpassung würden möglicherweise

- Preisveränderungen für Güterarten, deren Bedeutung für den privaten Konsum im Laufe der Zeit zurückgegangen ist, zu stark berücksichtigt (gewichtet),
- Preisveränderungen für Güter, deren Bedeutung für den privaten Konsum im Laufe der Zeit gestiegen ist, zu schwach berücksichtigt (gewichtet).

In diesem Fall würde der VPI Preisveränderungen für Güterarten widerspiegeln, die nicht dem tatsächlichen Konsumverhalten der Haushalte entsprechen. Der Vergleich der Wägungsschemata 2015 und 2016 zeigt u. a., dass

- der Ausgabenanteil für »Freizeit, Kultur, Unterhaltung« gesunken,
- der Ausgabenanteil für »Beherbergung, Gaststätten« gestiegen ist.

5 – Warenkorb und Wägungsschema gelten nicht für alle Haushalte gleichermaßen.
– Neue Konsumgüter werden erst nach einiger Zeit im Warenkorb erfasst. Solche Güter sind typischerweise zunächst teuer und werden erst später preisgünstiger. Durch die verspätete Aktualisierung des Warenkorbs bleiben die ursprünglich hohen Preise dieser Güter unberücksichtigt.
– Das Wägungsschema wird aus Gründen der Vergleichbarkeit nur alle fünf Jahre aktualisiert. Zwischenzeitlich eingetretene Änderungen des Verbraucherverhaltens (Konsumgewohnheiten) durch die Änderung der Ausgabenanteile für einzelne Gütergruppen können nur zeitverzögert berücksichtigt werden.
– Preissteigerungen aufgrund verbesserter Qualität werden nur unzureichend erfasst. Dieser Mangel wird durch die sogenannte hedonische Preismessung zu beheben versucht.

6 a)

	Gruppenindex 2018	**Gewichtung Basisjahr 2015**	**Gewogener Gruppenindex Dezember 2018**
1. Nahrungsmittel	106,1	96,85	10,28
2. Alkohol, Tabak	108,7	37,77	4,11
3. Kleidung, Schuhe	103,1	45,34	4,67
4. Wohnung	103,7	324,70	33,67
5. Haushaltseinrichtung	102,2	50,04	5,11
6. Gesundheit	103,7	46,13	4,78
7. Verkehr	106,4	129,05	13,73
8. Nachrichtenübermittlung	96,3	26,72	2,57
9. Freizeit, Kultur	102,1	113,36	11,57
10. Bildung	102,6	9,02	0,93
11. Gaststätten, Hotel	107,4	46,77	5,02
12. Sonstiges	104,1	74,25	7,73
Summe		**1 000,00**	**104,18**

Der Gesamtindex betrug Ende Dezember 2018 104,18

b) neuer gewogener Gruppenindex Nahrungsmittel

$$\frac{106{,}1 \cdot 1{,}1 \cdot 96{,}85}{1\,000} = 11{,}30$$

neuer gewogener Gruppenindex Wohnung

$$\frac{103{,}7 \cdot 1{,}2 \cdot 324{,}7}{1\,000} = 40{,}40$$

	Alter gewogener Gesamtindex	104,18
–	alter gewogener Gruppenindex Nahrung	–10,28
+	neuer gewogener Gruppenindex Nahrung	+11,30
–	alter gewogener Gruppenindex Wohnung	–33,67
+	neuer gewogener Gruppenindex Wohnung	+40,40
=	neuer gewogener Gesamtindex	111,93

c) Preisniveauänderung in % gegenüber Vorjahr $= \frac{(111{,}93 - 104{,}18)}{104{,}18} \cdot 100 = 7{,}44$

Europäische Wirtschafts- und Währungsunion

7 a) 2019: 28 (nach dem Brexit: 27) EU-Mitgliedsstaaten, Beitrittsjahr in Klammern Belgien (1958), Bulgarien (2007), Dänemark (1973), Deutschland (1958), Estland (2004), Finnland (1995), Frankreich (1958), Griechenland (1981), Irland (1973), Italien (1958), Kroatien (2013), Lettland (2004), Litauen (2004), Luxemburg (1958), Malta (2004), Niederlande (1958), Österreich (1995), Polen (2004), Portugal (1986), Rumänien (2007), Schweden (1995), Slowakei (2004), Slowenien (2004), Spanien (1986), Tschechische Republik (2004), Ungarn (2004), Vereinigtes Königreich (1973), Zypern (2004)

b) Von den 28 (nach dem Brexit: 27) EU-Mitgliedsstaaten (2019) gehörten 19 (2019) zur Euro-Zone: Belgien, Deutschland, Estland, Finnland, Frankreich, Griechenland, Irland, Italien, Lettland, Litauen, Luxemburg, Malta, Niederlande, Österreich, Portugal, Slowakei, Slowenien, Spanien, Zypern

c) Aufbau und Organe entsprechend Abbildung im Lehrbuch.
ESZB besteht aus der EZB und den nationalen Zentralbanken aller EU-Mitgliedsstaaten
Eurosystem besteht aus der EZB und den nationalen Zentralbanken der Euro-Länder.
EZB: Europäische Zentralbank

d) Antwort ist zeitpunktabhängig

e) Antwort ist zeitpunktabhängig

f) Antwort ist zeitpunktabhängig

g) Antwort ist zeit- und situationsabhängig

Geldpoltische Maßnahmen

8 a) Liquiditätsabschöpfung und Erhöhung des Zinsniveaus

Offenmarktgeschäfte	Leitzinserhöhung, dadurch Erhöhung des Hauptrefinanzierungssatzes für Kredite an Geschäftsbanken, Hereinnahme von Einlagen zu einem für die Banken günstigen Zinssatz, Verkauf von Schuldverschreibungen der EZB, Verkauf von Wertpapieren, Devisenverkäufe
ständige Fazilitäten	Hereinnahme von Bankeinlagen bis zum nächsten Tag zu einem höheren Einlagesatz
Mindestreservepolitik	Erhöhung der Mindestreserve

b) Abschöpfung der Bankenliquidität und Erhöhung der Geldmarktzinssätze bewirken eine Verringerung des Kreditangebots und eine Erhöhung der Kreditkosten. Dadurch wird Einfluss auf die Kreditnachfrage der Wirtschaft (Unternehmen, Haushalte, Staat) ausgeübt. Ziel ist es, die Nachfrage auf den Gütermärkten zu drosseln und dadurch das Preisniveau zu stabilisieren.

c) Wirkungsverzögerungen (time lags) können dazu führen, dass sich die beabsichtigten Wirkungen ins Gegenteil verkehren, da sich die gesamtwirtschaftliche Lage vor Eintritt der Wirkungen bereits verändert hat.
Die geldpolitischen Impulse können zu stark oder zu schwach sein (Dosierungsproblem).

Geschäftsbanken und Wirtschaftssubjekte (Haushalte, Unternehmen, Staat) können durch Ausweichreaktionen die beabsichtigten Wirkungen unterlaufen (keine Reduzierung der Gesamtnachfrage, Refinanzierung zu günstigeren Bedingungen im Ausland, ...).

Nebeneffekte (z. B. Geldzufluss aus dem Ausland wegen der gestiegenen Zinsen) können die beabsichtigte Wirkung schmälern.

9 a)

Offenmarktgeschäfte	Leitzinssenkung, dadurch Senkung des Hauptrefinanzierungssatzes für Kredite an die Geschäftsbanken gegen Verpfändung von Wertpapieren, Kauf von Wertpapieren, Devisenkäufe
ständige Fazilitäten	Senkung des Spitzenrefinanzierungssatzes (= zinsgünstige Übernachtkredite)
Mindestreservepolitik	Verringerung der Mindestreserve

b) Die Maßnahmen haben nur Angebotscharakter, d.h., kein Wirtschaftssubjekt wird zur Kreditaufnahme und Güternachfrage gezwungen. Entscheidend für eine Nachfragebelebung ist nicht in erster Linie das Zinsniveau. Für die Nachfrage nach Investitionskrediten sind vielmehr die Gewinnaussichten viel wichtiger.

c) Wirkungsverzögerungen (siehe 1 c)
Dosierungsprobleme (siehe 1 c)
Die Kreditnachfrage steigt trotz günstiger Zinsen nicht, sodass auch die Gesamtnachfrage nicht steigt (Angebotscharakter der Maßnahmen).

Ursachen:
Schlechte Gewinnerwartungen veranlassen die Unternehmen, trotz günstiger Zinsen auf kreditfinanzierte Investitionen zu verzichten.

Die privaten Haushalte verschulden sich wegen pessimistischer Zukunftserwartungen nicht.

Geschäftsbanken legen die überschüssige Liquidität zinsgünstiger in Wertpapieren oder im Ausland an.

Niedrigzinspolitik der EZB

10 Zur Bekämpfung der Staatschuldenkrise im Euro-Raum und zur Ankurbelung der Wirtschaft betreibt die EZB seit 2009 eine »lockere Geldpolitik« mit der Folge extrem niedriger Zinsen. Ziel ist es, durch niedrige Zinsen die kreditfinanzierte Nachfrage nach Investitions- und Konsumgütern anzuregen.

11 Die niedrigen Zinsen bestrafen Sparer. Bei länger anhaltenden negativen Realzinsen (Nominalzins < Preissteigerungsrate) wird das Geldvermögen geschmälter. Sparer und Kreditgeber werden durch niedrige Zinsen benachteiligt, während Kreditnehmer davon profitieren.

Durch die Niedrigzinspolitik wächst die Gefahr, dass wesentliche Geschäftsbereiche der Versicherungswirtschaft (insbesondere die traditionelle Lebensversicherung) nicht mehr tragfähig sind.

Die Versicherer können kaum noch langfristige Garantien gegenüber den Versicherten abgeben. Das bedeutet beispielsweise, dass statt fester Leistungszusagen für die Zukunft nur noch kapitalmarktabhängige »flexible« Zusagen bei festen Beiträgen vereinbart werden können. Während der Wandel der Bevölkerungsstruktur erhebliche Finanzierungsprobleme für die umlagefinanzierte gesetzlichen Rentenversicherung mit sich bringt, wird durch die Niedrigzinspolitik zusätzlich noch die als unabdingbare Ergänzung angesehene private und betriebliche Altersvorsorge in Mitleidenschaft gezogen.

Die für die Altersvorsorge wichtigen Anlageformen (Lebensversicherungen, Pensionsfonds) werden aus folgenden Gründen unattraktiv:

- Lebensversicherungen haben Schwierigkeiten, mit dem ihnen anvertrauten Kapital den gesetzlichen Garantiezins (Höchstrechnungszins) zu erwirtschaften. Darüber hinausgehende Renditen sind nahezu unmöglich.
- Die betriebliche Altersversorgung in Form von Pensionszusagen wird für die Unternehmen immer schwieriger, da der Umfang der notwendigen Pensionsrückstellungen durch die niedrigen Abzinsungssätze erheblich steigen müsste.

Lernkontrollen zu G 8 Seiten 746–749

Konjunkturindikatoren

1

Konjunkturindikatoren	Aufschwung	Boom	Abschwächung	Rezession
Auftragseingang	steigend	hoch	sinkend	niedrig
Lagerbestände	sinkend	niedrig	steigend	hoch
Kapazitätsauslastung	steigend	hoch	sinkend	niedrig
Produktion	steigend	hoch	sinkend	niedrig
Gewinne	steigend	hoch	sinkend	niedrig
Investitionen	steigend	hoch	sinkend	niedrig
Konsumneigung	steigend	hoch	sinkend	niedrig
Sparneigung	sinkend	niedrig	steigend	hoch
Preisniveau	steigend	hoch	sinkend	niedrig
Lohn- und Gehaltszuwächse	steigend	hoch	sinkend	niedrig
Arbeitslosenquote	sinkend	niedrig	steigend	hoch
offene Stellen	steigend	hoch	sinkend	niedrig
Zinsen	steigend	hoch	sinkend	niedrig
Aktienkurse	hoch	sinkend	niedrig	steigend
Steueraufkommen	steigend	hoch	sinkend	niedrig
Zukunftserwartungen	optimistisch	etwas optimistisch/ etwas pessimistisch	pessimistisch	sehr pessimistisch, später etwas optimistisch

2

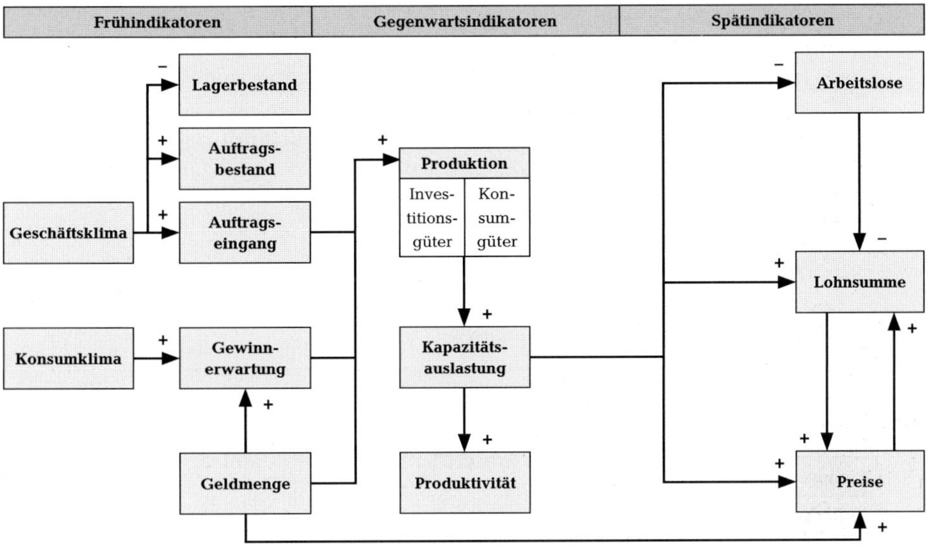

Hinweis: Die Pfeile und die Vorzeichen haben folgende Bedeutung:
Elemente, die sich direkt beeinflussen, sind durch einen Pfeil miteinander verbunden. Eine gleichgerichtete Wirkung (je mehr – desto mehr) wird durch ein Pluszeichen und eine entgegengesetzte Wirkung (je mehr – desto weniger) wird durch ein Minuszeichen dargestellt.

Angebots- und nachfrageorientierte Wirtschaftspolitik

3 a) Hauptursache aus nachfragetheoretischer Sicht ist eine zu geringe gesamtwirtschaftliche Nachfrage (Konsumgüternachfrage, Investitionsgüternachfrage, Staatsnachfrage, Exportgüternachfrage)

b) Erhöhung der gesamtwirtschaftlichen Nachfrage u. a. auch durch kreditfinanzierte Staatsausgaben (Deficit spending).

c) schlechtes Investitionsklima, zu geringe Produktion

d) Verbesserung der Rahmenbedingungen für mehr Investitionen (Steuererleichterungen für Unternehmen, Privatisierung und Deregulierung, Abbau von Bürokratie, Liberalisierung des Arbeitsmarktes, ...)

Konjunkturpolitik in der Rezession

4 **Vorschlag zur Lösung der Aufgaben 4 a) – d)**

Es bietet sich eine Vorgehensweise an, die auch bei der Analyse und Lösung wirtschaftspolitischer Probleme in der Praxis zur Anwendung kommt, nämlich:

Lageanalyse / Problemdefinition
- Welche stabilitätspolitischen Ziele sind nicht realisiert?
- Bei welchen Zielen ist eine Verbesserung oder Verschlechterung im Zeitablauf zu erkennen?

Ursachenanalyse / Prognose
- Sind die Probleme auf binnen- und/oder außenwirtschaftliche Ursachen zurückzuführen?
- Wo liegen die Ursachen?
(Getrennte Untersuchung von Nachfrageseite und Angebotsseite)

Nachfrageseite
- Konsumnachfrage: (Löhne, Lohnquote, Arbeitslosigkeit, Zinsen, Preise, ...)
- Investitionsnachfrage: (Gewinn- und Absatzerwartungen, Zinsen, Kapazitätsauslastung, ...)
- Staatsnachfrage: (Haushaltspolitik, Staatsverschuldung, prozyklische/antizyklische Wirkung,
- crowding out, ...)

Angebotsseite
- Entwicklung von Gewinnen, Löhnen, Produktivität, ...
- Entwicklung von Zinsen, Steuern
- Veränderung der Einfuhrpreise
- Liquiditätsversorgung
- Wachstum der Geldmenge im Verhältnis zum Preisanstieg und zum Wachstum des realen BIP
- Höhe der Leitzinsen und ihre Wirkung auf die Nachfrage

Zielbildung / Zielkonflikte

Welches Ziel soll angesichts bestehender Zielkonflikte vorrangig verfolgt werden?

Alternativen / Maßnahmen
- Welche Maßnahmen kommen infrage?
- Welche Kombination (Maßnahmebündel) ist zweckmäßig?
- Wer sind die Träger dieser Maßnahmen?
- Welche Rahmenbedingungen (z. B. Zinsniveau im Ausland) sind zu berücksichtigen?
- Maßnahmen nachfrageorientierter Wirtschaftspolitik
- Maßnahmen angebotsorientierter Wirtschaftspolitik
- Geldpolitik der Zentralbank

Bewertung / Kontrolle
- Welche Konflikte zwischen den Trägern der wirtschaftspolitischen Maßnahmen sind zu erwarten?
- Welche Vollzugsprobleme können auftreten (time lags, Abstimmungsprobleme, Dosierung)?
- Sind die Maßnahmen politisch durchsetzbar?
- Wessen Interessen werden mit diesen Maßnahmen vorrangig vertreten?

Analyse der Situation in Aufgabe 4
(Analyseergebnisse nach der empfohlenen Vorgehensweise)

Lageanalyse

Das Ziel der Preisniveaustabilität kann bei einer Preissteigerungsrate von 2,5 % noch als erreicht angesehen werden.

Das Beschäftigungsziel ist noch nicht erreicht. Allerdings ist die Arbeitlosenquote auf einen relativ niedrigen Wert gesunken. Auch das Ziel eines an gemessenen Wirtschaftswachstums ist verfehlt worden.

Ursachenanalyse

1. Nachfrage

1.1 Konsumnachfrage (Cpr)

Die Ursachen für die Wachstumsschwäche sind u. a. im privaten Konsum zu suchen. Die Kapazitätsauslastung in der Konsumgüterindustrie ist sehr schwach. Das kann auf die stagnierenden bzw. sinkenden Reallöhne zurückzuführen sein.

1.2 Staatsnachfrage (G)

Die staatliche Konjunkturpolitik ist sehr restriktiv. Die Ausgaben bleiben erheblich hinter den Einnahmen zurück und steigen nicht einmal so stark wie die Preise. Die Nettokreditaufnahme geht seit Jahren zurück. Die Überschüsse aus den Steuereinnahmen werden vermutlich zur Schuldentilgung verwendet.

1.3 Investitionen (Ipr)

Die Investitionen steigen stärker als die Konsumgüternachfrage und die Staatsnachfrage. Das kann mit dem erheblichen Anstieg der Gewinneinkommen und den niedrigen Zinsen zusammenhängen.

Allerdings deuten die schwache Auslastung der Kapazitäten und die hohe Arbeitslosigkeit darauf hin, dass der Schwerpunkt der Investitionstätigkeit auf den Rationalisierungsinvestitionen liegt (jobless growth).

2. Angebot

2.1 Produktivität

Berechnung des Produktivitätsfortschritts

	Vorjahr	**lfd. Jahr**	**Änderung in %**
reales BIP	z. B. 600 Mrd. GE	z. B. 606 Mrd. GE	+ 1,0
Erwerbstätige (Erwerbspersonen – Arbeitslose)	27,7 Mio.	26,5 Mio.	+ 2,9
Produktivität (reales BIP je Erwerbstätigen)	10830 GE	11547 GE	+ 6,6

Die Produktivität (BIP je Erwerbstätigen) ist um 6,6 % gestiegen. Die Reallöhne sind demgegenüber gesunken. Der Produktivitätsfortschritt (= sinkende Lohnstückkosten) hat nicht zu mehr Beschäftigung, sondern aus schließlich zu einer Erhöhung der Gewinneinkommen geführt.

2.2 Löhne

Die Lohnerhöhungen sind weit hinter dem Produktivitätsfortschritt zurückgeblieben. Die Lohnstückkosten müssen daher gesunken sein.

2.3 Gewinne

Die Gewinne sind in beiden Jahren erheblich gestiegen. Der Produktivitätsfortschritt wurde weder für höhere Löhne noch für mehr Beschäftigung, sondern nur zur Gewinnerhöhung genutzt.

3. Liquiditätsversorgung

Die Geldmenge ist erheblich stärker gestiegen als das reale BIP. Dadurch hat sich die Liquiditätsversorgung verbessert. Dem entspricht der Rückgang des Kapitalmarktzinses von 6,5 % auf 6 %.

Lösungen zu den Aufgaben 4 a) – d)
(Erfolgschancen der vorgeschlagenen Maßnahmen)

a) Die Senkung der Leitzinsen wäre unwirksam. Das Zinsniveau ist bereits relativ niedrig. Noch niedrigere Zinsen würden nicht zwangsläufig zu mehr Investitionen führen (= Angebotscharakter der geldpolitischen Maß nahmen in der Rezession), da Investitionsentscheidungen in erster Linie von den Gewinnerwartungen und nicht von der Zinshöhe abhängen.
Eine Senkung der Mindestreservesätze würde die Bankenliquidität verbessern und die Geldmengenexpansion erhöhen. Das ist aber angesichts der ausreichenden Liquiditätsversorgung überflüssig.

b) Zusätzliche Staatsaufträge (Infrastrukturinvestitionen, Umweltschutzmaßnahmen) könnten die Wirtschaft ankurbeln. Die geringe Staatsnachfrage ist offensichtlich eine wesentliche Ursache der Wachstumsschwäche. Die Gefahr, dass durch eine verstärkte staatliche Kreditaufnahme eine Verdrängung kreditfinanzierter privater Investitionen eintritt (crowding out), besteht nicht, da die Liquiditätsversorgung ausreichend groß ist.

c) Höhere Löhne könnten die Binnennachfrage stärken. Der Rückgang der Reallöhne ist die Ursache der schwachen Konsumgüternachfrage. Ein Anstieg der Nominallöhne um 4,5 % ließe auch noch genügend Spielraum für angemessene Gewinne. Eine Schwächung der privaten Investitionstätigkeit aufgrund geringerer Gewinnerwartungen ist daher nicht zu befürchten.

d) Eine Lohnpause für zwei Jahre würde die Unterbeschäftigung nicht vermindern. Im Vorjahr und im lfd. Jahr sind die Reallöhne nicht gestiegen. Trotzdem hat sich die Arbeitslosenquote erhöht. Weitere Nullrunden bei der Lohnsteigerung würden die private Konsumgüternachfrage noch weiter schwächen. Angesichts der unausgelasteten Kapazitäten würde eine Erhöhung der Konsumnachfrage keine Inflationsgefahren mit sich bringen. Auch eine angebotsbedingte Inflation muss nicht zwangsläufig die Folge der Lohnerhöhungen sein, da die Gewinne ausreichen, um daraus die Lohnerhöhungen zu finanzieren.

Ergebnis: Die Kombination der Maßnahmen b) und c) ist am erfolgversprechendsten.

Arbeitslosigkeit

5 a)

Jahr	**2012**	**2013**	**2014**	**2015**	**2016**	**2017**	**2018**
ALQ in %	6,8	6,9	6,7	6,4	6,1	5,7	5,2

b) Kurzarbeiter, Teilnehmer an Arbeitsbeschaffungsmaßnahmen (ABM), Empfänger von Vorruhestandsgeld, Altersübergangsgeld sowie die 60- bis unter 65-jährigen Empfänger von Altersrente wegen Arbeitslosigkeit gelten nicht als registrierte Arbeitslose.

c) Mismatch-Arbeitslosigkeit: In einigen Branchen werden qualifizierte Arbeitskräfte gesucht (offene Stellen). Das Qualifikationsniveau der registrierten Arbeitslosen entspricht aber diesen Anforderungen nicht (Mismatch zwischen Arbeitsangebot und Arbeitsnachfrage).

d) Strukturelle Arbeitslosigkeit
- erheblich höhere Arbeitslosigkeit in den neuen Bundesländern (regionale Arbeitslosigkeit)
- hoher Anteil von Langzeitarbeitslosen und älteren Arbeit Suchenden
- hoher Anteil von Arbeitslosen ohne Berufsausbildung

Konjunkturelle Arbeitslosigkeit mit niedrigem Wirtschaftswachstum und geringen Investitionen geht mit einer Erhöhung der ALQ einher und umgekehrt.

Es ist zu bedenken, dass sich konjunkturelle Arbeitslosigkeit in struktureller Arbeitslosigkeit verfestigen kann, die mit dem nächsten Aufschwung nicht mehr ohne Weiteres abgebaut wird. Die zwischenzeitlich veralteten Qualifikationen der entlassenen Arbeitskräfte entsprechen in der nächsten Aufschwungphase nicht mehr den Anforderungen der Unternehmen, sodass sich ursprünglich konjunkturell bedingte Arbeitslosigkeit zu struktureller Arbeitslosigkeit verfestigt.

e) Schülerabhängige Antworten entsprechend den Ergebnissen der Internetrecherche

6

a) Lohnerhöhung zur Steigerung der Konsumgüternachfrage (expansive Lohnpolitik) (3) und (5)	k) Kürzung von Arbeitslosengeld, Arbeitslosengeld II und Sozialhilfe als Anreiz zur Arbeitsaufnahme (1), (2) und (4)
b) Senkung der Lohnnebenkosten durch Streichung des Arbeitgeberanteils zur Sozialversicherung (2) und (4)	l) Verlängerung der Arbeitszeit ohne Lohnausgleich (3) und (4)
c) Beschäftigung unter Tariflohn (Niedriglohnsektor) (3) und (4)	m) befristete Arbeitsverträge (2) und (4)
d) Senkung der Unternehmenssteuern und der Lohnnebenkosten (2) und (4)	n) Kreditfinanzierte staatliche Bildungs-, Forschungs-, Umwelt- und Infrastrukturinvestitionen (2), (4) und (5)
e) Lockerung des Kündigungsschutzes (2) und (4)	o) Verhinderung/Abschaffung von Mindestlöhnen (2), (3) und (4)
f) Bessere Qualifizierung der Arbeitskräfte (1), (2) …	p) Öffnungsklauseln bei Tarifverträgen (»Einstiegertarife«), aufgrund derer auch Arbeitskräfte zu niedrigeren als den tarifvertraglich vereinbarten Löhnen beschäftigt werden dürfen (3) und (4)
g) Keine Lohnerhöhungen (Nullrunde) (3) und (4)	q) Verringerung der Wochenarbeitszeit (z. B. 35-Stunden-Woche) und der Lebensarbeitszeit (z. B. Beginn des Renteneintrittalters mit 60 Jahren) (3) und (5)
h) Flexibilisierung der Arbeitszeit, längere Maschinenlaufzeiten (3) und (4)	r) staatlich subventionierte Nachfrage nach Arbeitskräften (z. B. Kombilohn, Arbeitsbeschaffungsmaßnahmen) (2), (4) und (5)
i) Teilzeitarbeit (2), (3), (4) und (5)	s) Senkungen der Einkommen- und Körperschaftsteuern zur Erhöhung der Investitions- und Konsumgüternachfrage (2), (4) und (5)
j) Abschaffung des Flächentarifvertrages (3) und (4)	t) Neueinstellungen durch Abbau/Vermeidung von Überstunden (3) und (5)

Lernkontrollen zu G 9 **Seite 754**

Grenzen des Wachstums

1 a) Beim linearen Wachstum ist die jährliche Zunahme konstant (z. B. ergibt ein Zinssatz von 10 % bei einem Kapital von 5 000 € jedes Jahr 500 € Zinsen). Beim exponentiellen Wachstum bleibt die jährliche Zunahme nicht gleich. Sie steigt vielmehr in Abhängigkeit von dem sich laufend vermehrenden Anfangsbestand (z. B. Zinseszinsen, Bevölkerungswachstum). Werden die jährlichen Zinsen jeweils dem Anfangskapital hinzugefügt und mitverzinst (Zinseszinsen), ergeben sich im zweiten Jahr Zinsen von 550 € (10 % von 5 500 €), im dritten Jahr Zinsen von 605 € (10 % von 6 050 €) usw.

b) $\frac{70}{3} = 23{,}33$ Jahre

c) Für K_0 wird 1 angenommen: $1 \cdot 1{,}03^{23{,}33} = 1{,}99$

d) Probleme des quantitativen Wachstums:
Umweltbelastung und Umweltschäden u. a. durch Rohstoff- und Flächenverbrauch, Emissionen
Zwang zur Weckung immer neuer Konsumbedürfnisse und zur Erschließung neuer Absatzmärkte mit der Folge von Massenverkehr, Abfall, Sondermüll, Energieverschwendung, …

2 a) Unter Wirtschaftswachstum ist die Zunahme des gesamtwirtschaftlichen Produktionsergebnisses zu verstehen. Als Messgröße dient dabei das reale Bruttoinlandsprodukt. Die Wachstumsrate gibt die prozentuale Veränderung des realen Bruttoinlandsprodukts im Vergleich zur Vorperiode an.

b) Wirtschaftswachstum bewirkt, dass
- sich die Güterversorgung verbessert und der Wohlstand der Bevölkerung steigt,
- bestehende Arbeitsplätze gesichert und neue Beschäftigungsmöglichkeiten geschaffen werden,
- Einkommenszuwächse entstehen, sodass ohne Eingriff in die bestehenden Einkommens- und Vermögensverhältnisse eine Begünstigung niedriger Einkommensbezieher durch eine Umverteilung der Einkommenszuwächse erleichtert und Verteilungskonflikte gemildert werden,
- aufgrund höherer Einkommen die Steuereinnahmen des Staates steigen. Dadurch kann die Versorgung mit öffentlichen Gütern verbessert, die Finanzierung staatlicher Sozialpolitik erleichtert und insgesamt der Wohlstand der Bevölkerung erhöht werden.

c) Mit einer zunehmenden mengenmäßigen Güterproduktion (= quantitatives Wachstum) gehen in vielen Fällen auch ein zusätzlicher Rohstoffverbrauch, vermehrte Emissionen und ein steigendes Verkehrsaufkommen einher. Dies führt zu einer erhöhten Umweltbelastung.

Die Beseitigung dieser wachstumsbedingten Umweltschäden erfordert und bewirkt ihrerseits wiederum Wirtschaftswachstum. Wie in einem »Teufelskreis« ist somit Wachstum nötig, um die Probleme zu beheben, die durch eben dieses Wachstum entstanden sind und weiterhin entstehen

Auch in anderen Bereichen zeichnet sich ab, dass wirtschaftliches Wachstum an natürliche und soziale Grenzen stößt: Ressourcen- und Flächenverbrauch, industrielle Massenproduktion mit der Suche nach immer neuen Konsumentenbedürfnissen und Absatzmärkten, Energieverschwendung, Verstädterung, Massenverkehr, Abfall, Sondermüll usw. lassen erahnen, dass die Belastbarkeit des Erdplaneten nicht unendlich ist.

Dass ein weiteres Wirtschaftswachstum in dem Umfang, wie es beispielsweise in Deutschland zur Lösung des Beschäftigungsproblems für nötig gehalten wird (mehr als 2 % jährlich), auf Dauer kaum vorstellbar ist, zeigen folgende Überlegungen: Da es sich beim Wirtschaftswachstum um ein exponentielles Wachstum (wie beim Zinseszinseffekt) handelt, würde sich bei einer jährlichen Wachstumsrate von 2 % die Güterproduktion innerhalb von 35 Jahren verdoppeln. Bei einer Wachstumsrate von 4 % (wie sie in den 1970er-Jahren angestrebt wurde) würde die Verdoppelung bereits nach knapp 18 Jahren eintreten. Nach knapp 59 Jahren wäre die Güterproduktion zehnmal so groß wie heute. Die von der Natur gesetzten Grenzen würden noch viel schneller erreicht, wenn sich in den Entwicklungsländern tatsächlich die noch wesentlich höheren Wachstumsraten einstellen würden, die langfristig nötig wären, um den Rückstand gegenüber den Industrieländern aufzuholen.

Lernkontrollen zu G 10 — Seite 761

Außenhandel – Zahlungsbilanz

1 a) Lösung entsprechend den Abbildungen im Buch

b) (1) Handelsbilanz (Export) und Kapitalbilanz (Export: Zunahme von Forderungen) oder Devisenbilanz (Erhöhung des Devisenbestandes)

(2) Handelsbilanz (Import) und Kapitalbilanz (Import: Zunahme von Verbindlichkeiten) oder Devisenbilanz (Verringerung des Devisenbestandes)

(3) Dienstleistungsbilanz (Import) und Kapitalbilanz (Import: Zunahme von Verbindlichkeiten) oder Devisenbilanz (Verringerung von Devisenbeständen)

(4) Kapitalbilanz (Export: Zunahme von Forderungen) und Kapitalbilanz (Import: Zunahme von Verbindlichkeiten) oder Devisenbilanz (Verringerung des Devisenbestandes)

c) lt. VGR (Lehrbuch Abb. Zahlungsbilanz in Abschnitt G 10.2.3):

2016: 247,1 Mrd. €, 7,8 % des BIP
2017: 247,8 Mrd. €, 7,6 % des BIP
2018: 229,2 Mrd. €, 6,8 % des BIP

Wechselkurs

2 a) Die Importgüter werden für ihn um ca. 12 % billiger (vorher: 1 US-$ = 0,91 €; nachher 1 US-$ = 0,80 €). Gleichzeitig müsste aber der in US-$ ausgedrückte Preis der Exportgüter um ca. 13,6 % angehoben werden, um die gleiche Menge an € je Dollar zu erhalten wie vorher. Wenn der Anteil der in Dollar zu bezahlenden Rohstoffe an den Herstellkosten gering ist, gleicht die Preisminderung für die Importgüter den notwendigen Preisaufschlag nicht aus. In diesem Fall verschlechtern sich die Absatzchancen und die Wettbewerbssituation.

b) Für die Exportgüter erhält er jetzt je Dollar eine um ca. 22 % größere Menge an € (vorher 0,91 € je US-$; nachher 1,11 € je US-$). Gleichzeitig muss er für die Importgüter jetzt aber einen größeren €-Betrag aufwenden. Wenn der Anteil der in Dollar zu bezahlenden Rohstoffe an den Herstellkosten gering ist, gleicht die Preiserhöhung für die Importgüter den möglichen Preisabschlag nicht aus. In diesem Fall verbessern sich seine Absatzchancen und die Wettbewerbssituation.

c) Die Wettbewerbssituation verbessert sich, da die Rohstoffe billiger werden.